Professional Scrum Master™ und Product Owner™ für Dummies

Schummelseite

SCRUM

Scrum ist ein leichtgewichtiges Rahmenwerk (*Framework*), keine Methode. Es …

- ✔ ist bewusst unvollständig.
- ✔ dient der Schaffung von Wert.
- ✔ dreht sich um adaptive Lösungen für komplexe Probleme.
- ✔ setzt auf ein iteratives, inkrementelles Vorgehen.

EMPIRIE

Scrum basiert auf Empirie und Lean Thinking. Die drei Säulen der Empirie heißen:

- ✔ Transparenz
- ✔ Inspektion
- ✔ Adaption

Transparenz, Inspektion und Adaption sind nur im Dreiklang wirksam.

SCRUM-WERTE

Die Scrum-Werte lauten:

- ✔ Commitment
- ✔ Respekt
- ✔ Fokus
- ✔ Mut
- ✔ Offenheit

Durch die fünf Scrum-Werte funktionieren die drei Säulen Transparenz, Inspektion und Adaption, und Vertrauen kann entstehen.

SCRUM TEAM

Ein Scrum Team ist ein kleines Team, das eng zusammenarbeitet. Es zeichnet sich durch folgende Eigenschaften aus:

- ✔ hierarchielos
- ✔ interdisziplinär (*cross-functional*)
- ✔ managt sich selbst (*self-managing*)
- ✔ üblicherweise ≤ 10 Personen
- ✔ schafft signifikante Arbeit je Sprint
- ✔ liefert je Sprint ein wertvolles, nützliches Increment

Ein Scrum Team besteht aus einem Product Owner, einem Scrum Master und Entwicklern. Es gibt keine »Sub-Teams« in einem Scrum Team.

Professional Scrum Master™ und Product Owner™ für Dummies

Schummelseite

3-5-3

Kern des Scrum-Rahmenwerks sind 3-5-3 Elemente und die Regeln, die diese Elemente miteinander verknüpfen. Nur dann, wenn das Rahmenwerk vollständig eingehalten wird, ist es Scrum.

3 Verantwortlichkeiten:
- ✔ Product Owner
- ✔ Scrum Master
- ✔ Entwickler

5 Scrum Events:
- ✔ Sprint
- ✔ Sprint Planning
- ✔ Daily Scrum
- ✔ Sprint Review
- ✔ Sprint Retrospective

3 Artefakte:
- ✔ Produkt Backlog
- ✔ Sprint Backlog
- ✔ Increment

Artefakte dienen der Transparenz.

ERGEBNISVERANTWORTUNG

Scrum unterscheidet zwischen Ergebnisverantwortung (*Accountability*) und Umsetzungsverantwortung (*Responsibility*). Die folgenden Ergebnisverantwortungen sind im Scrum Guide festgehalten:

- ✔ **Scrum Team:** Schaffung eines wertvollen, nützlichen Increments je Sprint
- ✔ **Product Owner:** Wert-Maximierung des Produkts, Product-Backlog-Management, Stakeholder-Management
- ✔ **Scrum Master:** Einführung von Scrum gemäß Scrum Guide, Effektivität des Scrum Teams
- ✔ **Entwickler:** Sprint Backlog, Qualität durch die Einhaltung der »Definition of Done«, tägliche Adaption des Plans zur Erreichung des Sprint-Ziels, gegenseitig als Experten in Verantwortung nehmen

Professional Scrum Master™ und Product Owner™ für Dummies

Schummelseite

PRODUCT OWNER

Der Product Owner wird auch Wert-Maximierer genannt. Er ...

- ✔ ist eine Person, kein Gremium.
- ✔ verfügt über die Entscheidungshoheit für die Sortierung des Product Backlogs.
- ✔ kann Umsetzungsverantwortung delegieren.
- ✔ kann den Sprint abbrechen, wenn das Sprint-Ziel hinfällig geworden ist.

SCRUM MASTER

Der Scrum Master ist eine echte Führungspersönlichkeit. Er ...

- ✔ dient dem Scrum Team, dem Product Owner und der Organisation.
- ✔ agiert als Lehrer, Facilitator und Coach.
- ✔ kümmert sich um die Einführung von Scrum.
- ✔ kümmert sich um die Beseitigung von Hindernissen.

ENTWICKLER

Die Entwickler erzeugen während des Sprints ein Increment, indem sie Product-Backlog-Einträge umsetzen. Sie ...

- ✔ verfügen über alle notwendigen Fähigkeiten.
- ✔ organisieren ihre Arbeit selbst.
- ✔ schätzen die Umfänge der Arbeit.

SCRUM EVENTS

Alle Scrum Events bieten die Gelegenheit für Inspektion und Adaption. Sie sind auf folgende Zwecke ausgerichtet:

- ✔ **Sprint:** Erstellung eines wertvollen, nützlichen Increments
- ✔ **Sprint Planning:** Erstellung einer Prognose, eines Plans und eines Ziels für den Sprint
- ✔ **Daily Scrum:** Überprüfung des Fortschritts hinsichtlich des Sprint-Ziels und Erstellung eines Plans für die nächsten 24 Stunden
- ✔ **Sprint Review:** Überprüfung des Sprint-Ergebnisses und Ableitung der nächsten Schritte
- ✔ **Sprint Retrospective:** Identifikation von Maßnahmen zur Verbesserung von Qualität und Effektivität

Professional Scrum Master™ und Product Owner™ für Dummies

Schummelseite

TIMEBOXEN

Die Timebox ist die maximale Dauer eines Events.

- **Sprint:** ein Monat oder kürzer
- **Sprint Planning:** acht Stunden für einen einmonatigen Sprint
- **Daily Scrum:** 15 Minuten
- **Sprint Review:** vier Stunden für einen einmonatigen Sprint
- **Sprint Retrospective:** drei Stunden für einen einmonatigen Sprint

SPRINT BACKLOG

Das Sprint Backlog besteht aus ausgewählten Product-Backlog-Einträgen (Was), einem Plan für die Lieferung des Increments (Wie) sowie dem Sprint-Ziel (Warum). Es …

- »gehört« den Entwicklern.
- dient als Plan für den Sprint.

COMMITMENTS

Die drei Artefakte in Scrum sind jeweils mit einem Commitment versehen, die der Überprüfung des Fortschritts dienen:

- **Product Backlog:** Produkt-Ziel
- **Sprint Backlog:** Sprint-Ziel
- **Increment:** Definition of Done

PRODUCT BACKLOG

Das Product Backlog ist eine geordnete (nicht nur priorisierte!) Liste. Es …

- ist unvollständig und dynamisch.
- wird bei neuen Erkenntnissen sofort angepasst.
- »gehört« dem Product Owner.
- ist die einzige Quelle von Arbeit für das Scrum Team.

Die Einträge des Product Backlogs werden im Rahmen von kontinuierlichen Refinement-Aktivitäten weiter detailliert. Dadurch sind die Entwickler im Sprint Planning in der Lage, Einträge auszuwählen.

INCREMENT

Das Increment entspricht einem Schritt in Richtung Produkt-Ziel. Es …

- besteht aus vorherigen Increments ergänzt um neue Funktionalitäten.
- muss benutzbar sein, um Wert zu stiften.
- sorgt im Sprint Review für Transparenz.
- entspricht der Definition of Done.

**Professional Scrum Master™
und Product Owner™ für Dummies**

Juliane Pilster

Professional Scrum Master™ und Product Owner™ für dummies®

Fachkorrektur von Dominik Maximini

WILEY-VCH GmbH

Professional Scrum Master™ und Product Owner™ für Dummies

Bibliografische Information der Deutschen Nationalbibliothek

Die Deutsche Nationalbibliothek verzeichnet diese Publikation in der Deutschen Nationalbibliografie; detaillierte bibliografische Daten sind im Internet über http://dnb.d-nb.de abrufbar.

1. Auflage 2025

© 2025 Wiley-VCH GmbH, Boschstraße 12, 69469 Weinheim, Germany

All rights reserved including the right of reproduction in whole or in part in any form. This book is published by arrangement with John Wiley and Sons, Inc.

Alle Rechte vorbehalten inklusive des Rechtes auf Reproduktion im Ganzen oder in Teilen und in jeglicher Form. Dieses Buch wird mit Genehmigung von John Wiley and Sons, Inc. publiziert.

Wiley, the Wiley logo, Für Dummies, the Dummies Man logo, and related trademarks and trade dress are trademarks or registered trademarks of John Wiley & Sons, Inc. and/or its affiliates, in the United States and other countries. Used by permission.

Wiley, die Bezeichnung »Für Dummies«, das Dummies-Mann-Logo und darauf bezogene Gestaltungen sind Marken oder eingetragene Marken von John Wiley & Sons, Inc., USA, Deutschland und in anderen Ländern.

Das vorliegende Werk wurde sorgfältig erarbeitet. Dennoch übernehmen Autoren und Verlag für die Richtigkeit von Angaben, Hinweisen und Ratschlägen sowie eventuelle Druckfehler keine Haftung.

Coverfoto: WrightStudio - stock.adobe.com
Korrektur: Claudia Lötschert
Satz: Straive, Chennai, India
Druck und Bindung CPI Group (UK) Ltd, Croydon, CR0 4YY

Print ISBN: 978-3-527-72226-6
ePub ISBN: 978-3-527-84841-6

C9783527722266_230125

Bevollmächtigter Vertreter des Herstellers gemäß EU-Produktsicherheitsverordnung ist die Wiley-VCH GmbH, Boschstr. 12, 69469 Weinheim, Deutschland, E-Mail: Product_Safety@wiley.com.

Über die Autorin

Juliane Pilster ist agile Führungskraft und Organisationsentwicklerin und fühlt sich im Kontext von Transformationen zu Hause. Sie lässt nicht locker, bis es den Menschen um sie herum besser geht, und setzt dabei auf agile Prinzipien, Selbstmanagement, Netzwerke und regenerative Führung. Scrum zählt zu ihren langjährigen Begleitern. Unter anderem bildet sie Scrum Master aus und coacht und unterstützt sie in ihrer täglichen Arbeit. Die Wirtschaftsingenieurin der Fachrichtung Elektrotechnik war bereits in verschiedenen Fach- und Führungspositionen in unterschiedlichen Unternehmen und Branchen tätig. Unabhängig von der Rolle sind ihr drei Dinge wichtig: Authentizität, Abenteuerlust und Fortschritt.

Ihr Kumpel Marcel erzählte ihr im Jahr 2008 zum ersten Mal von diesem »Scrum«, einem iterativen Vorgehen, um Projekte besser abzuwickeln als bisher. Sie war jedoch noch im Studium und so sehr mit elektrotechnischen Sachverhalten beschäftigt, dass sie damit zunächst einmal nichts anzufangen wusste. Trotzdem hatte Scrum sie irgendwie fasziniert und sich eine kleine Ecke in ihrem Hinterkopf gesucht, wo es verharrte und – kaum war sie in den Beruf eingestiegen – wieder hervorkam. Obwohl sie sich intensiv mit klassischem Projekt- und Prozessmanagement auseinandersetzte, machten vor allem ein paar Eigenschaften, die sie Scrum entliehen hatte, bereits ihre frühen Projekte erfolgreich: Kundenzentrierung, kurzzyklische Planung, iteratives und inkrementelles Vorgehen, frühzeitiges Feedback.

Ziemlich schnell begann sie dann, Scrum einzusetzen – in Softwareentwicklungsprojekten übrigens erst nach Jahren. Zuvor war sie immer in anderen Branchen tätig und erlebte begeistert die vielfältige Anwendbarkeit von Scrum. Die Magie entfaltete sich immer mehr, und sie ist davon überzeugt, dass wir irgendwann in der Zukunft komplexe Projekte nur noch so umsetzen werden, wie die Erfinder von Scrum es einst ersonnen haben. Ob wir es dann (noch) Scrum nennen, sei einmal dahingestellt.

Widmung

Ich widme dieses Buch stellvertretend für die vielen Scrum Master, die täglich hart daran arbeiten, ihr Umfeld ein bisschen agiler zu gestalten, einigen tollen Scrum Mastern, die ich in den letzten 15 Jahren kennenlernen durfte (in der Reihenfolge ihres Auftretens in meinem Leben): Dave, ST, Mike, Laura, Carina, Christian, Lisa, Deborah, Ilka, Elea, Nico, Kim – lasst Euch bitte niemals unterkriegen. Die Welt braucht Menschen wie euch!

Danksagung

Ich bin froh und dankbar, dass ich mit diesem Buch noch einmal mein gesammeltes Wissen zum Thema Professional Scrum™ niederschreiben durfte. Ich möchte Sie ermutigen, sich – über die Prüfungen hinaus – intensiv mit den Zusammenhängen und Haltungsfragen zu beschäftigen, auf denen Scrum basiert. Nur dann – so meine feste Überzeugung – wird es

Ihnen gelingen, die Magie von Scrum voll zu entfalten. Das reine Bestehen der Prüfung wird nicht dazu führen.

Es gibt ein paar Menschen, ohne die dieses Buchprojekt nicht möglich gewesen wäre und die ich daher an dieser Stelle kurz würdigen möchte. Ihr seid die Besten!

- ✔ Danke an Marcel, dass du die Idee von »Scrum« in mein Leben gebracht hast. Wer weiß, ob es ohne unseren Austausch vor so vielen Jahren jemals so weit gekommen wäre.
- ✔ Danke an meinen (agilen) Wegbegleiter Dominik Maximini: Du hast dieses Buch fachlich begleitet und aufgepasst, dass alles gemäß Scrum Guide formuliert ist.
- ✔ Danke an meinen Mann, meine Eltern und meine Schwiegermutter: Ihr habt mir den Rücken freigehalten, sodass dieses Buch überhaupt entstehen konnte.
- ✔ Danke an meinen Sohn: Du musstest immer wieder auf mich verzichten, wenn ich am Schreibtisch saß. Auch du hast dieses Buch Wirklichkeit werden lassen.
- ✔ Danke an meine wunderbare Lektorin Andrea Baulig: Ihre schnellen Rückmeldungen, klugen Hinweise und immerwährende Unterstützung haben mir sehr geholfen.
- ✔ Danke an die ValueRise Academy, Anbieter deutschsprachiger Zertifizierungen, dass ich unter anderem auf euren Fragenpool zurückgreifen durfte.

Auf einen Blick

Über die Autorin	**9**
Einführung	**19**

Teil I: Grundlegende Konzepte — 25
- **Kapitel 1:** Einführung in die Welt der Scrum Master und Product Owner — 27
- **Kapitel 2:** Werte und Prinzipien als Basis — 35
- **Kapitel 3:** Transparenz, Inspektion, Adaption — 43

Teil II: Scrum-Theorie — 53
- **Kapitel 4:** Scrum Team im Überblick — 55
- **Kapitel 5:** Scrum Events im Überblick — 67
- **Kapitel 6:** Product Owner in Aktion — 79
- **Kapitel 7:** Scrum Master in Aktion — 105

Teil III: Scrum im Unternehmensalltag — 115
- **Kapitel 8:** Scrum im Unternehmensalltag — 117
- **Kapitel 9:** Good Practices im Scrum-Umfeld — 125

Teil IV: Die Zertifizierung — 131
- **Kapitel 10:** Zertifizierung — 133
- **Kapitel 11:** Informationsquellen — 139
- **Kapitel 12:** Prüfungsfragen — 147

Teil V: Der Top-Ten-Teil — 209
- **Kapitel 13:** Die zehn wichtigsten Fakten aus dem Scrum Guide zum Merken — 211
- **Kapitel 14:** Zehn grundlegende Fragen der Haltung zum Beherzigen — 217
- **Kapitel 15:** Die zehn gefährlichsten Stolperfallen in der Prüfung — 221
- **Kapitel 16:** Zehn wichtige Änderungen im Scrum Guide 2020 — 225

Wichtige englische Begriffe — **229**

Literaturverzeichnis — **231**

Abbildungsverzeichnis — **233**

Stichwortverzeichnis — **237**

Inhaltsverzeichnis

Über die Autorin 9
    Widmung. 9
    Danksagung 9

Einführung. 19
    Über dieses Buch. 19
    Törichte Annahmen über die Leser 19
    Was Sie nicht lesen müssen. 20
    Wie dieses Buch aufgebaut ist. 21
    Symbole, die in diesem Buch verwendet werden. 22
    Konventionen in diesem Buch. 23
    Wie es weitergeht 24

TEIL I
GRUNDLEGENDE KONZEPTE 25

Kapitel 1
Einführung in die Welt der Scrum Master und Product Owner 27
    Bedeutung von Scrum in der VUCA-Welt. 28
    Framework vs. Methode. 29
    Scrum Master ≠ Projektmanager ≠ Product Owner 31
    Wichtige Learnings für die Prüfung. 34

Kapitel 2
Werte und Prinzipien als Basis 35
    Agiles Manifest und Agile Prinzipien. 35
    Scrum-Werte im Überblick. 38
    Wichtige Learnings für die Prüfung. 41

Kapitel 3
Transparenz, Inspektion, Adaption 43
    Empirie als Vorgehensmodell 43
    Förderung von Selbstmanagement 47
    3-5-3-Aufbau des Scrum-Rahmenwerks. 50
    Wichtige Learnings für die Prüfung. 51

TEIL II
SCRUM-THEORIE 53

Kapitel 4
Scrum Team im Überblick 55
    Entwickler 59
    Product Owner 60
    Scrum Master 61
    Gründung und Veränderung von Scrum Teams 63
    Wichtige Learnings für die Prüfung 64

Kapitel 5
Scrum Events im Überblick 67
    Sprint 69
    Sprint Planning 71
    Daily Scrum 72
    Sprint Review 74
    Sprint Retrospective 75
    Wichtige Learnings für die Prüfung 77

Kapitel 6
Product Owner in Aktion 79
    Product Owner als Wert-Maximierer 80
    Product Owner als Mitglied des Scrum Teams 82
    Produkt-Vision 84
    »Done« 85
        Increment 86
        Definition of Done 87
    Product Backlog 89
        Produkt-Ziel 91
        Sortierung des Product Backlogs 92
        Product Backlog Refinement 93
        Relatives Schätzen 95
    Sprint Backlog 97
        Sprint-Ziel 98
        Arbeit mit dem Sprint Backlog 99
    Stakeholder-Management 100
        Forecasting 102
        Release-Planung 102
    Wichtige Learnings für die Prüfung 103

Kapitel 7
Scrum Master in Aktion 105
    Scrum Master als Impediment-Beseitiger 107
    Scrum Master als Mitglied des Scrum Teams 108
    Scrum Master als Change Agent in der Organisation 112

    Scrum Master als Facilitator. 112
    Scrum Master als Coach 113
    Wichtige Learnings für die Prüfung. 114

TEIL III
SCRUM IM UNTERNEHMENSALLTAG 115

Kapitel 8
Scrum im Unternehmensalltag 117
    Einführung von Scrum in Unternehmen 117
        IT-Führungskräfte und Projektmanager 117
        Business-Analysten, Tester und andere Spezialisten 119
    Skalierung von Scrum 120
    Wichtige Learnings für die Prüfung. 123

Kapitel 9
Good Practices im Scrum-Umfeld 125
    User Stories 126
    Story Points. 126
    Velocity 127
    Burndown-Chart 128
    Agile Cone of Uncertainty. 129

TEIL IV
DIE ZERTIFIZIERUNG 131

Kapitel 10
Zertifizierung 133
    Prüfungsvorbereitung. 133
    Ablauf der Prüfungen 136

Kapitel 11
Informationsquellen 139
    Scrum Guide. 139
    Scrum.org 140
        Website 140
        Trainings 140
        Open Assessments. 140
        Weitere Guides der Scrum.org. 140
    Weitere Anbieter 141
        Scrum Alliance 141
        Scrum Inc. 142
    Literatur 142
        Ken Schwaber: Agile Project Management with Scrum 142
        Jeff Sutherland, James o. Colien: A Scrum Book. The Spirit
        of the Game 142

Stephanie Ockerman, Simon Reindl: Mastering Professional Scrum...... 142
Don McGreal, Ralph Jocham: The Professional Product Owner:
Leveraging Scrum as a Competitive Advantage........................ 143
Ryan Ripley, Todd Miller: Fixing your Scrum: Practical Solutions
to Common Scrum Problems.. 143
Christiaan Verwijs u. a.: Zombie Scrum Survival Guide: A Journey
to Recovery... 143
Mike Cohn: Succeeding with Agile: Software Development
Using Scrum... 143
Dominik Maximini, Juliane Pilster: Agile Mastery in der Praxis........... 144
Dominik Maximini: Scrum – Einführung in der Unternehmenspraxis..... 144
Marc C. Layton: Scrum für Dummies................................... 144
Internet... 144
Retromat... 144
ValueRise eAcademy... 145

Kapitel 12
Prüfungsfragen **147**
Empirie 147
Scrum-Werte... 149
Scrum Team 151
Scrum Events 153
Artefakte 154
»Done« 155
Self-Managing Teams 157
Facilitation und Coaching 159
Forecasting und Release-Planung.................................... 161
Produkt-Vision und -Wert... 163
Product-Backlog-Management 164
Stakeholder und Kunden 166
Lösungen und Erläuterungen 167
    Empirie.. 167
    Scrum-Werte.. 171
    Scrum Team 175
    Scrum Events 178
    Artefakte 181
    »Done«.. 184
    »Self-Managing« Teams.. 187
    Facilitation und Coaching 190
    Forecasting und Release-Planung............................... 195
    Produkt-Vision und -Wert 198
    Product-Backlog-Management................................. 201
    Stakeholder und Kunden 204

TEIL V
DER TOP-TEN-TEIL 209

Kapitel 13
Die zehn wichtigsten Fakten aus dem Scrum Guide zum Merken 211
Leichtgewichtigkeit vs. Komplexität 211
Empirie und ihre Säulen 212
Scrum basiert auf fünf Scrum-Werten 212
Ein Scrum Team besteht aus Verantwortlichkeiten 212
Scrum Team – klein und groß genug zugleich 213
Fünf Scrum Events 213
Events sind zweckgerichtet 213
Drei Artefakte 214
Qualität ist nicht verhandelbar 214
Keine Auslieferung ohne »Done« 215

Kapitel 14
Zehn grundlegende Fragen der Haltung zum Beherzigen 217
Scrum ist keine Methode 217
Pull statt Push 217
Kontinuierliche Verbesserung 218
Interdisziplinarität 218
Selbstmanagement 218
Increments sind Durchstiche 219
Scrum Master sind nicht allwissend 219
… aber Product Owner (fast) allmächtig 219
Stakeholder sind Interessenvertreter, keine Befehlsgeber 220
Facilitation und Coaching 220

Kapitel 15
Die zehn gefährlichsten Stolperfallen in der Prüfung 221
My English is not the Yellow from the Egg 221
So machen wir es in der Praxis 221
Antwort passt nicht zur Frage 222
Zu wenige Antworten 222
Zwingend oder nicht? 222
Das steht nicht im Scrum Guide 222
Da ist von mehreren Teams die Rede 222
Änderungen im Scrum Guide 223
Ohne Vorbereitung die Prüfung absolvieren 223
Google liegt falsch 223

Kapitel 16
Zehn wichtige Änderungen im Scrum Guide 2020............. **225**
    Ein Scrum Team ist ein Team... 225
    Aus Rollen werden Verantwortlichkeiten................................. 225
    Selbstmanagement statt Selbstorganisation............................. 226
    Keine Größenvorgabe mehr 226
    Jedes Artefakt enthält ein Commitment................................. 226
    Produkt-Ziel als Orientierung.. 226
    Wer erstellt die Definition of Done?.................................... 227
    Legende von den drei Fragen 227
    Refinement < 10 % der Kapazität 227
    Verbesserungsmaßnahmen sind nicht mehr Pflicht 227

Wichtige englische Begriffe..**229**

Literaturverzeichnis **231**

Abbildungsverzeichnis..**233**

Stichwortverzeichnis **237**

Einführung

Scrum ist wohl der bekannteste Ansatz für das agile Arbeiten und wenn es darum geht, komplexe Produktentwicklung zu betreiben. In den letzten Jahren wurden im Zuge der Einführung von Scrum nicht nur Meetings durch Events ersetzt, sondern es kamen auch neue Rollen in die Unternehmen: Product Owner und Scrum Master.

Professional Scrum Master™ und Product Owner™ für Dummies ist ein Buch für jeden, der in eine dieser Rollen schlüpfen darf oder bereits durfte und diese besonders gut machen möchte: professionell eben. Die Scrum.org hat rund um Scrum ein umfangreiches Angebot geschaffen, um etwas über *Professional Scrum™* zu lernen und sich darin zertifizieren zu lassen.

Über dieses Buch

Dieses Buch sollte jeder lesen, der sich zu *Professional Scrum™* weiterbilden möchte, um am Ende eine oder beide Grundlagenzertifizierungen *Professional Scrum Master™ I* oder *Product Owner™ I* der Scrum.org zu erreichen.

An dieser Stelle sei bereits erwähnt, dass die beste Methode, sich auf eine Prüfung vorzubereiten, vermutlich immer ist, ein Verständnis für das Gelernte zu entwickeln. Nichtsdestotrotz gibt es für die Zertifizierungsprüfungen einiges an reinem Wissen, das Sie sich aneignen können, um gute Chancen zu haben, die Prüfungen auch wirklich zu bestehen.

Dabei ist es am Ende ein bisschen wie mit dem Kfz-Führerschein: Autofahren lernen die meisten erst nach der Prüfung.

Die wichtigste Quelle ist der Scrum Guide in seiner Fassung aus dem Jahr 2020. Wer Professional Scrum Master™ oder Professional Scrum Product Owner™ sein möchte, sollte dieses Dokument wirklich sehr gut kennen. Der Scrum Guide ist frei zugänglich im Internet verfügbar: https://scrumguides.org/.

Törichte Annahmen über die Leser

Sie halten dieses Buch vermutlich in der Hand, weil

- ✔ Sie entweder ein Scrum Master oder ein Product Owner werden wollen,
- ✔ sich jeweils in die Welt des anderen reindenken möchten oder
- ✔ weil Sie ganz neu mit Scrum in Berührung gekommen sind.

In jedem Fall liebäugeln Sie mit der Zertifizierung zum Professional Scrum Master™ oder zum Professional Scrum Product Owner™ der Scrum.org. Und dabei möchte Ihnen dieses Buch helfen.

Während ich dieses Buch geschrieben habe, habe ich mir immer wieder Gedanken über Sie gemacht. Ich fragte mich, wer Sie sind und was Sie von mir brauchen, und traf folgende Annahmen:

- ✔ Sie arbeiten schon eine Weile mit Scrum und wollen die Zertifizierung jetzt »nachziehen«: Erste praktische Erfahrungen machen es nicht immer leicht, im Sinne des offiziellen Scrum Guides zu denken. Die Realität überlagert die Theorie – ich spreche aus Erfahrung! Aber das kriegen wir schon hin. Falls Sie absoluter Anfänger sind und gar keine Vorkenntnisse haben, dann freuen Sie sich. Das macht die Sache leichter.

- ✔ Sie haben nicht besonders viel Zeit, um sich auf die Zertifizierung vorzubereiten: Ich vermute, Sie haben neben der Zertifizierung zum Professional Scrum Master™ I oder Professional Scrum Product Owner™ I noch andere Dinge zu tun und suchen nach schnellen, praktischen Tipps, um sich die Theorie von Professional Scrum™ anzueignen und um mit diesem Wissen die Zertifizierungsprüfung der `Scrum.org` zu bestehen.

- ✔ Sie arbeiten nicht in einem perfekten Scrum-Prozess: Vermutlich arbeiten Sie in einem realen Umfeld, in dem es vorher kein Scrum, sondern Projektmanagementmethoden gab, um Vorhaben aller Art erfolgreich über die Bühne zu kriegen. Herausforderungen können also auftreten, wenn Sie versuchen, Ihr neu erworbenes Scrum-Wissen anzubringen. Ich werde versuchen, Sie mindestens auf potenzielle Konflikte aufmerksam zu machen.

- ✔ Sie finden *denglische* Fachliteratur schrecklich: Es tut mir leid. Begriffe spielen in Scrum eine so wesentliche Rolle, dass ich nicht umhinkomme, sie Ihnen näherzubringen. Das geht am einfachsten, indem ich die englischen Begriffe im Buch einfach benutze. Auch auf die Gefahr hin, dass sie Ihnen am Ende zum Halse raushängen werden, verfolge ich damit das Ziel, dass Sie die Begriffe in der `Scrum.org`-Prüfung schnell wiedererkennen.

Was Sie nicht lesen müssen

In den Kapiteln finden Sie Beispiele, die dazu dienen sollen, die theoretischen Ausführungen in dem Buch ein wenig anschlussfähiger zu gestalten. Es handelt sich dabei um Erfahrungen, die ich insbesondere im letzten Jahrzehnt und teilweise auch schon davor sammeln durfte. Für die Beispiele, die ich Ihnen zur Untermalung mitliefere, habe ich bereits vor ein paar Jahren einen fiktiven Charakter ersonnen: Peter (vgl. Abbildung E1.1). Peter war ursprünglich Projektleiter und übernimmt später die Rolle des Scrum Masters. Auf seiner persönlichen Entwicklungsreise erlebt er dabei allerlei, was mit Scrum nicht viel zu tun hat, aber auch zahlreiche positive Beispiele für die Anwendung von Scrum.

Für Ihre Zertifizierungsprüfung reicht es, den regulären Text des Buchs zu lesen und zu verstehen. Die Beispiele helfen hoffentlich dabei, alles leichter zu verinnerlichen.

Abbildung E1.1: Peters agile Reise: Weil Scrum draufsteht, ist noch lange kein Scrum drin.

Wie dieses Buch aufgebaut ist

Dieses Buch hat fünf Teile. Hier erfahren Sie, welche Inhalte Sie in welchem Teil finden und was Sie aus den einzelnen Teilen mitnehmen sollten.

Teil I: Grundlegende Konzepte

Im ersten Teil lernen Sie Scrum als ein empirisches Vorgehen kennen, das auf Experimenten basiert und kontinuierlich wertvolle Arbeitsergebnisse liefert. Es hilft, mit der Komplexität der VUCA-Welt umzugehen, und erfordert die vollständige Anwendung des Rahmenwerks. Die Rollen Scrum Master und Product Owner werden eingeführt, und Sie erhalten einen Einblick in wichtige Grundlagen:

- ✔ das Agile Manifest aus vier Wertepaaren und zwölf Prinzipien
- ✔ die fünf Scrum-Werte sind Commitment, Fokus, Offenheit, Respekt und Mut
- ✔ Transparenz, Inspektion und Adaption als Säulen der empirischen Prozesskontrolle
- ✔ Selbstmanagement als Aspekt von Scrum: Was wird wie, wann und von wem erledigt?

Teil II: Scrum-Theorie

In Teil II erhalten Sie zunächst einen Überblick über das Scrum Team, das aus Entwicklern, einem Product Owner und einem Scrum Master besteht, die gemeinsam an der Erstellung eines wertvollen Increments arbeiten. Auch die fünf Scrum Events Sprint Planning, Sprint, Daily Scrum, Sprint Review und Sprint Retrospective als formale Gelegenheiten zur Inspektion und Adaption sind in diesem Teil beschrieben. In der zweiten Hälfte dieses Teils lernen Sie dann die Arbeit des Product Owners und des Scrum Masters näher kennen. Dabei kommen Sie auch an den Scrum-Artefakten Product Backlog, Sprint Backlog und Increment vorbei und werden erfahren, welche Kompetenzen Sie für erste Schritte in den Rollen und damit auch für die Zertifizierung theoretisch mitbringen müssen.

Teil III: Scrum in der Praxis

In Teil III gehen wir über die reine Scrum-Theorie hinaus, und Sie werden sehen, wie Scrum ins Unternehmensumfeld eingebettet werden kann. Dabei kommen Sie auch an sogenannten »Good Practices« vorbei, die hier und da in der Zertifizierungsprüfung zumindest ihrer Begrifflichkeit nach auftauchen, und Sie beschäftigen sich mit dem Thema Skalierung.

Teil IV: Wie werde ich ein zertifizierter Product Owner oder Scrum Master?

Der vorletzte Teil widmet sich den Zertifizierungsprüfungen zum Professional Scrum Master™ I (PSM I) und zum Professional Scrum Product Owner™ (PSPO I). Sie erhalten einen Überblick über Informationsquellen, die ich für hilfreich halte. Außerdem bekommen Sie Informationen zur Prüfungsvorbereitung. Insbesondere finden Sie in diesem Teil eine lange Liste von beispielhaften Prüfungsfragen, mit deren Hilfe Sie üben können.

Teil V: Der Top-Ten-Teil

Der Top-Ten-Teil am Schluss fasst für Sie noch einmal die wichtigsten Hinweise im Hinblick auf Ihre Zertifizierung zusammen. Dazu gehören:

- ✔ Die zehn wichtigsten Fakten aus dem Scrum Guide, die Sie sich merken sollten.
- ✔ Zehn grundlegende Fragen der Haltung, die Sie beherzigen sollten.
- ✔ Die zehn gefährlichsten Stolperfallen der Prüfung, denen Sie entgehen sollten.
- ✔ Zehn wichtige Änderungen im Scrum Guide 2020, die Sie kennen sollten.

Sicherlich hilft es Ihnen für Ihre Zertifizierungsprüfung, einen Blick auf diese abschließende Zusammenfassung zu werfen. Die Lektüre des restlichen Buchs ersetzen diese wenigen Seiten natürlich nicht.

Symbole, die in diesem Buch verwendet werden

Wichtige oder zusätzliche Informationen werden in diesem Buch mithilfe von Symbolen hervorgehoben. Hier ist ein Überblick über das, was Sie erwartet.

Für die Zertifizierung ist es hilfreich, sich den Scrum Guide genau anzuschauen. Manche Wortlaute aus dem Scrum Guide (in der männlichen deutschen Übersetzung aus dem Jahr 2020) werden auf diese Weise hervorgehoben.

Nützliche Hinweise zur Vorbereitung auf Ihre Zertifizierungsprüfung sollen Ihnen helfen, an den richtigen Stellen auf Details zu achten oder vielleicht noch einmal nachzulesen, damit Sie am Ende problemlos bestehen.

Für die Zertifizierung sollten Sie sich immer klarmachen, wie die Antwort gemäß Scrum Guide lauten würde. In der Realität läuft es häufig anders; das möchte ich Ihnen zumindest hier und da zeigen.

Im Umfeld von Scrum und den Zertifizierungen der Scrum.org gibt es viele interessante Modelle und Werkzeuge, die Anwendung finden. Hier finden Sie Anregungen, um sich abseits der Zertifizierungen zu informieren.

 Es gibt einige Themen, die sich in der neusten Version des Scrum Guides gegenüber den Vorgängerversionen deutlich geändert haben. Sie können zu Stolperfallen werden, auf die ich Sie hinweisen möchte.

 Die Dinge lassen sich oft besser verstehen und merken, wenn man ein Beispiel zu ihnen hat. Auch wenn die Beispiele nicht direkt prüfungsrelevant sind, habe ich die theoretischen Ausführungen daher mit einigen Beispielen aus der Praxis untermalt.

Konventionen in diesem Buch

In diesem Buch gibt es ein paar Konventionen, die ich Ihnen vorab mitgeben möchte. Sie dienen alle entweder der guten Lesbarkeit und dem einfachen Verständnis oder der flüssigen Übertragbarkeit zur Sprache der Scrum.org, die Sie für die Prüfung benötigen.

Obwohl ich auch sonst auf das Gendern verzichte, wünsche ich mir, dass sich alle Menschen angesprochen fühlen, die etwas Hilfreiches in diesem Buch finden könnten. Der Verzicht hat einzig und allein etwas mit der Lesbarkeit zu tun. Überall da, wo es sich anbietet und auch schon eingebürgert hat, greife ich auf das Partizip I zurück (Beispiel: *Mitarbeitende*). Allerdings möchte ich diese grammatische Form nicht unnötig zweckentfremden, zumal sie holprig klingt und obendrein auch noch ungenau ist. Daher gehe ich eher sparsam mit ihr um.

Ich referenziere der Einfachheit halber auch auf die deutsche Version des Scrum Guides in der männlichen Fassung, damit sich insbesondere wörtliche Zitate leicht in den Text einfügen lassen. Der Scrum Guide ist in drei deutschsprachigen Versionen (männlich, weiblich, neutral) und in zahlreichen anderen Sprachen verfügbar.

Im Buch werden Sie auf zahlreiche englische Begriffe stoßen. Das liegt daran, dass der Scrum Guide selbst zwar in viele Sprachen übersetzt wurde, die Prüfungen zu den Zertifizierungen der Scrum.org jedoch ausschließlich auf Englisch angeboten werden und es häufig auf die genauen Begrifflichkeiten ankommt. Eine Liste der wichtigsten Begriffe finden Sie im Anhang des Buchs.

Es gibt einige Fachbegriffe, die von Anfang an verwendet, aber erst im späteren Verlauf erklärt werden. Sollte Sie das beim Verständnis behindern, empfehle ich Ihnen ebenfalls einen Blick auf die genannte Liste der englischen Begriffe oder ins Stichwortverzeichnis am Ende des Buchs.

Es gibt ein paar englische Begriffe, bei denen es etwas seltsam wäre, sie »einzudeutschen«. Gleichzeitig sind sie so relevant für die Prüfung, dass ich trotzdem auf sie aufmerksam machen möchte. Beispiele dafür sind unter anderem »self-managing« und »Developers«. Im Text finden Sie daher die Übersetzungen, in diesen Fällen »selbstgemanagt« und »Entwickler«. Das englische Wort, das Ihnen dann auch in der Prüfung begegnen wird, finden Sie jeweils in Klammern (*self-managing*).

Wie ich bereits erwähnt habe, sind meine wichtigsten Quellen die Website der `Scrum.org` und der Scrum Guide in seiner Version aus dem Jahr 2020. Dennoch gibt es darüber ein paar Literaturhinweise, die Sie in der Form »Autor Jahr« in Klammern im Text finden. Die Übersicht der Quellen finden Sie am Ende des Buchs in alphabetischer Reihenfolge.

Wie es weitergeht

An dieser Stelle sei noch erwähnt, dass die `Scrum.org` ein sehr umfangreiches Potpourri an Trainings, Blogbeiträgen, Videoclips, offenen Tests und weiteren Lernmöglichkeiten anbietet, um Sie auf die Prüfungen für die Zertifizierungen zum Professional Scrum Master™ I (PSM I) oder zum Professional Scrum Product Owner™ (PSPO I) und darüber hinaus vorzubereiten. Diese vielfältige Sammlung kann dieses Buch nicht einmal ansatzweise ersetzen. Vielmehr dient dieses Buch dazu, Akzente zu setzen und Ihre Aufmerksamkeit auf die wichtigsten Aspekte zu lenken, um die beiden Basis-Zertifizierungen zu bestehen.

Und jetzt ist vermutlich der Zeitpunkt gekommen, wo Sie mit der Lektüre beginnen, und ich wünsche Ihnen schon jetzt viel Erfolg für Ihre Zertifizierungsprüfung(en). Im Nachgang würde ich mich sehr über Ihr Feedback freuen. Was fanden Sie besonders hilfreich? Was hat Ihnen gefehlt? Kontaktieren Sie mich dafür gerne jederzeit – am einfachsten via LinkedIn (`https://www.linkedin.com/in/julianepilster/`).

Teil I
Grundlegende Konzepte

IN DIESEM TEIL ...

In diesem Teil erhalten Sie einen Einblick in die Welt der Product Owner und Scrum Master und ihre Herausforderungen. Sie lernen Scrum als empirisches Vorgehen und als eine Art des Umgangs mit Komplexität in der VUCA-Welt kennen. Das Agile Manifest aus vier Wertepaaren und zwölf Prinzipien sowie die fünf Scrum-Werte Commitment, Fokus, Offenheit, Respekt und Mut liegen Scrum zugrunde. Sie werden außerdem lesen, welche Bedeutung Transparenz, Inspektion und Adaption sowie das Konzept des Selbstmanagements haben.

> **IN DIESEM KAPITEL**
>
> Herausforderungen der VUCA-Welt verstehen
>
> Frameworks und Methoden voneinander unterscheiden
>
> Scrum Master und Product Owner einordnen

Kapitel 1
Einführung in die Welt der Scrum Master und Product Owner

Wenn Sie in der IT arbeiten, ist Ihnen Scrum vermutlich schon vor längerer Zeit begegnet. Doch auch in Unternehmen, die Hardware entwickeln, oder in Human-Resources- oder Controlling-Abteilungen setzt sich Scrum immer mehr durch. Scrum ist ein empirisches Vorgehen, das es ermöglicht, auf der Basis von Experimenten zu lernen und auf diese Weise wertvolle Arbeitsergebnisse zu erzeugen.

Die Ursprünge von Scrum gehen auf einen Artikel der japanischen Autoren Hirotaka Takeuchi and Ikujiro Nonaka im Harvard Business Review aus dem Jahr 1986 zurück, in dem selbstorganisierte Teams bereits in den Mittelpunkt der Produktentwicklung gestellt wurden. Die Erfinder von Scrum, die beiden US-amerikanischen Softwareentwickler Jeff Sutherland (*1941) und Ken Schwaber (*1945), griffen diese Ideen in den 1990er-Jahren auf und übertrugen sie auf die Softwareentwicklung. In der Folge entstanden zahlreiche Bücher – und der *Scrum Guide*.

Entgegen einer häufigen Vermutung handelt es sich bei dem Wort *Scrum* nicht um ein Akronym. Der Begriff stammt aus dem Englischen, bedeutet so viel wie »Gedränge« und stellt eine Standardsituation im Rugby dar. Bereits Takeuchi und Nonaka referenzierten in ihrem Artikel auf dieses Spiel. »Scrum« dient ähnlich wie der Einwurf im Fußball dazu, das Spiel nach einer Unterbrechung neu zu starten, und ist dadurch gekennzeichnet, dass beide Teams sich jeweils im Verbund gegeneinander bewegen und dabei versuchen, den Ball für die eigene Mannschaft zu erobern.

Der Scrum Guide wurde inzwischen in über 50 Sprachen übersetzt und ist im Internet unter https://scrumguides.org/ abrufbar. Die letzte Version des Scrum Guides stammt aus dem Jahr 2020. Wenn Sie vorhaben, sich zertifizieren zu lassen, sollten Sie die neuste Version kennen, da sich Änderungen des Scrum Guides immer auch auf die Prüfungsfragen auswirken.

Als Leitfaden beschreibt der Scrum Guide die Spielregeln von Scrum, also die Mindestanforderungen, die beim Einsatz von Scrum zu erfüllen sind. Das heißt, Scrum ist kein Methodenbaukasten, aus dem man sich bedienen kann. Einzelne Elemente wegzulassen, ist keine Option. Zusätzliche Elemente zu ergänzen, ist hingegen möglich und gewünscht.

Lesen Sie in der Vorbereitung Ihrer Zertifizierungsprüfung auf jeden Fall die aktuelle Version des Scrum Guides aus dem Jahr 2020.

Bedeutung von Scrum in der VUCA-Welt

Die Welt ist nicht (mehr) planbar. Globalisierung und Digitalisierung sorgen für mehr Vernetzung und Abhängigkeiten. Damit wächst auch die Komplexität, wenn es darum geht, in der Geschäftswelt von heute erfolgreich zu sein. Häufig wird dieses Phänomen als »VUCA-Welt« bezeichnet. VUCA ist ein Akronym, das für *Volatility* (Volatilität), *Uncertainty* (Unsicherheit), *Complexity* (Komplexität) und *Ambiguity* (Mehrdeutigkeit) steht.

In der VUCA-Welt passen Kunden ihre Anforderungen ständig an, wechselnde Mitbewerber bringen neue Produkte an den Start, Technologien entwickeln sich weiter, Mitarbeitende verändern ihre Ansprüche an ihre Arbeitsplätze und haben andere Kenntnisse und Fähigkeiten. Diese komplexe Gemengelage aus verschiedenen Einflussgrößen führt dazu, dass Probleme nicht mehr so einfach zu durchschauen sind und dass die Lösungen nicht auf der Hand liegen. Aus diesem Grund haben prädiktive (= absehbar, berechenbar, vorhersagbar) Methoden an vielen Stellen ausgedient und Unternehmen suchen andere Vorgehensmodelle, um mit Komplexität erfolgreich umzugehen.

Überall dort, wo in Unternehmen die Rahmenbedingungen aber stabil und die Ergebnisse bei ausreichender Planung vorhersagbar sind, haben prädiktive Ansätze wie Wasserfall immer noch ihre Berechtigung. Für solche einfachen oder komplizierten Aufgabenstellungen würde Scrum völlig unnötigen Aufwand verursachen.

Fragen Sie sich selbst: Wie oft liefert Ihr bisheriges Vorgehen genau das, was Sie ursprünglich geplant hatten, zu dem Zeitpunkt, zu dem Sie es geplant hatten? Wenn Ihre Antwort unter 50 Prozent liegt, dann deutet dies auf ein komplexes Szenario hin, bei dem Scrum seine Stärken ausspielen kann.

Peter kommt neu in den technischen Bereich des Unternehmens Abenteuer GmbH. Gleich am ersten Tag wird ihm die Leitung für ein Projekt übertragen, in dem es darum geht, ein tagesaktuelles Kennzahlen-Dashboard für das Management zu implementieren. Das Projekt hat zwar schon einige Hunderttausend Euro verschlungen. Bisher gibt es für das Management aber leider noch nichts zu sehen.

Peter analysiert das Projekt und findet heraus, dass es vor allem zwei Schwierigkeiten gibt: Das Projektteam hat bisher versucht, alles gleichzeitig zu erledigen. Die Umsetzung aller möglichen Kennzahlen ist zwar begonnen worden, bisher ist jedoch noch nichts fertiggestellt. Gleichzeitig bemerkt Peter, dass sich die Anforderungen, welche Kennzahlen überhaupt implementiert werden sollen, über die Zeit geändert haben. So sind viele Arbeiten sogar völlig umsonst gewesen, weil Kennzahlen, zu denen bereits Fortschritt erzielt worden ist, einfach ersetzt worden sind. Im Ergebnis gibt es also viele Dokumente und einigen Quellcode, allerdings kein Produkt, das einen Mehrwert für das Management liefert.

Peter entscheidet sich für ein inkrementelles und iteratives Vorgehen. Montags wird geplant, welche Kennzahl die Woche über umgesetzt werden soll, und in den folgenden Tagen wird fokussiert daran gearbeitet. Die Reihenfolge der Umsetzung stimmt er mit dem Management ab, das froh ist, dass es schon bald die erste Kennzahl im Dashboard sehen kann und dass stetig weitere dazukommen. Das Management nutzt die umgesetzten Kennzahlen sofort und kann so wertvolles Feedback dazu liefern, was wirklich benötigt wird.

Wo früher in Stellenanzeigen noch die Anforderung nach einer Zertifizierung im klassischen Projektmanagement (z. B. GPM, PMI oder PRINCE2) zu finden war, wünschen sich die Unternehmen heutzutage häufig Kenntnisse im agilen Arbeiten – bestenfalls bewiesen durch eine entsprechende Zertifizierung.

Agile Ansätze wie Scrum zeichnen sich dadurch aus, dass während der Entwicklung eines komplexen Produkts kontinuierlich Wert geschaffen wird. Sie leben außerdem von einem empirischen Vorgehen, das verschiedene Feedbackschleifen vorsieht, um anhand gemachter Erfahrungen und Beobachtungen die nächsten Entscheidungen zu treffen. Basierend auf einer schrittweisen Planung werden wertvolle Inkremente erzeugt, die dann wiederum inspiziert und adaptiert werden.

Doch die Lieferung eines Produkts, das »Was«, ist nicht die einzige Herausforderung, um in der VUCA-Welt zu bestehen. Auch das »Warum« und das »Wie« werden immer wieder überprüft und gegebenenfalls justiert. Scrum sieht dafür Mechanismen vor, die in den folgenden Kapiteln genauer betrachtet werden.

 Wenn Sie sich tiefer mit dem Thema Komplexität auseinandersetzen möchten, lohnt sich ein Blick auf die Stacey-Matrix des Mathematik-Professors Ralph Douglas Stacey oder auf das Cynefin-Modell des Wissenschaftlers David John Snowden.

Framework vs. Methode

Es gibt viele Missverständnisse rund um das Rahmenwerk (*Framework*) Scrum. Eins sei direkt an dieser Stelle erwähnt: Häufig existiert die Erwartungshaltung, dass Scrum Komplexität eliminiere; das ist jedoch kaum möglich. Stattdessen hilft das Rahmenwerk dabei, mit Komplexität umzugehen und sie zu bewältigen.

Außerdem wird Scrum fälschlicherweise häufig als Methode bezeichnet. Dadurch ist in vielen Organisationen eine Erwartungshaltung entstanden, die meistens gleich beim ersten Einsatz enttäuscht wird: Scrum sage Schritt für Schritt, was zu tun sei. Das ist jedoch nicht der Fall. Scrum ist keine Methode und enthält keine Ablaufpläne. Es ist bewusst unvollständig und dadurch sehr leichtgewichtig. Umso wichtiger sind daher gute Scrum Master mit einem umfangreichen Verständnis des Rahmenwerks. Sie müssen in der Lage sein, die Lücken mit Leben (sprich: mit Methoden, Werkzeugen und Techniken) zu füllen.

Peter arbeitet nun schon eine Weile für die Abenteuer GmbH. In der IT-Abteilung des Unternehmens wird »Scrum« eingesetzt und vom Management als erfolgreich angesehen. Daher wird er als Projektleiter nun angehalten, sein nächstes Projekt ebenfalls mit Scrum abzuwickeln. Er hält dies für passend, weil seine Projekte ein hohes Maß an Komplexität aufweisen.

Er besucht ein zweitägiges Training, in dem ihm die Grundlagen zu Scrum mit seinen sogenannten Events nähergebracht werden, und er lernt etwas über das Product Backlog und andere Artefakte. Über Prinzipien und Werte verliert der Trainer nicht viele Worte. Leider hat Peter am Ende der zwei Tage nicht verstanden, dass Scrum keine Methode ist, sondern nur ein Rahmenwerk mit ein paar Eckpunkten und Regeln, die es mit Leben zu füllen gilt.

In der Folge benennt er sich selbst zum Product Owner und ein Teammitglied zum Scrum Master für sein neues Projekt. Sie führen fleißig Sprint Plannings, Sprint Reviews, Sprint Retrospectiven und sogar Daily Scrums durch. Das Vorgehen kommt Peter trotzdem irgendwie unvollständig vor, und er entscheidet sich in alter Manier des Projektmanagers dafür, ein Gantt-Chart für das kommende Jahr zu erstellen und ein paar Statusberichte einzuführen, um einen guten Überblick zu haben. Änderungen am Projektumfang lässt er lieber nicht zu. Wichtige Entscheidungen werden durch einen Lenkungsausschuss getroffen, der auch die Berichte erhält.

Er fragt sich, was nun anders ist als vorher, und kann es nicht so richtig beschreiben. Obwohl er zu Beginn seiner Karriere schon einmal gute Erfahrungen mit der inkrementellen und iterativen Arbeitsweise gemacht hat, entfalten sich die Vorzüge von Scrum im aktuellen Fall nicht. Das liegt vor allem daran, dass er gemeinsam mit dem Scrum Master nicht in der Lage ist, Scrum als Rahmenwerk auszugestalten. Ihnen fehlen die Erfahrung und ein passender Methodenbaukasten mit sinnvollen Ergänzungen.

Während Methoden vorschreiben, wie Sie von einem Problem zu einer Lösung kommen, gibt es in Scrum nur ein paar Leitplanken, die einerseits dazu dienen, das Produkt kontinuierlich zu überprüfen und weiterzuentwickeln. Andererseits helfen die Leitplanken Teams dabei, die eigenen Arbeitsprozesse im Hinblick auf Effizienz (*Efficiency*), Reaktionsfähigkeit (*Responsiveness*) und Qualität (*Quality*) zu verbessern. Ein Team, das mit Scrum arbeitet, entwickelt auf dieser Basis seinen eigenen Arbeitsmodus.

»Scrum ist ein leichtgewichtiges Rahmenwerk, welches Menschen, Teams und Organisationen hilft, Wert durch adaptive Lösungen für komplexe Probleme zu generieren.« (Scrum Guide 2020)

Scrum Master ≠ Projektmanager ≠ Product Owner

Mit Scrum haben sich in den Unternehmen auch neue Rollen etabliert – allen voran Scrum Master und Product Owner. Doch nicht immer schaffen Unternehmen es, alte Rollen auch wirklich zu ersetzen, sodass es sie teilweise immer noch gibt. So kommt es nicht selten vor, dass trotz aller Bemühungen rund um die Einführung von Scrum auch noch Projektmanager (oder Projektleiter oder ähnliche Funktionen) anzutreffen sind. Aber: Es gibt keine Projektmanager in Scrum!

Im Scrum Guide werden drei Rollen (bzw. Verantwortlichkeiten – doch dazu später mehr) explizit erwähnt: Entwickler (*Developer*), Product Owner und Scrum Master. Sie bilden gemeinsam das Scrum Team.

Während die Entwickler selten mit Projektmanagern verwechselt werden, kommt dies beim Product Owner und beim Scrum Master schon häufiger vor. Dies liegt vor allem an der Art der Verantwortlichkeiten, die der Scrum Guide für diese beiden vorsieht. Da geht es um Ergebnisverantwortung im Zusammenhang mit Wert-Maximierung und Product-Backlog-Management für den Product Owner. Der Scrum Master hingegen trägt die Verantwortung für die Effektivität des Teams und die Verbesserung der Organisation.

»Der *Product Owner* ist ergebnisverantwortlich für die Maximierung des Wertes des Produkts, der sich aus der Arbeit des Scrum Teams ergibt. Wie dies geschieht, kann je nach Organisation, Scrum Team und Individuum sehr unterschiedlich sein. Der Product Owner ist auch für ein effektives Product-Backlog-Management ergebnisverantwortlich.« (Scrum Guide 2020)

»Der *Scrum Master* ist ergebnisverantwortlich für die Einführung von Scrum, wie es im Scrum Guide definiert ist. Er tut dies, indem er allen dabei hilft, die Scrum-Theorie und -Praxis zu verstehen, sowohl innerhalb des Scrum Teams als auch in der Organisation.

Der Scrum Master ist ergebnisverantwortlich für die Effektivität des Scrum Teams. Er tut dies, indem er das Scrum Team in die Lage versetzt, seine Praktiken innerhalb des Scrum-Rahmenwerks zu verbessern.

Scrum Master sind echte Führungspersönlichkeiten, die dem Scrum Team und der Gesamtorganisation dienen.« (Scrum Guide 2020)

Die beiden Definitionen zeigen schon, dass die Aufgaben des ehemaligen Projektmanagers in Scrum unter anderen Rolleninhabern aufgeteilt wurden: Aufgaben des Anforderungs- und Stakeholder-Managements liegen beim Product Owner, während der Scrum Master sich um die Prozess-, Team- und Verbesserungsaufgaben kümmert. Der dritte Bestandteil der ehemaligen Projektmanagerrolle, die operativen Organisations- und Umsetzungsaufgaben, gehen zu den weiteren Teammitgliedern des Scrum Teams, den »Entwicklern« (*Developer* genannt) (vgl. Kapitel 3 *Transparenz, Inspektion, Adaption*).

Peter ist mittlerweile einige Jahre als Projektmanager bei der Abenteuer GmbH tätig und hat in dieser Zeit einige Projekte erfolgreich umgesetzt. Sein Alltag ist trotz abwechslungsreicher Projekte mehr oder weniger zur Routine geworden.

Er denkt daher über eine Weiterentwicklung nach, und rückblickend fällt ihm auf, dass er jedes Mal vor allem die Abnahme seiner Projekte durch Lenkungsausschuss und Auftraggeber im Auge gehabt hat. Für die zeitgerechte Abnahme hat er in einigen Fällen sogar eine schlechtere Produktqualität in Kauf genommen, um zum Ziel zu gelangen. Peter hatte sich in der Vergangenheit sogar schon selbst dabei ertappt, »Melonen-Reporting« betrieben zu haben: außen grün und innen rot. Es ist ihm gelungen, seine Berichte mit »grünen Ampeln« gegenüber dem Management zu vertreten, obwohl im aktuellen Zustand des Projekts die eine oder andere »rote Ampel« angebrachter gewesen wäre. Dieses Resümee ist für ihn nicht zufriedenstellend. Er beschließt, es in Zukunft anders anzugehen.

Die Abenteuer GmbH hat sich inzwischen entschieden, vermehrt auf Scrum auch außerhalb der IT-Bereiche zu setzen. Peter sieht dies als Chance und beginnt, sich in die Richtung des Scrum Masters weiterzubilden. In den Projekten haben ihm bisher vor allem die prozessualen Themen und die Arbeit mit dem Projektteam Spaß gemacht und er findet diese Schwerpunkte beim Scrum Master wieder.

Somit bleiben gar keine Aufgaben für einen Projektmanager übrig. In der Praxis führt das häufig dazu, dass die Projektmanager über die Zeit zu Schreibkräften für die Product Owner werden, den ganzen Tag irgendwelche Excel-Dateien und Powerpoint-Folien bauen oder nach Statusberichten fragen (doch dazu ebenfalls später mehr).

Ein weiteres Phänomen aus der Praxis ist, dass der Product Owner zusätzlich die Scrum-Master-Rolle übernimmt oder umgekehrt. Auch das sollte eine Organisation tunlichst unterlassen.

✔ Der Product Owner ist der Wert-Maximierer und verantwortlich für das Backlog-Management.

✔ Der Scrum Master ist Impediment-Beseitiger und verantwortlich für die Implementierung von Scrum.

Ein *Impediment* ist ein Hindernis, das ein Scrum Team bei der Erledigung seiner Aufgaben einschränkt oder aufhält. Es handelt sich um ein Problem, das vom Scrum Team nicht selbstständig gelöst werden kann. Der Scrum Master kümmert sich darum, die Beseitigung von Impediments voranzutreiben (vgl. Kapitel 7 *Scrum Master in Aktion*).

Der Product Owner wird ein großes Interesse daran haben, die Liefergeschwindigkeit des Teams zu erhöhen, während der Scrum Master anstrebt, ein nachhaltiges Arbeitstempo aufrechtzuerhalten, wie es in den agilen Prinzipien beschrieben ist (vgl. Kapitel 2 *Werte und Prinzipien als Basis*). Derartige Interessenkonflikte lassen sich von einer Person, die beide Verantwortlichkeiten vereinen soll, nicht auflösen.

Einer der Scrum-Werte (vgl. ebenfalls Kapitel 2) heißt »Fokus«. Nur durch die Aufteilung der Aufgaben können sich Rolleninhaber entsprechend fokussieren und mit speziellen Fähigkeiten und Perspektiven der jeweiligen Rolle gerecht werden. Fähigkeiten von Scrum Mastern und Product Ownern sehen Sie in Tabelle 1.1.

Scrum Master	Product Owner
✔ Kommunikation und Moderation ✔ Servant Leadership ✔ Coaching und Konfliktklärung	✔ Visionäres und strategisches Denken ✔ Stakeholder-Management ✔ Markt- und Kundenorientierung

Tabelle 1.1: Fähigkeiten von Scrum Mastern und Product Ownern

Beide Rollen sind anspruchsvoll und zeitintensiv. Der Versuch, beide Rollen gleichzeitig wahrzunehmen, scheitert häufig an Überforderung, und der Fokus geht verloren. Erst die Aufteilung der Aufgaben ermöglicht eine effiziente und effektive Ausführung.

> Antworten, in denen der Projektmanager etwas tut oder Teil von etwas ist, können nie richtig sein, da es diese Rolle in Scrum nicht gibt.

In manchen Organisationen entscheidet sich das Management zwar für die Verwendung von Scrum, möchte aber ganz bewusst an der bisherigen Projektmanagement-Terminologie festhalten – vielleicht auch, um sich selbst sicherer zu fühlen.

Das alte Vokabular beizubehalten, ist allerdings keine gute Idee, denn es hat sich gezeigt, dass das Vokabular in Veränderungsprozessen von großer Bedeutung ist, und die neuen Begriffe haben eine wichtige Aufgabe: Sie sollen daran erinnern, dass sich etwas verändert hat. Das neue Vokabular sorgt für eine Abgrenzung von traditionellen Produkt- und Projektmanagementmethoden. Insbesondere der kulturelle Wandel wird durch die Verwendung von neuen, spezifischen Begriffen wie »Scrum Master« unterstützt und hervorgehoben.

Peter bemerkt, dass durch die weitere Verbreitung von Scrum in den verschiedenen Abteilungen der Abenteuer GmbH Diskussionen über das Vokabular beginnen. »Warum sollen wir Meetings denn jetzt Events nennen? Das ist doch albern!« oder »Warum heißt der Projektleiter denn jetzt auf einmal Product Owner? Das versteht doch kein Mensch!«

Inzwischen hat Peter sich intensiv mit der Rolle des Scrum Masters befasst, sich mit seinen Verantwortlichkeiten auseinandergesetzt und wurde sogar erstmalig als Scrum Master für ein neu gegründetes Team eingesetzt. Er verbringt viel Zeit in Gesprächen mit den Teammitgliedern, um innerhalb seines Teams ein gemeinsames Verständnis für die neuen Begriffe zu erzielen. Er nimmt diese Gespräche auch zum Anlass, um auf die Bedeutung des neuen Vokabulars für den Wandel hinzuweisen.

In der Arbeit seines Scrum Teams hat dies einen positiven Effekt: Es kommt nur selten zu Missverständnissen. Die Teammitglieder sind wie beflügelt, dass sich nun wirklich mal etwas ändert. Peter weiß, dass er seine Aufklärungsarbeit im

Management fortsetzen sollte. Für die Unterstützung der Veränderung ist ein gutes Verständnis auf der Seite des Managements die Voraussetzung – auch um dessen Scheu vor dem unbekannten Neuen zu minimieren.

Außerdem fördert ein neues Vokabular im besten Fall eine direkte Auseinandersetzung damit, sodass am Ende alle Beteiligten die gleiche Vorstellung haben, was sich hinter einzelnen Begriffen verbirgt. Diese Kommunikation ist (wie jede andere auch) gleichzeitig sehr wertvoll, um die Zusammenarbeit aller Beteiligten zu verbessern.

Wichtige Learnings für die Prüfung

Scrum ist ein in sich geschlossenes Rahmenwerk, das für bestimmte Umfeldbedingungen erfunden wurde. Merken Sie sich für die Prüfungen vor allem diese Punkte:

- ✔ Scrum ist ein Rahmenwerk (engl. Framework), kein Prozess, keine Methode, kein Werkzeug, keine Technik.

- ✔ Es ist nur dann Scrum, wenn alle Anforderungen des Scrum Guides erfüllt werden, also alle Komponenten vorhanden sind.

- ✔ Scrum ist ein leichtgewichtiges Rahmenwerk, das der Entwicklung und Erhaltung von komplexen Produkten in komplexen Umgebungen dient.

- ✔ Mithilfe von Scrum kann Komplexität nicht eliminiert werden, doch empirisches Vorgehen hilft beim Umgang mit Komplexität.

- ✔ Scrum ist bewusst unvollständig und dadurch sehr leichtgewichtig. Zusätzliche Praktiken, Methoden und Tools können innerhalb von Scrum verwendet werden.

- ✔ Für einfache oder komplizierte Aufgabenstellungen ist Scrum ungeeignet. Hierfür können andere Ansätze verwendet werden.

- ✔ Die Scrum-Terminologie ist entscheidend für den Erfolg, da sie die resultierenden Veränderungen deutlich macht.

- ✔ In Scrum gibt es keine Rolle »Projektmanager«, und der Scrum Master nimmt sie auch nicht wahr; somit gibt es keine Projektmanager als Teil des Scrum Teams.

> **IN DIESEM KAPITEL**
>
> Entstehungsgeschichte von Scrum verstehen
>
> Agiles Manifest und dazugehörige Prinzipien kennenlernen
>
> Überblick über die Scrum-Werte erhalten

Kapitel 2
Werte und Prinzipien als Basis

Im Rahmen ihrer Arbeit bei der Toyota Motor Corporation schrieben die japanischen Ingenieure Taiichi Ohno und Eiji Toyoda bereits in den 1940er- und 1950er-Jahren ihre Ideen als sogenanntes *Toyota-Produktionssystem* nieder, die dazu dienten, die Effizienz der Produktion zu verbessern und Verschwendung zu minimieren. Darin enthalten waren bereits Ansätze wie

- kontinuierliche Verbesserung,
- Transparenz und Visualisierung,
- Selbstorganisation,
- Kundenzentrierung und
- kurze Iterationen.

Sutherland und Schwaber griffen diese Ideen auf, übertrugen sie von der Produktion in die Softwareentwicklung und präsentierten Scrum erstmalig im Jahr 1995 offiziell auf der OOPSLA-Konferenz (Object-Oriented Programming, Systems, Languages & Applications) in Austin, Texas. Im Jahr 2001 waren sie gemeinsam mit 15 weiteren Softwareentwicklern Mitunterzeichner des *Agilen Manifests*, in dem sie die Prinzipien für eine bessere Softwareentwicklung niederschrieben, die sie aus ihrer eigenen Arbeitserfahrung abgeleitet hatten.

Agiles Manifest und Agile Prinzipien

Auf der Internetseite https://agilemanifesto.org/ ist das Agile Manifest bis heute abrufbar und mittlerweile in fast 70 Sprachen verfügbar. Kern des Manifests sind vier Wertepaare, die jeweils einen vorderen und einen hinteren Teil haben. Im vorderen werden Aspekte der Softwareentwicklung genannt, denen im Vergleich zu den im hinteren Teil genannten ein höherer Wert (im Sinne der Wertschöpfung) zugeschrieben wird. Verbunden werden die Teile durch ein »mehr als« (engl. »over«), um die Gewichtung zu verdeutlichen.

Die deutsche Übersetzung der Wertepaare lautet wie folgt:

Individuen und Interaktionen mehr als Prozesse und Werkzeuge

Funktionierende Software mehr als umfassende Dokumentation

Zusammenarbeit mit dem Kunden mehr als Vertragsverhandlung

Reagieren auf Veränderung mehr als das Befolgen eines Plans

Ein häufiges Missverständnis besteht darin, dass viele glauben, dass die Begriffe im jeweils hinteren Teil der Wertepaare im agilen Zeitalter gar keine Relevanz mehr haben. Vielmehr geht es jedoch um eine Gewichtung: Statt auf Prozesse und Werkzeuge zu pochen, sollten Sie lieber mit Ihren Kolleginnen und Kollegen ins Gespräch kommen, wenn es nicht läuft. Solange die Software nicht funktioniert, hilft dem Kunden auch keine Dokumentation. Verträge allein, die oft zu Beginn eines Projekts abgeschlossen werden und dann in einer Schublade verschwinden, sind nicht ausreichend. Gestalten Sie vor allem während des gesamten Projekts die Zusammenarbeit mit Ihren Kundinnen und Kunden. Ein Plan funktioniert nur dann, wenn die Rahmenbedingungen sich nicht ändern, die bei der Erstellung vorherrschten. Es hat sich etwas geändert? Werfen Sie Ihren Plan über Bord und gehen Sie mit der Veränderung um.

Das Agile Manifest ist zwar nicht direkt prüfungsrelevant, vermittelt jedoch die grundlegenden Ideen, die sich hinter Scrum verbergen. Daher sollten Sie sich unbedingt damit auseinandersetzen und die Gedanken verinnerlichen.

Die Wertepaare im Agilen Manifest sind nicht ohne Weiteres handlungsleitend. Daher haben die Autoren zwölf Agile Prinzipien beschrieben, die ebenfalls auf der oben genannten Internetseite zu finden sind. Sie dienen dazu, die vier Wertepaare im täglichen Leben handhabbar zu machen:

Unsere höchste Priorität ist es, den Kunden durch frühe und kontinuierliche Auslieferung wertvoller Software zufriedenzustellen.

Heiße Anforderungsänderungen selbst spät in der Entwicklung willkommen. Agile Prozesse nutzen Veränderungen zum Wettbewerbsvorteil des Kunden.

Liefere funktionierende Software regelmäßig innerhalb weniger Wochen oder Monate und bevorzuge dabei die kürzere Zeitspanne.

Fachexperten und Entwickler müssen während des Projekts täglich zusammenarbeiten.

Errichte Projekte rund um motivierte Individuen. Gib ihnen das Umfeld und die Unterstützung, die sie benötigen, und vertraue darauf, dass sie die Aufgabe erledigen.

Die effizienteste und effektivste Methode, Informationen an und innerhalb eines Entwicklungsteams zu übermitteln, ist im Gespräch von Angesicht zu Angesicht.

Funktionierende Software ist das wichtigste Fortschrittsmaß.

Agile Prozesse fördern nachhaltige Entwicklung. Die Auftraggeber, Entwickler und Benutzer sollten ein gleichmäßiges Tempo auf unbegrenzte Zeit halten können.

Ständiges Augenmerk auf technische Exzellenz und gutes Design fördert Agilität.

Einfachheit – die Kunst, die Menge nicht getaner Arbeit zu maximieren – ist essenziell.

Die besten Architekturen, Anforderungen und Entwürfe entstehen durch selbstorganisierte Teams.

In regelmäßigen Abständen reflektiert das Team, wie es effektiver werden kann, und passt sein Verhalten entsprechend an.

Eins sei an dieser Stelle noch angemerkt: Das Agile Manifest hat seinen Ursprung in der Softwareentwicklung, sodass in der Regel von Software die Rede ist, wenn es um die Benennung der Arbeitsergebnisse geht. Um das Agile Manifest in alle anderen Branchen zu übertragen, müssen Sie nur wenige Schritte gehen.

✔ Sie ersetzen das Wort »Software« gedanklich durch den Begriff »Produkt«.

✔ Sie meinen damit das Arbeitsergebnis einer Person, eines Teams oder einer Abteilung.

✔ Sie denken dabei an ein Arbeitsergebnis, das geschaffen werden muss und durch seine Nutzung einen konkreten Mehrwert für den Nutzer oder Kunden schafft.

Trotz intensiver Auseinandersetzung mit dem Scrum-Rahmenwerk und dem neuen Vokabular ist Peter weiterhin unzufrieden und er nimmt dies auch in seinem Team wahr: Vieles fühlt sich immer noch an wie vor der Einführung von Scrum, und es geht an einigen Stellen nicht so richtig voran.

Peter erinnert sich, dass in seinem Scrum-Training das Agile Manifest angesprochen wurde. Aufmerksam liest er die Wertepaare durch und lässt die Arbeit der letzten Wochen Revue passieren. Er stellt fest, dass er mit seinem Scrum Team häufig in der »alten Welt« verhangen ist und sie sich viel zu oft an der rechten Seite orientieren.

Gerade gestern haben sie einen Anwender an ihr Formular für neue Anforderungen verwiesen, statt mit ihm ins Gespräch zu gehen. Dabei heißt es dazu im Agilen Manifest: »Individuen und Interaktionen mehr als Prozesse und Werkzeuge«. Peter überlegt, wie er dies im Team weiter fördern kann, und hat eine Idee: Er ermutigt den Product Owner seines Scrum Teams, gemeinsam mit einem weiteren Mitglied seines Teams einen Termin mit dem Anwender zu vereinbaren, um dessen Anforderung im Gespräch zu verstehen.

Durch den Austausch stellt sich heraus, dass eine andere, aber ähnlich gelagerte Anforderung von dem gleichen Anwender bisher völlig falsch verstanden wurde. Sie steht so weit oben im Product Backlog, dass sie in einem der nächsten Sprints umgesetzt worden wäre – vermutlich völlig an den Bedürfnissen des Anwenders vorbei.

Peter arbeitet in der Folge mit seinem Team daran, den Austausch und die Zusammenarbeit mit den Anwendern zu intensivieren und zu verbessern. Dafür erhält das Team viel Lob und Anerkennung. Die Anwender geben außerdem sehr positives Feedback zu den Ergebnissen, die das Scrum Team liefert. Das motiviert das Scrum Team dazu, unter Peters Anleitung auch die anderen Wertepaare zu betrachten und abzuleiten, was diese für die eigene Arbeit bedeuten.

Scrum-Werte im Überblick

Das erste Wertepaar im agilen Manifest, »Individuen und Interaktionen mehr als Prozesse und Werkzeuge«, hebt bereits hervor, dass es darauf ankommt, wie gut Menschen zusammenarbeiten. Es funktioniert selten, wenn im Team völlig unterschiedliche Auffassungen dazu existieren, wie das Miteinander aussehen soll. Wesentlich für eine erfolgreiche Zusammenarbeit im Sinne einer vertrauensvollen Arbeitsatmosphäre und einer hohen Arbeitsqualität ist daher die Zugrundelegung gemeinsamer Werte. Diese dienen in schwierigen Momenten der Orientierung, wenn ein Team sich im Arbeitsalltag verloren hat und Entscheidungen getroffen werden müssen, um wieder auf Kurs zu kommen. Im Scrum Guide sind fünf Scrum-Werte verankert (vgl. Abbildung 2.1):

✔ Commitment

✔ Fokus (Focus)

✔ Offenheit (Openness)

✔ Respekt (Respect)

✔ Mut (Courage)

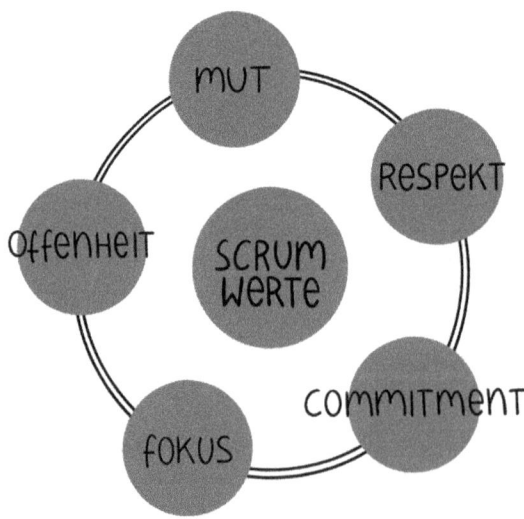

Abbildung 2.1: Scrum-Werte im Überblick

Commitment steht für eine freiwillige Selbstverpflichtung von Mitarbeitenden, von Teams und von der ganzen Organisation, stets das Bestmögliche zu geben. Wenn alle sich dazu verpflichten, gemeinsam gesteckte Ziele zu erreichen und dafür qualitativ hochwertige Arbeit zu leisten, kann Großes erreicht werden. Verantwortungsgefühl und Engagement jedes Einzelnen werden durch das Commitment zum Team, zu Scrum, zu den Zielen gestärkt.

Fokus bringt Sie und Ihre Teamkolleginnen und -kollegen dazu, sich auf das zu konzentrieren, was wichtig und dringend ist und daher als Nächstes erledigt werden muss. Durch weniger Ablenkung und damit verbundene Kontextwechsel steigt ohnehin die Produktivität. Insbesondere kreative Prozesse lassen sich kaum aufrechterhalten, wenn es immer wieder zu Unterbrechungen kommt. Scrum hält zur Bewahrung von Fokus die Artefakte Produkt-Ziel und Sprint-Ziel bereit (vgl. Kapitel 6 *Product Owner in Aktion*).

Die Eisenhower-Matrix ist ein nützliches Tool zur Priorisierung von Aufgaben. Diese werden in den Dimensionen »Wichtigkeit« und »Dringlichkeit« kategorisiert. Auf dieser Basis wird entschieden, was mit einer Aufgabe passiert: erledigen, delegieren, planen oder verwerfen.

Offenheit ist der Schlüssel zu Transparenz, die ein funktionierendes Scrum überhaupt erst möglich macht (vgl. Kapitel 3 *Transparenz, Inspektion, Adaption*). Ein offenes Miteinander ist nötig, wenn es darum geht, Informationen zu teilen, Verbesserungsvorschläge zu machen und Probleme auf den Tisch zu bringen, sodass diese beseitigt werden können. Wenn die Transparenz leidet, dann wird auch der Erfolg des Scrum Teams spürbar kleiner werden. Aus diesem Grund wird in Scrum viel Wert auf transparente Backlogs, Prozesse und Probleme gelegt.

Respekt ist förderlich für eine gute Arbeitsatmosphäre, da die einzelnen Teammitglieder sich mit ihren Fähigkeiten, Kenntnissen und Erfahrung wertgeschätzt fühlen. Sie merken, dass ihre jeweilige Meinung zählt, und werden daher eher bereit sein, ihre Einschätzung mit anderen zu teilen. Dadurch entsteht ein Gefühl der Sicherheit, und offene Diskussionen sowie ehrliches Feedback werden möglich. Respekt ist auch gegenüber Menschen außerhalb des Teams wichtig, denn diese könnten ebenfalls wertvolle Ideen und Hinweise haben.

Die US-amerikanische Wissenschaftlerin Amy Edmundson hat in den letzten Jahren den Begriff der psychologischen Sicherheit geprägt. Das Konzept beschreibt eine Arbeitsatmosphäre, in der Teammitglieder sich sicher genug fühlen, sich angstfrei Risiken zu stellen, Fragen und Fehler auf den Tisch zu bringen und Bedenken vorzutragen. Durch diese Offenheit werden Lernen und Innovation erst möglich.

Mut ist die Voraussetzung für die Einhaltung aller anderen Scrum-Werte. Es gehört Mut dazu, sich zu einem Ziel zu verpflichten, denn es besteht immer die Möglichkeit, dass etwas schiefgeht. Es ist mutig, »nein« zu sagen, um fokussiert zu bleiben und neuen Themen offen gegenüberzustehen. Zu guter Letzt ist Mut in Kombination mit Vertrauen die Basis dafür, Feedback zu geben und anzunehmen, um kontinuierlich zu lernen. In Scrum ist es häufig die Aufgabe des Scrum Masters, mutig zu agieren und den übrigen Teamkollegen dabei zu helfen, selbst mutiger zu werden.

Wenn innerhalb eines Teams kein Vertrauen existiert, dann ist dies häufig ein Zeichen dafür, dass die Scrum-Werte weder verkörpert noch gelebt werden. Sie dienen dem Aufbau von Vertrauen, das als Fundament für die Säulen Transparenz, Inspektion und Adaption (vgl. Kapitel 3) Scrum erst möglich macht.

Durch die konsequente Anwendung der Scrum-Werte ändert sich die Zusammenarbeit – je nach Startpunkt im Unternehmen – möglicherweise deutlich. Auch die Zusammenarbeit mit dem Team wird eine andere. Das bedeutet aber auch, dass die umgebende Organisation die Scrum-Werte ebenfalls verinnerlichen muss. Häufig werden durch Verhaltensweisen, die sich in Unternehmen eingeschlichen haben, gleich mehrere Scrum-Werte gleichzeitig verletzt. Scrum Master müssen daher sehr aufmerksam sein, und es liegt in ihrer Verantwortung, Missstände direkt anzusprechen. Wenn beispielsweise die Stakeholder ein Team in seiner Arbeit immer wieder unterbrechen wollen, mit zusätzlichen oder wechselnden Anforderungen, dann sind Sie als Scrum Master gefragt, den Fokus des Teams zu bewahren oder wiederherzustellen. Der Product Owner ist dann der richtige Ansprechpartner, an den Sie die Stakeholder verweisen können.

Als Scrum Master müssen Sie immer direkt aktiv werden, wenn die Scrum-Werte verletzt werden, weil ohne deren Einhaltung Scrum nicht funktioniert. Auch innerhalb des Teams gibt es viele Situationen, in denen Ihr Eingreifen erforderlich ist:

- ✔ Wenn ein Team an Product-Backlog-Einträgen (vgl. Kapitel 6 *Product Owner in Aktion*) arbeitet, die wenig Wert erzeugen, dann ist das ein respektloser Umgang mit den Menschen und ihrer Zeit. Das Team scheint nicht fokussiert zu sein und nicht mutig genug, die wirklich wichtigen Aufgaben anzugehen. Ein Mangel an Transparenz (Offenheit) könnte der Grund sein.

- ✔ Wenn zwei oder mehrere Teammitglieder einen mehr oder weniger offenen Konflikt austragen, dann kann dies schwere Auswirkungen auf die Leistungsfähigkeit des Teams haben. Mut und Offenheit sind gefragt, um die Situation anzusprechen und aufzulösen. Begleiten Sie als Scrum Master die Konfliktlösung.

- ✔ Wenn Teammitglieder sich nicht trauen, Fehler einzugestehen, dann fehlt die nötige Offenheit. Als Scrum Master können Sie hier ansetzen, indem Sie mit dem Team gemeinsam erarbeiten, wie hilfreich Fehler in der Vergangenheit waren, um daraus zu lernen. Seien Sie ein Vorbild und teilen Sie Ihrerseits Fehler und Learnings.

- ✔ Auch wenn Teammitglieder sich weigern, Arbeitsergebnisse zu teilen, ist es Ihre Aufgabe als Scrum Master, die Vorteile eines offenen Umgangs miteinander herauszustellen. Auf diese Weise können Sie eine Kultur des Vertrauens, des Respekts und der gemeinsamen Problemlösung herstellen.

- ✔ Wenn ein Teammitglied bemerkt, dass eine (kritische) Aufgabe mehr Zeit benötigen wird als gedacht oder aus anderen Gründen nicht fertig wird, dann ist auch hier Offenheit nötig: Ermutigen Sie zur Offenheit, sonst kommt es zu Verzögerungen. Wird das Problem angesprochen, kann das Team gemeinsam eine Lösung finden.

- ✔ Wenn Sie als Scrum Master merken, dass ein Teammitglied nur selten oder gar nicht zu Wort kommt, thematisieren Sie das und erinnern Sie an die Bedeutung von Respekt im Umgang miteinander. Arbeiten Sie mit dem Team an einer durch Wertschätzung geprägten Kultur, in der jeder Gehör findet.

- ✔ Wenn ein Team oder einzelne Teammitglieder sich in der Umsetzung regelmäßig für den »sicheren Weg« entscheiden, dann könnten Ihrem Unternehmen innovative

Ideen durch die Lappen gehen. Arbeiten Sie mit dem Team daran, mutig genug zu sein, um Experimente zu machen, und helfen Sie dabei, daraus zu lernen.

Durch den intensiven Austausch mit den Anwendern sind zahlreiche neue Ideen und Anforderungen in das Product Backlog von Peters Scrum Team aufgenommen worden. Peter bemerkt, dass die Teammitglieder versuchen, es nun allen gleichzeitig recht zu machen. Sogar mitten im Sprint wird versucht, »zwischendurch« und »mal eben« auf spontane neue Ideen der Anwender zu reagieren.

Durch dieses Vorgehen hat sich das Team zwischenzeitlich total verzettelt. Es ist nicht mehr zielgerichtet unterwegs, und die vielen neuen Impulse während der Sprints führen dazu, dass nichts so richtig fertig wird. Die Stakeholder sind unzufrieden, und Peter sieht, dass er als Scrum Master unbedingt eingreifen muss, weil das Team seinen Fokus verloren hat. Er weiß, dass die Einhaltung der Scrum-Werte, zu denen Fokus gehört, die Basis für den Erfolg von Scrum bildet.

Peter nutzt die nächste Retrospektive, um noch einmal über Fokus und die anderen Scrum-Werte zu sprechen und im Team das Bewusstsein für die Bedeutung der Werte zu schärfen. Er hilft dem Team, Maßnahmen zu entwickeln, wie der Fokus im Team wieder gelebt werden kann. Ihm wird währenddessen klar, dass auch im Umgang mit dem Scrum Team von außen die Werte gelebt werden müssen. Aus diesem Grund geht er mit den Stakeholdern, darunter die Anwender, ins Gespräch, um auch auf ihrer Seite ein entsprechendes Verständnis zu erzeugen. Die guten Beziehungen, die durch persönliche Interaktion über die letzten Wochen aufgebaut wurden, sind dabei sehr zuträglich. Auf diese Weise gelingt es Peters Team, den Fokus zurückzugewinnen und wieder lieferfähig zu werden, was auch die Anwender freut.

Wichtige Learnings für die Prüfung

Sie sollten das Agile Manifest und seine Prinzipien immer im Hinterkopf behalten, wenn Sie sich mit Scrum beschäftigen, da es dem Verständnis der Angelegenheit zuträglich ist. Ganz konkret sollten Sie die Scrum-Werte und ihre jeweilige Bedeutung verinnerlichen.

✔ Die fünf Scrum-Werte lauten Commitment, Fokus (Focus), Mut (Courage), Offenheit (Openness) und Respekt (Respect).

✔ Es gibt keine anderen Scrum-Werte. Entsprechende Antwortmöglichkeiten sind fehlleitend und dienen der Verwirrung.

✔ Die Scrum-Werte sind dafür gemacht, Selbstmanagement zu fördern und in (schwierigen) Entscheidungssituationen einen Kompass zu haben.

✔ Als Scrum Master sollten Sie auf der Basis der Scrum-Werte eigene Aktivitäten oder Handlungsempfehlungen ableiten können.

- ✔ Bei Fragen, was Sie tun oder vorschlagen würden, überlegen Sie, ob die beschriebene Situation einen oder mehrere Scrum-Werte verletzt und was sich daraus ergibt.

- ✔ Ein Schlüsselwort in korrekten Antworten lautet oft (nicht immer!) »encourage«, also ermutigen, zum Beispiel etwas anzusprechen oder mit anderen zu arbeiten.

- ✔ Ein weiteres Schlüsselwort ist »collaborate«, also zusammenarbeiten, in der Regel zur Lösungsfindung im Fall von Meinungsverschiedenheiten.

- ✔ Offene Diskussionen, die das Team in die Lage versetzen, eine eigene, gemeinsame Lösung zu finden, fördern Selbstorganisation und den Erfolg des Scrum-Teams.

> **IN DIESEM KAPITEL**
>
> Empirische Prozesskontrolle verstehen
>
> Selbstmanagement von Selbstorganisation unterscheiden
>
> Bestandteile des Scrum-Rahmenwerks kennenlernen

Kapitel 3
Transparenz, Inspektion, Adaption

Kern von Scrum ist die Lieferung eines wertvollen Increments in einer komplexen Umgebung. Durch den Einsatz von Scrum ändert sich das bisherige Vorgehen: Traditionelle Prozesse werden über Bord geworfen und durch die Komponenten des Rahmenwerks ersetzt. Dieses Kapitel bietet lediglich einen Überblick über diese; in den folgenden Kapiteln finden Sie weitere Details.

Scrum ermöglicht empirisches Vorgehen. Das bedeutet, dass die Arbeit und dafür notwendige Entscheidungen auf Erfahrungen und Beobachtungen aus Experimenten basieren. Theoretische Annahmen oder langfristige Pläne werden dabei ständig auf ihre Realitätsnähe hin überprüft und gegebenenfalls geändert. Das bedeutet auch, dass es keine »Best« Practices gibt, die immer wieder angewendet werden können. Denn jede Best Practice war dies in einem spezifischen Kontext zu einem Zeitpunkt in der Vergangenheit – und Sie können nicht automatisch annehmen, dass sie auch zu einem späteren Zeitpunkt oder in einem anderen Kontext funktioniert. Stattdessen dienen die im vorherigen Kapitel 2 beschriebenen Werte und Prinzipien als Kompass. Komplementäre Praktiken, die sich als »Good« Practices etabliert haben, finden Anwendung, solange sie nützlich erscheinen.

Empirie als Vorgehensmodell

Scrum basiert auf empirischer Prozesskontrolle mit den drei Säulen der Empirie »Transparenz«, »Inspektion« und »Adaption«. Sie bilden als Dreiklang die Basis für kontinuierliches Lernen:

- ✔ **Adaption** (*Adaptation*): Die eigenen Strategien, Pläne, Prozesse, Methoden und Werkzeuge passen Scrum Teams ständig an die Gegebenheiten der komplexen Welt an, um den Kundenbedürfnissen dauerhaft gerecht zu werden. Dies geschieht auf der Basis der im Rahmen der Inspektion gewonnen Erkenntnisse.

✔ **Inspektion** (*Inspection*): Scrum Teams analysieren die Informationen aus der Inspektion, die sie in regelmäßigen Abständen durchführen, um daraus zu lernen. Insbesondere werden anhand der gegebenen Transparenz die tatsächlichen Ergebnisse mit den geplanten Resultaten verglichen. Auf diese Weise wird blinder Aktionismus vermieden.

✔ **Transparenz** (*Transparency*): Zu jeder Zeit haben Scrum Teams einen Überblick über ihren Prozess, an dessen Ende ein wertvolles Arbeitsergebnis steht. Dazu gehören Klarheit über Anforderungen, Kenntnis des eigenen Fortschritts und Wissen darüber, inwiefern das Ergebnis beim Kunden Nutzen stiftet. Transparenz ist Voraussetzung für gute Analyse.

Nach Abschluss seines letzten Projekts wird Peter überraschend in ein neues Projektteam berufen, das an einem ganz neuen Thema mit neuen Kunden und neuen Technologien arbeitet. Es geht um das Projekt »Spin«. Als er dort startet, realisiert er, dass das Projekt bereits ziemlich in Schieflage geraten ist und die Stakeholder mehr als unzufrieden sind. Der alte Projektleiter ist krankheitsbedingt ausgefallen, und man möchte das Projekt nun mit Scrum wieder auf Kurs bringen.

Peter kennt sich mit dem neuen Thema nicht aus und muss sich selbst erst einmal einen Überblick verschaffen. Er weiß, dass er sich in einem komplexen Umfeld bewegt und dass altbewährte Methoden ihm nicht weiterhelfen werden. Stattdessen erinnert er sich an das Stichwort »Empirie« und schaut noch einmal im Scrum Guide nach. Er liest sich den Abschnitt über Transparenz, Inspektion und Adaption genau durch und weiß nun, wo er beginnen muss.

Peter macht einen ersten Schritt in Richtung Transparenz, indem er nach den Projektplänen fragt, die er auch bekommt. Als er diese anschaut, wird ihm jedoch bewusst, dass sie ihm nicht allzu sehr weiterhelfen werden. Die Personen in der »Verantwortlich«-Spalte sind zum Großteil gar nicht mehr da, weil sie entweder ausgefallen sind oder gekündigt haben. Die Daten in der »Frist«-Spalte liegen fast alle in der Vergangenheit.

So kommt Peter also nicht weiter. Deshalb ermutigt er den neuen Product Owner und das restliche Scrum Team, die bekannten Anforderungen zusammenzutragen und ein initiales Product Backlog zu erstellen. Dieses nutzt das Team für ein erstes Sprint Planning und die Erstellung eines neuen Projektplans: Das erste Sprint Backlog entsteht.

Die Arbeit kann aufgenommen werden, und in einem inkrementellen und iterativen Vorgehen nähert sich das Scrum Team erfolgreich den Interessen der Stakeholder an. Insbesondere das erste Increment als Ergebnis des Sprints leistet einen wichtigen Beitrag zur Transparenz für die Stakeholder. Im weiteren Verlauf nutzen das Scrum Team und die Stakeholder gemeinsam die Mechanismen von Inspektion und Adaption, um das Projekt Schritt für Schritt weiter in die richtige Richtung zu lenken.

Es ist leicht, zu erkennen, dass es sinnlos ist, Transparenz zu schaffen, solange man nichts aus ihr macht. Auch eine Inspektion bleibt dann ohne Effekt, wenn keine Adaption folgt.

Daher funktionieren die drei Aktivitäten Transparenz, Inspektion und Adaption nur im Dreiklang. Zusammen mit den Scrum-Werten bilden die drei Säulen der Empirie die Rahmenbedingungen, in denen Scrum gedeihen kann.

Beispiele für *Transparenz* in der täglichen Arbeit eines Scrum Teams:

✔ Transparente und offene Kommunikation innerhalb und außerhalb des Scrum Teams (z. B. in den Scrum Events Sprint Planning, Sprint Retrospective und Sprint Review.

✔ Zugänglichkeit und Überprüfbarkeit der Artefakte Product Backlog, Sprint Backlog und Increment (z. B. jeder Stakeholder darf jederzeit das Product Backlog einsehen)

✔ Gemeinsames Verständnis von »Done« und klare Qualitätskriterien (»Definition of Done«)

✔ Einbindung von Stakeholdern und transparenter Informationsfluss. (z. B. im Sprint Review, aber auch darüber hinaus)

Beispiele für *Inspektion* in der täglichen Arbeit eines Scrum Teams:

✔ Regelmäßige Überprüfung der Arbeitsergebnisse und deren Qualität im Sprint Review

✔ Regelmäßige Überprüfung der eigenen Arbeitsweise in der Sprint Retrospective

✔ Tägliche Überprüfung des Fortschritts im Daily Scrum

Beispiele für *Adaption* in der täglichen Arbeit eines Scrum Teams:

✔ Anpassung des Product Backlogs basierend auf Stakeholder-Feedback und Markttrends während des Sprints und im Sprint Review

✔ Tägliche Anpassung des Sprint Backlogs basierend auf Learnings und neuen Erkenntnissen, spätestens im Daily Scrum

✔ Anpassung der eigenen Arbeitsweise, mindestens basierend auf den Ergebnissen der regelmäßigen Sprint Retrospective

Die Implementierung der drei Säulen Transparenz, Inspektion und Adaption ist entscheidend für den Erfolg von Scrum und fußt auf Vertrauen, das entsteht, wenn das Scrum Team die Scrum-Werte lebt (vgl. Abbildung 3.1).

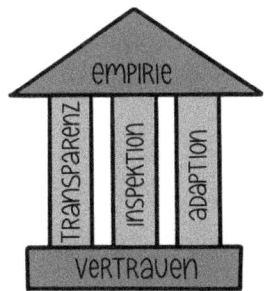

Abbildung 3.1: Drei Säulen der Empirie

»Wenn diese Werte durch das Scrum Team und die Menschen, mit denen es arbeitet, verkörpert werden, werden die empirischen Scrum-Säulen Transparenz, Überprüfung und Anpassung lebendig und bauen Vertrauen auf.« (Scrum Guide 2020)

Vertrauen ist ein Konzept, das auch im Zeitalter der Agilität seine wesentliche Bedeutung behält. Vertrauen bildet die grundlegende Basis, wenn es um ein gewisses Maß an Zusammenarbeit geht. Daher wird es immer wieder auch als Fundament für die drei Säulen der Empirie Transparenz, Inspektion und Adaption dargestellt (vgl. unter anderem Maximini/Pilster 2023, S. 18). Im systemtheoretischen Sinn beschreibt Vertrauen den impliziten und subjektiven Glauben an die Wahrheit, Genauigkeit oder Integrität von jemandem oder etwas im Rahmen von Interaktionen. Vertrauen ist verbunden mit einem gewissen Risiko, enttäuscht zu werden, was zu einer gewissen Verletzbarkeit führt (Blank 2011, S. 10 ff.).

So muss man beispielsweise Vertrauen zu anderen Menschen aufbauen, wenn man mit ihnen zusammenarbeiten und sich auf sie verlassen soll. Darüber hinaus ist es die Grundlage, um Transparenz zu erreichen, die uns dann hilft, zu überprüfen, »(…) wie der letzte Sprint in Bezug auf Individuen, Interaktionen, Prozesse, Werkzeuge und seine Definition of Done verlief« (Scrum Guide 2020). Auf eine komplexe Umgebung zu reagieren, Experimente durchzuführen, Fehler zu machen und dabei keine Angst vor Bestrafung zu haben, wäre ohne Vertrauen nicht möglich. Gemeinsam zu lernen und sich zu verbessern – einer der Kernaspekte einer agilen Arbeitsweise –, wäre völlig ausgeschlossen.

Empirie und Vertrauen sind offensichtlich nicht nur eng miteinander verbunden, sondern bauen sogar aufeinander auf (vgl. Abbildung 3.2). Einerseits ist Vertrauen vonnöten, um durch Transparenz und Inspektion die Adaption möglich zu machen. Die Mitglieder eines Scrum Teams brauchen Vertrauen zueinander und in ihre Umgebung, um aus Experimenten zu lernen. Andererseits führen empirische Erfahrungen und Erkenntnisse dazu, dass Entscheidungen und Aktivitäten fundiert getroffen werden können und das Miteinander verlässlicher wird. Empirie ist also eine entscheidende Grundlage sowohl für das Entstehen als auch für das Erhalten von Vertrauen. Da alle Elemente in Scrum auf ein empirisches Vorgehen ausgelegt sind, müssen Sie insbesondere in der Rolle des Scrum Masters auch an einer vertrauensvollen Atmosphäre arbeiten.

Abbildung 3.2: Empirie und Vertrauen bauen aufeinander auf.

Förderung von Selbstmanagement

In der alten Version des Scrum Guides aus dem Jahr 2017 war noch der Begriff »selbstorganisiert« (»*self-organizing*«) zu finden. Dieser ist auch heutzutage noch im Unternehmensalltag gebräuchlich, wenn Sie jemanden hören, der die Arbeit eines Scrum Teams beschreibt. Der Begriff umfasst jedoch nur, »wer« eine Aufgabe erledigt und »wie« das geschehen soll. Im Mittelpunkt des Geschehens von Scrum stehen allerdings Scrum Teams, die als sogenannte selbstmanagende (»*self-managing*«) Einheiten agieren. Worin besteht der Unterschied? Der neue (im Deutschen in seiner Verlaufsform leider etwas holprige) Begriff aus dem Scrum Guide in der Version von 2020 macht es deutlich (und damit breiter): Das Scrum Team entscheidet selbst, »was« »wie«, »wann« und »von wem« erledigt wird.

Ein selbstmanagendes Team entscheidet also selbst darüber, woran es wie arbeiten möchte. Gemeinsame Ziele, klare Verantwortlichkeiten und eindeutige Grenzen sind dafür die Voraussetzungen. Sind diese gegeben, kann ein Team Verantwortung übernehmen und eigenständig Entscheidungen treffen. Es kann sich übergeordnete Ziele zu eigen machen und die nächsten relevanten Schritte ableiten. So kann unmittelbar auch auf veränderte Rahmenbedingungen reagiert werden, ohne auf eine Anweisung »von oben« zu warten. Herausforderungen und Hindernisse werden sofort angesprochen, und alle Teammitglieder tragen zur Problemlösung und Zielerreichung bei. Selbstmanagende Teams zeichnen sich dadurch aus, dass sie ihre eigene Zusammenarbeit kontinuierlich verbessern und Unstimmigkeiten oder Konflikte ansprechen und lösen. (Ockerman/Reindl 2020, S. 31–35)

Peters Team ist es gelungen, das Projekt »Spin« so weit in den Griff zu bekommen, dass kontinuierlich Wert geliefert wird. Die Teammitglieder haben für sich einen guten Modus gefunden, über alles, was unklar erscheint, eine gewisse Transparenz zu schaffen, sodass Inspektion und Adaption möglich werden. Auf diese Weise gelingt es dem Team auch, sich kontinuierlich zu verbessern.

Vor ein paar Wochen ist ein neues Teammitglied zu Peters Scrum Team hinzugestoßen. Die anderen Teammitglieder sind in den Prozess der Einstellung dieser Person nicht eingebunden gewesen. Sie fand noch zu Zeiten des vorherigen Projektleiters statt. Schon in den ersten Tagen nach dem Start des neuen Teammitglieds wird klar, dass die Chemie mit den bisherigen Teammitgliedern nicht stimmt. Abgesehen davon kann die Person auch nicht mit besonders guten Arbeitsergebnissen überzeugen.

In Abstimmung mit der disziplinarischen Führungskraft ergreift das Team unter Peters Anleitung die Initiative, die Zusammenarbeit zu verbessern. Peter organisiert Workshops und Feedbackrunden. Das neue Teammitglied ist sichtlich geknickt, jedoch dankbar für den offenen und respektvollen Umgang. Letztendlich tritt leider keine Besserung ein, sodass das Team sich dazu entscheidet, sich vom neuen Teammitglied noch in dessen Probezeit wieder zu trennen. Dies wird in Abstimmung mit dem disziplinarischen Vorgesetzten umgesetzt. Peter wird in diesem Zusammenhang klar, dass Selbstmanagement nicht nur schöne Seiten hat, sondern dass auch gerade die schwierigen Entscheidungen dazugehören, wenn man die volle Verantwortung für das eigene Tun übernehmen will. Zur Frage, wer eine Aufgabe übernimmt, gehört eben auch die Frage, wer überhaupt zur Auswahl steht.

Darüber hinaus heißt Selbstmanagement für ein Team, zu entscheiden, wann eine Aufgabe erledigt wird. Ein Zeitplan ist also keine Vorgabe von außen, sondern wird vom Team selbst entwickelt, verfolgt und gegebenenfalls wieder angepasst. Im Scrum-Kontext bezieht sich dies sowohl auf die langfristige Planung des Product Owners als auch auf die tägliche Planung der Entwickler. Daraus ergibt sich auch, dass die Frage nach dem Bearbeiter einer Aufgabe nichts ist, was dem Team diktiert wird. Auch hier liegt es in den Händen des Teams, eine Entscheidung zu treffen.

Aus Selbstmanagement erwachsen in der Regel Commitment, Eigenverantwortung und Kreativität. In diesem Sinne wurde im Scrum Guide festgeschrieben, dass das Scrum Team die Verantwortung für die Lieferung eines wertvollen Produkts übernimmt und diese auch nicht abstreifen kann. Dafür kümmert es sich beispielsweise eigenständig um die Planung und Durchführung der Scrum Events (vgl. Kapitel 5 *Scrum Events verstehen*), sorgt für die Qualitätssicherung im Hinblick auf das Produkt und implementiert Mechanismen zur kontinuierlichen Verbesserung. Auch trifft es in allen Belangen die Entscheidungen, die nötig sind, selbst, und es drängt sich die Frage auf, wozu Management und Führungskräfte in diesem Konstrukt noch gebraucht werden. Im Scrum Guide werden sie nicht explizit erwähnt. Der Fokus liegt vielmehr auf den Rollen innerhalb des Scrum Teams: Scrum Master, Product Owner und Entwickler (vgl. Kapitel 4 *Scrum Team im Überblick*), wobei auf die Rolle der Scrum Master als »(…) echte Führungspersönlichkeiten, die dem Scrum Team und der Gesamtorganisation dienen«, referenziert wird.

Nichtsdestotrotz ist Ihnen sicherlich klar, dass Produktentwicklung häufig in Organisationen stattfindet, die nicht nur aus einem Scrum Team bestehen und in denen es natürlich auch ein traditionelles Management und formale Führungskräfte gibt. Beides hat in der Regel auch mit der Einführung von Scrum Bestand. Obwohl das Management und die Führungskräfte innerhalb des Scrum-Prozesses gemäß Scrum Guide keine Aufgabe haben, werden ihnen in der Gestaltung der Rahmenbedingungen wichtige Aufgaben zugeteilt, um das Scrum Team bei seiner Arbeit angemessen zu unterstützen:

- ✔ wichtige Informationen zugänglich machen
- ✔ bei der Beseitigung von Hindernissen helfen
- ✔ notwendige Ressourcen bereitstellen
- ✔ Veränderung in der Organisation treiben
- ✔ disziplinarische Aufgaben wahrnehmen
- ✔ Koordination und Priorisierung außerhalb des Scrum Teams

In der eigenen Arbeit fördern das Management und die Führungskräfte die agilen Prinzipien und Werte im gesamten Unternehmen, sodass ein geeignetes Umfeld entsteht, in dem eine Kultur der kontinuierlichen Verbesserung entstehen kann und Selbstmanagement möglich wird. Dabei kommt es immer wieder zu Herausforderungen, die es zu meistern gilt. Dazu gehören zum Beispiel Zeitmanagement, Konfliktmanagement und die gute alte Kommunikation.

Dass Peters Team sich von einem neuen Teammitglied in dessen Probezeit getrennt hat, spricht sich im Management schnell herum. Daraufhin beginnt die disziplinarische Führungskraft des Nachbarteams zu strauchen. Verunsichert sucht sie das Gespräch mit Peter, von dem sie sich einen Rat verspricht: »Die Scrum Teams sind so selbstständig geworden. Worin besteht denn nun noch meine Aufgabe?«

Peter schlägt vor, die Scrum Teams im Zuständigkeitsbereich der disziplinarischen Führungskraft mit dieser an einen Tisch zu holen, um zu erarbeiten, wie die Führungskraft die Scrum Teams am besten unterstützen kann. Nach anfänglichem Zögern stimmt die Führungskraft zu und bittet Peter, den Austausch als Facilitator zu unterstützen. Peter hilft gerne, und schon bald ist ein gemeinsamer Termin für einen Workshop gefunden.

Im Workshop stellt sich heraus, dass es im Umfeld der Scrum Teams mehr als genug zu tun gibt. Die Teams bitten die Führungskraft, wichtige Informationen bereitzustellen, die sie für ihre Arbeit benötigen. Sie zeigen auch die wesentlichen Hindernisse auf und überlegen gemeinsam, an welchen Stellen die Führungskraft am besten unterstützen kann. Doch natürlich hat auch diese ihre eigenen Vorstellungen. Sie unterbreitet dem Team viele Vorschläge, und es wird besprochen, welche dieser Ideen am hilfreichsten sind.

Am Ende des Workshops ist die Führungskraft überglücklich, nun genau zu wissen, wo und wie sie gebraucht wird. Darüber hinaus bleibt sie mit Peter im Gespräch, wie sie auch in der größeren Organisation den Weg für Scrum-Vorhaben ebnen kann.

Einem Scrum Team kann man leicht ansehen, ob es sich innerhalb der gegebenen Rahmenbedingungen wirklich selbst managt – oder eben nicht. Fragen, die Sie stellen können, um das herauszufinden, sind zum Beispiel diese:

✔ Liefert das Team jeden Sprint mindestens ein Inkrement?

✔ Plant das Scrum Team gemeinsam die Aufgaben für den nächsten Sprint auf der Basis des Product Backlogs?

✔ Führt das Scrum Team regelmäßige Sprint Retrospectives durch, um Verbesserungen zu identifizieren?

✔ Entscheidet das Scrum Team selbst darüber, wie es den eigenen Fortschritt nachhält oder bekommt es dafür eine Vorgabe?

✔ Akzeptiert das Scrum Team widerspruchslos Veränderungen, die von außen »eingespeist« werden, oder sucht es aktiv nach alternativen Lösungen, die den Wert für das Unternehmen optimieren?

Der Scrum Master spielt eine besonders wichtige Rolle bei der Etablierung von Selbstmanagement. Mehr dazu erfahren Sie in Kapitel 7 *Scrum Master in Aktion*.

3-5-3-Aufbau des Scrum-Rahmenwerks

Durch Scrum ändert sich das bisherige Vorgehen: Traditionelle Prozesse werden über Bord geworfen und durch die Komponenten des Rahmenwerks ersetzt. Sie bilden die Leitplanken der Arbeit mit Scrum. Selbstmanagende Scrum Teams stehen im Mittelpunkt des Geschehens und entscheiden darüber, wie sie arbeiten möchten. Scrum als leichtgewichtiges Rahmenwerk macht das möglich, indem lediglich wenige Komponenten im Scrum Guide definiert werden (vgl. Abbildung 3.3):

✔ 3 Verantwortlichkeiten,

✔ 5 Events und

✔ 3 Artefakte.

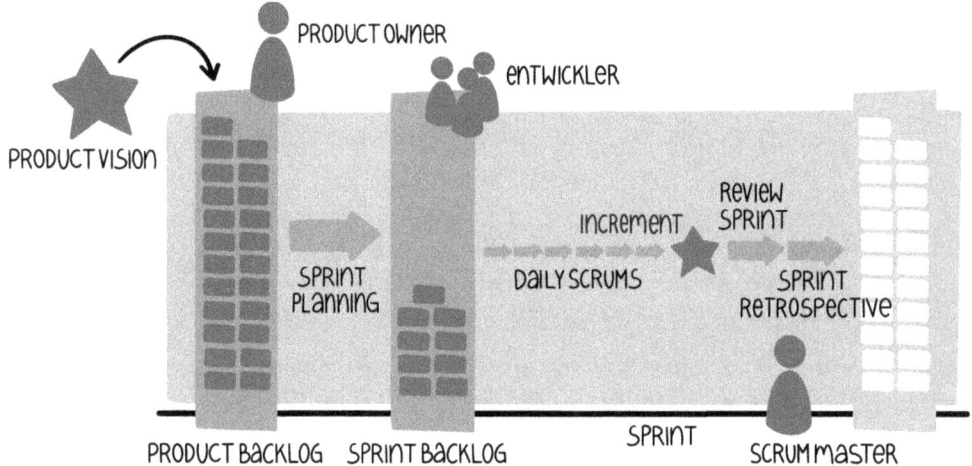

Abbildung 3.3: Elemente des Scrum-Prozesses

Jede Komponente des Scrum-Frameworks dient einem bestimmten Zweck, und erst das Zusammenspiel aller Komponenten ermöglicht die Entwicklung und Erhaltung komplexer Produkte.

✔ **Verantwortlichkeiten:** In Scrum gibt es drei Verantwortlichkeiten, *Product Owner, Scrum Master und Entwickler (Developers)*. Während zuvor von »Rollen« die Rede war, wird im aktuellen Scrum Guide von »Verantwortlichkeiten« gesprochen. Dadurch wird betont, dass es nicht nur um Aufgabenerfüllung, sondern insbesondere um die Übernahme von Verantwortung geht, die den betroffenen Personen auch wirklich übertragen wird.

✔ **Scrum Events:** Scrum zeichnet sich durch eine kontinuierliche Abfolge von fünf Ereignissen, sogenannten Events, aus. Diese heißen *Sprint, Sprint Planning, Sprint Review, Sprint Retrospektive* und *Daily Scrum*. Sie strukturieren den Scrum-Prozess und werden vom Scrum Team vor allem zur regelmäßigen Inspektion und Adaption genutzt. Events sind strukturiert und zweckgebunden, und es geht um die Konversation, nicht um das Treffen selbst.

✔ **Artefakte:** In der Anwendung von Scrum entstehen drei Ergebnistypen, die insbesondere der Transparenz und der Inspektion dienen. Diese sogenannten Artefakte sind *Product Backlog, Sprint Backlog* und *Increment*. Anhand der Artefakte lässt sich sowohl der Fortschritt ablesen, den das Scrum Team bereits erarbeitet hat, als auch die noch verbleibende Arbeit.

Um mit Scrum zu starten, braucht man nicht viele Vorbereitungen: Die Produkt-Vision muss bekannt sein und das Product Backlog mit ausreichend Einträgen gefüllt sein, um das erste Sprint Planning durchzuführen. Von der Produkt-Vision können Produkt-Ziele abgeleitet werden.

Auf dieser Basis können alle Anforderungen zur Erstellung eines sogenannten *Produkt-Increments* zusammengetragen werden. Dabei handelt es sich um ein fertiges (Teil-)Produkt (»Done Increment«), das sich durch folgende Merkmale auszeichnet:

✔ **Funktion:** Ein Inkrement ist voll funktionsfähig, getestet und potenziell an den Kunden auslieferbar; es stiftet Wert, sobald es ausgeliefert ist (»*valuable, useful Increment*«).

✔ **Umfang:** Es baut auf dem bisherigen Produkt auf, setzt sich also aus den vorherigen Inkrementen zusammen und erweitert deren Funktionalitäten.

✔ **Qualität:** Es ist erst fertig, wenn es den gegebenen Qualitätsansprüchen standhält, die ein Scrum Team in der sogenannten *Definition of Done* (DoD) festhält.

✔ **Wert:** Es ist wertstiftend im Sinne des Kunden und seiner Anforderungen, liefert also einen zusätzlichen Nutzen zum bisherigen Inkrement.

✔ **Transparenz:** Es dient der Schaffung von Transparenz, sodass Inspektion und Adaption möglich sind.

Wichtige Learnings für die Prüfung

Selbstmanagement und Empirie sowie die Säulen Transparenz, Inspektion und Adaption sollten Sie verinnerlichen, um die Prüfungsfragen richtig zu beantworten.

✔ Durch Scrum werden traditionelle Prozesse verworfen und durch ein leichtgewichtiges Rahmenwerk ersetzt.

✔ Die drei Säulen der Empirie Transparenz, Inspektion und Adaption funktionieren nur miteinander; isoliert betrachtet sind sie sinnlos.

✔ Vertrauen bildet die Basis für eine erfolgreiche Zusammenarbeit gemäß den drei Säulen der Empirie.

- ✔ Häufig ist die richtige Antwort diejenige, in der das Scrum Team die Lösung mittels Selbstmanagement, also gemeinsam mit den Betroffenen, findet.

- ✔ Das Management des Unternehmens ist zwar nicht Teil des Scrum Guides als Regelwerk, dennoch hat es für Scrum Teams eine unterstützende Funktion.

- ✔ Scrum besteht aus drei Verantwortlichkeiten, fünf Events und drei Artefakten, die Sie gut kennen sollten.

- ✔ Die drei Verantwortlichkeiten heißen Product Owner, Scrum Master und Entwickler (*Developer*).

- ✔ Die fünf Events heißen Sprint, Sprint Planning, Daily Scrum, Sprint Review, Sprint Retrospective.

- ✔ Die drei Artefakte, die in Scrum für Transparenz sorgen, heißen Product Backlog, Sprint Backlog und Increment.

Teil II
Scrum-Theorie

IN DIESEM TEIL ...

In diesem Teil stelle ich Ihnen das Scrum Team vor, das aus Entwicklern, einem Product Owner und einem Scrum Master besteht und dessen Aufgabe in der Entwicklung eines nützlichen, wertvollen Increments besteht. Auch die fünf Scrum Events Sprint Planning, Sprint, Daily Scrum, Sprint Review und Sprint Retrospective als formale Gelegenheiten zur Inspektion und Adaption lernen Sie kennen. Anhand der Arbeit des Product Owners und des Scrum Masters steigen wir tiefer in die Anwendung des Scrum-Rahmenwerks sein. Dabei kommen wir auch an den Scrum-Artefakten Product Backlog, Sprint Backlog und Increment vorbei, und Sie werden die Commitments kennenlernen.

> **IN DIESEM KAPITEL**
>
> Scrum Teams als Ganzes verstehen
>
> Mitglieder des Scrum Teams kennenlernen
>
> Etwas über die Zusammensetzung von Scrum Teams erfahren

Kapitel 4
Scrum Team im Überblick

Die Erfahrung zeigt, dass Teams bessere Ergebnisse erzielen als Einzelpersonen. Insbesondere in komplexen Umfeldern und entsprechenden Produkten kann häufig nur eine gemeinsame Anstrengung zur Befriedung der Kundenbedürfnisse führen (Sutherland & Coplien 2019). Deshalb steht im Mittelpunkt von Scrum ein Team, das am Ende jedes Sprints ein wertvolles (*valuable*), nützliches (*useful*) Increment erzeugt; dafür ist ein Scrum Team als Ganzes *ergebnisverantwortlich* (*accountable*).

Ein Scrum Team vereint drei sogenannte Verantwortlichkeiten, die ebenfalls auf Ergebnisverantwortung abzielen (vgl. Abbildung 4.1):

✔ Entwickler (*Developers*)

✔ Product Owner

✔ Scrum Master

Abbildung 4.1: Im Scrum Team vertretene Verantwortlichkeiten (Accountabilities): Product Owner, Scrum Master und Entwickler (Developers)

Die Entwickler erstellen das Produkt und erledigen alles Notwendige, um es für die Kunden nutzbar zu machen. Die Richtung, in die sich das Produkt entwickeln soll, wird dabei vom Product Owner vorgegeben. Der Scrum Master kümmert sich indes um den Entwicklungsprozess sowie um die Team- und Organisationsentwicklung. Die Mitglieder eines Scrum Teams arbeiten eng zusammen und unterstützen sich gegenseitig. Scrum Teams sind hierarchielos, und ihre Struktur zeichnet sich außerdem durch die folgenden Eigenschaften aus (vgl. Abbildung 4.2):

✔ selbstmanagend (*Self-Managing*)

✔ interdisziplinär (*cross-functional*)

✔ klein genug, um effektiv zu kommunizieren und zusammenzuarbeiten

✔ gemäß agilen Prinzipien mit einer nachhaltigen Geschwindigkeit unterwegs

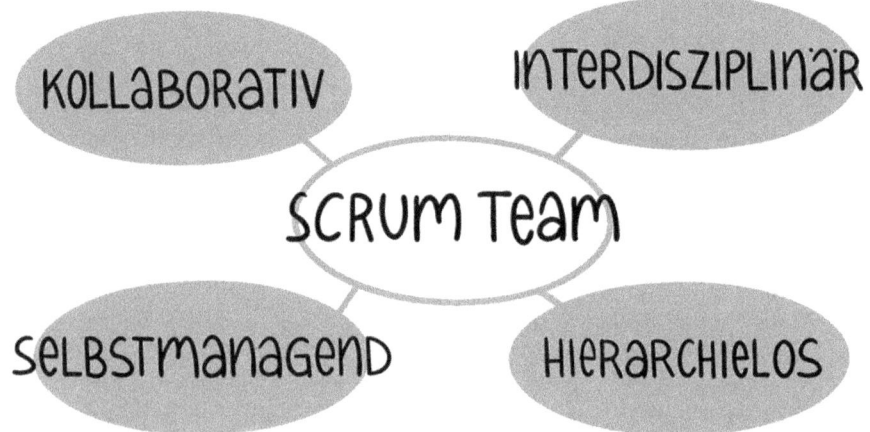

Abbildung 4.2: Eigenschaften von Scrum Teams

Ein interdisziplinäres Team vereint Mitglieder mit verschiedenen Fähigkeiten und Fachkenntnissen. Um alles zu vereinen, was nötig ist, muss das Scrum Team groß genug sein, um signifikante Arbeit zu erledigen, aber klein genug, um wendig und handlungsfähig zu bleiben (vgl. Scrum Guide 2020). Die Vergangenheit hat gezeigt, dass Teams mit einer Größe bis zu zehn Teammitgliedern am besten aufgestellt sind.

Im Scrum Guide wird außerdem darauf referenziert, dass Teams, die größer als zehn Personen sind, erfahrungsgemäß an Produktivität und Kommunikationsgüte einbüßen. Daher lautet die Empfehlung, bei größeren Teams über eine Neuordnung in mehrere Teams nachzudenken. Dazu finden Sie mehr in Kapitel 8 *Scrum im Unternehmensalltag*.

»Nachhaltige Geschwindigkeit« bedeutet im Zusammenhang mit der Arbeit von Scrum Teams, dass die Arbeitsgeschwindigkeit bei gleichbleibender Qualität unendlich lange aufrechterhalten werden kann.

Im Scrum Guide 2020 wird keine maximale Anzahl an Teammitgliedern mehr genannt. Zuvor wurde die Frage nach der Größe mit »7 +/– 2« korrekt beantwortet und die Antwort geistert immer noch durch viele Unternehmen. Heutzutage wird nur noch darauf verwiesen, dass das Scrum Team gemäß Ergebnisverantwortung handlungsfähig sein muss.

Ein Scrum Team kümmert sich um alles, was für die Erstellung eines Increments eines Produkts zu erledigen ist. Um das zu erreichen, ist das Scrum Team *umsetzungsverantwortlich* (*responsible*) für die Festlegung und Erreichung der Sprint-Ziele. Regelmäßig stattfindende Sprint Retrospectives nutzt das Scrum Team zur Identifikation von Verbesserungsmöglichkeiten. Es setzt diese um, damit es effektiver wird.

Scrum nutzt, wie Sie in den letzten Absätzen möglicherweise bemerkt haben, zwei Begriffe der englischen Sprache, die sich nicht so einfach ins Deutsche übertragen lassen. Es wird unterschieden in zwei Arten von Verantwortung: »Ergebnisverantwortung« und »Umsetzungsverantwortung«. Im Englischen ist das etwas eleganter als im Deutschen: »Accountability« und »Responsibility«, die in der Prüfung auch auftauchen können. Sie können die Begriffe wie folgt unterscheiden (vgl. Abbildung 4.3):

- ✔ **Accountability (Ergebnisverantwortung)** beschreibt die Verantwortung für die Ergebnisse einer Tätigkeit. Sie ist ergebnisorientiert und nicht übertragbar.

- ✔ **Responsibility (Umsetzungsverantwortung)** beschreibt die Verantwortung für die Ausführung einer Tätigkeit. Sie ist aufgabenorientiert und kann delegiert werden.

Abbildung 4.3: Ergebnisverantwortung vs. Umsetzungsverantwortung

Die Scrum-Werte, die Sie in Kapitel 2 kennengelernt haben, sind handlungsleitend für das Scrum Team. Durch die Implementierung der drei Säulen der Empirie, Transparenz, Inspektion und Adaption, kreiert das Team eine vertrauensvolle Atmosphäre.

Bevor ich die einzelnen Verantwortlichkeiten näher beschreibe, möchte ich eine Eigenschaft von Scrum Teams besonders hervorheben: Scrum Teams sind ein Nukleus für ständiges Lernen und kontinuierliche Verbesserungen. Erinnern Sie sich an das Kapitel zur Empirie: Nur mithilfe von Experimenten, aus denen die Teammitglieder lernen, lassen sich in einer komplexen Umgebung Produkte entlang der Kundenbedürfnisse entwickeln. Ein Scrum Team hat dafür die ideale Struktur.

Das Projekt »Spin« entwickelt sich weiter zufriedenstellend, als Peter einen Anruf bekommt: Er soll in ein neues Scrum Team wechseln, das sich aktuell in der Gründung befindet. Er versteht, dass er gefragt wird, weil er inzwischen einige Erfahrung als Scrum Master sammeln konnte und das neue Projekt »Go« eine wichtige strategische Bedeutung für die Abenteuer GmbH hat. Trotzdem fällt ihm der Wechsel sehr schwer; die Arbeit im Projektteam rund um »Spin« war für ihn eine tolle Erfahrung. Peter erkundigt sich, wer die Scrum-Master-Rolle in seinem alten Team übernehmen wird, und ist sehr unglücklich, als er erfährt, dass für ihn kein Ersatz vorgesehen ist. Peter wechselt mit gemischten Gefühlen das Projekt.

In den folgenden Wochen übernimmt der Product Owner die Rolle des Scrum Masters mit – und agiert immer mehr als klassischer Projektleiter, wie Peter berichtet wird. Für die Beseitigung von Hindernissen sowie für die Weiterentwicklung des Teams habe der Product Owner so gut wie keine Zeit. Das Team stagniert, und die Entwickler äußern immer häufiger ihren Unmut.

Der Product Owner aus dem Projekt »Spin« geht auf Peter zu, um ihn um Rat zu fragen, da auch er mit der aktuellen Situation unzufrieden ist. Peter hat eine Idee: Wie wäre es, wenn einer der Entwickler einen Teil seiner Zeit in Scrum-Master-Aufgaben investieren würde? Der Product Owner ist zunächst skeptisch. Es fehle doch dann an Zeit für die Entwicklung. Peter entgegnet, dass die Entwicklertätigkeit zwar geringfügig weniger werden würde, dass er jedoch sowohl in der Produktivität als auch in der Motivation einen Fortschritt erwarte.

Einer der Entwickler hatte schon zu Peters Zeit großes Interesse an den Tätigkeiten des Scrum Masters und erklärt sich sofort bereit, zusätzlich in die Scrum-Master-Rolle zu schlüpfen. In der Vergangenheit hat er gemeinsam mit Peter schon einige Retrospektiven vorbereiten und seinen Methodenbaukasten füllen können. Mit Peters Unterstützung gelingt es ihm, sich schnell zurechtzufinden und dem Team zu helfen, sich weiterzuentwickeln.

Sowohl dem Scrum Team als auch dem Management wird auf diese Weise deutlich, wie wichtig ein Scrum Master im Team ist und dass Scrum diese Verantwortlichkeit nicht umsonst vorsieht. Es zeigt sich jedoch auch, dass es dem Entwickler schwerfällt, beide Aufgaben gleichzeitig zu jonglieren. Aus diesem Grund entscheidet das Management nach einigen Monaten, die Scrum-Master-Rolle wieder zu besetzen. Der Entwickler entscheidet sich dafür, wieder voll am Produkt zu arbeiten, sodass die Stelle ausgeschrieben wird.

Entwickler

Scrum wird heutzutage schon längst nicht mehr nur in der Softwareentwicklung eingesetzt, sondern hat sich auch in allen anderen Industriezweigen durchgesetzt und findet zwischenzeitlich beispielsweise auch in Krankenhäusern, Schulen und in der Verwaltung Anwendung. Deswegen ist an dieser Stelle Ihre Transferleistung gefragt, falls Sie aus einer anderen Branche als der Softwareentwicklung stammen. Überlegen Sie, wer in Ihrem Fall diejenigen sind, die die Arbeit tun, und bezeichnen Sie diese als »Entwickler« (*Developers*).

Gemäß Scrum Guide sind die Entwickler diejenigen, »die sich der Aufgabe verschrieben haben, jeden Sprint jeden Aspekt eines nutzbaren Increments zu schaffen« (Scrum Guide 2020). Um das zu erreichen, sind die Entwickler *ergebnisverantwortlich*

- ✔ für den fachlichen Austausch untereinander und dafür, sich gegenseitig in der Verantwortung zu halten,

- ✔ für die Zusammenstellung eines Sprint Backlogs im Rahmen des Sprint Plannings und die Schätzung des Aufwands

- ✔ für die Entwicklung und Aktualisierung eines Plans zur Erreichung des Sprint-Ziels in der täglichen Arbeit und

- ✔ für die Qualitätssicherung durch die Einhaltung der Definition of Done bei der Abarbeitung von Aufgaben.

Scrum differenziert nicht in spezielle Bezeichnungen von Entwicklern, wie Backend-Entwickler, Full-Stack-Entwickler, DevOps-Ingenieure oder Senior-Entwickler, sondern kommt ganz ohne Titel aus. Entwickler sind Entwickler. Daher spricht man auch davon, dass Scrum Teams »hierarchielos« sind, obwohl natürlich bestimmte Ergebnisverantwortlichkeiten klar zugeordnet sind (z. B. das Product Backlog dem Product Owner, siehe nächster Abschnitt).

Im älteren Scrum Guide war noch vom »Entwicklungsteam« die Rede. In der Praxis hat sich gezeigt, dass diese Formulierung insbesondere in der Beziehung zum Product Owner zu Konflikten geführt hat (»wir gegen den« und umgekehrt). Daher wurde dieses »Sub-Team« in der neusten Version aufgelöst, und es ist nur noch von »Entwicklern« die Rede.

Es liegt in der Hand der Entwickler, wie ein Increment erstellt wird. Dafür kommunizieren sie mit den Stakeholdern, führen Experimente durch, setzen Product-Backlog-Einträge um, testen ihr Produkt und kümmern sich auch um dessen Wartung. Weder Scrum Master noch Product Owner dürfen den Entwicklern vorschreiben, wie sie ihre Arbeit zu machen haben.

Die Entwickler organisieren ihre Arbeit selbst und erzeugen durch die Umsetzung von Product-Backlog-Einträgen eigenständig ein wertvolles, nützliches Increment. Das impliziert, dass sie alle Fähigkeiten besitzen müssen, die benötigt werden, um dieser Ergebnisverantwortung gerecht zu werden, und man spricht deshalb von einem interdisziplinären (*cross-functional*) Scrum Team. Bei Scrum in Reinform ist es also nicht vorgesehen, dass ein Scrum Team Abhängigkeiten zu anderen Scrum Teams, Abteilungen oder Personen hat.

Handlungsleitend für die Umsetzung von Product-Backlog-Einträgen ist das Sprint-Ziel. Die Entwickler nutzen es als Orientierung, mit deren Hilfe sie sich das »Warum« ihrer Arbeit immer wieder vor Augen führen können. Mehr dazu finden Sie in Kapitel 6 *Product Owner in Aktion*.

Product Owner

Idealerweise steht am Anfang der Gründung eines Scrum Teams – im Sinne des Ownerships – ein Product Owner, der eine Produkt-Vision hat, hinter der er aus voller Leidenschaft ein Team versammelt. Gemeinsam wählen sie den Scrum Master aus, der das Scrum Team komplettiert, und schon kann es losgehen – theoretisch. In der Unternehmenspraxis läuft es meistens ganz anders: Das Management legt fest, was entwickelt werden soll, stellt das Scrum Team zusammen und schreibt dem Product Owner ins Heft, was in den nächsten Produkt-Releases an Ergebnissen erwartet wird.

Wenn Sie solche Erfahrungen bereits gemacht haben, dann stehen Sie nun vor der Herausforderung, diese Erfahrungen abzuschütteln und den Product Owner als das zu sehen, was er wirklich ist: als Wert-Maximierer. Sofern Sie noch keine Erfahrung mit Scrum gesammelt haben, freuen Sie sich und lernen den Product Owner nun kennen. Er ist eine einzelne Person, kein Komitee. Er ist auch kein Projektmanager. Der Product Owner ist *ergebnisverantwortlich* für:

- die Wert-Maximierung des Produkts,
- ein effektives Product-Backlog-Management sowie
- das Stakeholder-Management.

Der Product Owner hat die Entscheidungshoheit (*final say*) über die Reihenfolge der Einträge im Product Backlog. Der Schlüssel seines Erfolgs liegt in der Akzeptanz, die der Product Owner für seine Arbeit und insbesondere für seine Entscheidungen seitens der Gesamtorganisation erfährt – oder eben nicht. Die Arbeit des Product Owners schlägt sich im Product Backlog sowie im Increment nieder. Beides kann im Rahmen des Sprint Reviews von den Stakeholdern inspiziert werden.

Die Fähigkeiten des Product Owners fokussieren sich auf das Produkt und sind sehr vielfältig:

- Als **Wert-Maximierer** repräsentiert er die Kunden gegenüber dem Scrum Team und verantwortet den Produkt-Wert, der durch das Scrum Team realisiert wird. Dafür managt er das Product Backlog und stellt sicher, dass es sortiert, verständlich und transparent ist.
- Als **Analytiker** ist er in der Lage, sein Fachwissen mit unternehmerischen Einblicken (*Business Insights*) und seinem Verständnis der Produkttechnologie zu kombinieren und daraus Ableitungen für das Product Backlog zu treffen.
- Als **Stakeholder-Manager** arbeitet er eng mit den Stakeholdern zusammen, um ihre Bedürfnisse und Wünsche zu berücksichtigen, und stellt gleichzeitig ein gemeinsames Verständnis über den Stand des Product Backlogs und die Release-Planung her.

- ✔ Als **Kommunikator** agiert er sowohl gegenüber seinem Scrum Team als auch gegenüber den Stakeholdern. Eine effektive Kommunikation und die darauf basierende Zusammenarbeit sind entscheidend für seinen Erfolg.

- ✔ Als **Stratege** kümmert er sich um das Release-Management. Dabei stellt er sicher, dass das Produkt ständig adaptiert und im Hinblick auf die Kundenbedürfnisse verbessert wird. Entlang dieser Bedürfnisse sortiert er das Product Backlog.

- ✔ Als **Visionär** »gehört« dem Product Owner die Produkt-Vision. Auf ihrer Basis gibt er dem Scrum Team Orientierung mithilfe der Definition von Produkt-Wert und Produkt-Zielen, entlang derer er stets aktuelle Entscheidungen trifft.

Der Product Owner kann die Umsetzungsverantwortung für seine Aufgaben delegieren, behält jedoch immer die Ergebnisverantwortung. Product-Backlog-Einträge beispielsweise muss er nicht allein erledigen. Mehr zu den Aufgaben des Product Owners erfahren Sie in Kapitel 8 *Product Owner in Aktion*.

Scrum Master

Laut Scrum Guide sind Scrum Master »echte Führungspersönlichkeiten, die dem Scrum Team und der Gesamtorganisation dienen«. Obwohl sie echte Führungspersönlichkeiten (*true leaders*) sind, sind sie weder Projektmanager noch Teamleiter noch gleichbedeutend mit einer disziplinarischen Führungskraft.

Scrum Master sind für zwei Dinge *ergebnisverantwortlich*:

- ✔ Scrum Master kümmern sich darum, dass Scrum gemäß Scrum Guide eingeführt wird. Das bedeutet, sie lehren und erklären Scrum nicht nur innerhalb eines Scrum Teams, sondern auch in der umgebenden Organisation und unterstützen bei der Implementierung. Sie vermitteln dabei sowohl theoretische Kenntnisse als auch praktische Fähigkeiten.

- ✔ Scrum Master haben die Aufgabe, die Effektivität des Scrum Teams sicherzustellen, damit es seine Aufgaben einwandfrei ausführt. Daher sorgen Scrum Master für ein Umfeld der kontinuierlichen Verbesserung. Dies geschieht durch die stetige Arbeit des Scrum Teams an den eigenen Prozessen sowie an den eingesetzten Methoden und Werkzeugen.

Die Aufgaben eines Scrum Masters sind vielfältig. Er unterstützt in erster Linie sein Scrum Team, seiner Verantwortung gerecht zu werden, ein wertvolles, nützliches Increment zu erzeugen. Er coacht die Teammitglieder, sorgt für eine wirkungsvolle Kommunikation, kümmert sich um effektive Events (vgl. Kapitel 5 *Scrum Events im Überblick*), begleitet und fördert (*facilitate*) Entscheidungsprozesse und beseitigt Hindernisse. Dem Product Owner hilft er dabei, seine Tätigkeit bestmöglich auszuführen und die Ergebnisse seiner Arbeit zu vermitteln.

Doch der Wirkungskreis eines Scrum Masters beschränkt sich nicht nur auf das eigene Team. Er agiert auch außerhalb seines Scrum Teams, indem er die Einführung von Scrum in der Gesamtorganisation möglich macht. Insbesondere an den Schnittstellen, die das Scrum

Team mit anderen Mitgliedern der Organisation hat, sorgt er für Verständnis im Hinblick auf Empirie und Scrum. Dazu gehört es auch, Missstände in der Organisation zu adressieren, die einer effektiven Arbeit des Scrum Teams im Wege stehen.

Die Basis für die Arbeit des Scrum Masters bilden die Scrum-Werte, die Sie bereits in Kapitel 2 *Prinzipien und Werte als Basis* kennengelernt haben. Er verfügt über einen großen Werkzeugkoffer, der zahlreiche Methoden und Werkzeuge enthält. Obwohl er dafür zuständig ist, Scrum entlang des Scrum Guides einzuführen und zu betreiben, ist er jedoch kein Dogmatiker, der ohne Empathie die Regeln durchdrückt (»Scrum-Polizei«).

Der niederländische Professional Scrum™ Trainer Barry Overeem hat in seinem Whitepaper »The 8 Stances of a Scrum Master« (Overeem 2017) acht Fähigkeiten beschrieben, die ein Scrum Master situationsabhängig haben sollte:

- ✔ Als **Servant Leader** stellt der Scrum Master die Bedürfnisse des Scrums Teams und der Kunden als Empfänger des Produkts sowie die Ziele, Prinzipien und Werte der Organisation in den Vordergrund, um Ergebnisse zu erzielen.

- ✔ Als **Facilitator** schafft der Scrum Master einen Rahmen und die Bedingungen, in denen das Team effektiv zusammenarbeiten kann, indem es wirkungsvoll kommuniziert und Entscheidungen trifft.

- ✔ Als **Coach** unterstützt der Scrum Master Einzelpersonen im Hinblick auf ihr Verhalten, Teams in Bezug auf kontinuierliche Verbesserung und die Gesamtorganisation hinsichtlich der Zusammenarbeit mit dem Scrum Team.

- ✔ Als **Manager** regelt der Scrum Master den Umgang mit Hindernissen und kümmert sich um das Management von Prozessen, Grenzen des Selbstmanagements, die Kultur sowie die Gesundheit des Scrum Teams.

- ✔ Als **Mentor** teilt der Scrum Master sein Wissen und seine Erfahrungen, um das Scrum Team in agilen Praktiken zu schulen und es zur Ausübung agiler Praktiken und zur Ausfüllung des Scrum-Rahmenwerks zu befähigen.

- ✔ Als **Lehrer** sorgt der Scrum Master dafür, dass einerseits das Rahmenwerk Scrum und andererseits relevante Methoden und Werkzeuge innerhalb des Scrum-Rahmenwerks verstanden und angewendet werden.

- ✔ Als **Beseitiger von Hindernissen** löst der Scrum Master Blockaden, die den Fortschritt des Scrum Teams behindern. Dabei bezieht er das Scrum Team mit ein. Die Einbeziehung erfolgt unter Berücksichtigung der Selbstmanagement-Fähigkeiten des Scrum Teams.

- ✔ Als **Change Agent** fördert der Scrum Master eine Kultur, in der Scrum Teams gedeihen können. Dabei geht er als Vorbild voran, sodass sich sowohl die Scrum-Team-Mitglieder als auch Vertreter der umgebenden Organisation an ihm orientieren können.

Leider zeigt die Erfahrung, dass die Realität in vielen Unternehmen ganz anders aussieht. Scrum Master werden als Schreiberlinge, Assistenten oder Admin-Kräfte missbraucht. Andererseits gibt es Scrum Master, die sich selbst eher als

»Feelgood-Manager« verstehen und ihre Zeit primär damit verbringen, Obst und Kekse für die Entwickler bereitzustellen. Wenn Sie Scrum aus ihrem Unternehmenskontext bereits kennen, vergleichen Sie. Vergessen Sie gegebenenfalls das, was Sie kennen – jedenfalls für die Prüfung.

Im Alltag steht ein Scrum Master also vor der Herausforderung, jeder Situation mit der richtigen Haltung zu begegnen. Mehr dazu finden Sie in Kapitel 7 *Scrum Master in Aktion*.

Gründung und Veränderung von Scrum Teams

Zur Gründung von Scrum Teams werden im Scrum Guide keine Aussagen getroffen, nur zu ihrer Struktur und zur Ausstattung mit Kompetenzen, wie Sie dem Anfang des Kapitels entnehmen konnten. Es wird auch nicht ausgeschlossen, dass Product Owner oder Scrum Master als Entwickler tätig werden dürfen. In der Praxis hat sich jedoch gezeigt, dass eine solche Doppelrolle schnell zu Interessenkonflikten oder zu Überlastung führen kann und daher nicht zu empfehlen ist.

Nachdem er seinem alten Scrum Team helfen konnte, freut Peter sich inzwischen auf seinen nächsten Einsatz im Projekt »Go«. Außer dem Product Owner und ihm stehen die weiteren Teammitglieder noch nicht fest. Das Management des Bereichs, das das Projekt in Auftrag gegeben hat, möchte, dass die bisherigen Scrum Teams aus ihrer Mitte das neue Team bilden. Peter wird gebeten, diesen sogenannten »Self-selection-Prozess« (dt. Selbst-Auswahl-Prozess) als Facilitator zu begleiten.

Der Selektionsprozess findet im Rahmen eines Workshops statt. Peter erinnert die Teilnehmenden daran, dass das Ziel darin besteht, die Scrum Teams inklusive des neuen Teams als interdisziplinäre Teams auszugestalten. Diese sollen jeweils in der Lage sein, am Ende ihrer Sprints wertvolle, nützliche Increments zu erzeugen. Dafür müssen sie über alle Fähigkeiten verfügen, die benötigt werden, um ohne Abhängigkeiten eigenständig zu agieren. Auf dieser Basis besprechen die Scrum Teams selbstständig miteinander, wie sie das neue Team besetzen können und wollen.

Am Ende des Workshops blickt Peter zufrieden auf das Ergebnis: Es ist gelungen, das neue Team zu gründen und gleichzeitig keinen Unmut bei den bestehenden zu erzeugen. Überall da, wo Lücken im Hinblick auf Fähigkeiten entstanden sind, wurden Pläne erarbeitet, wie die Teams diese Lücken schnellstmöglich wieder schließen können. Durch die Beteiligung aller betroffenen Personen ist eine hohe Motivation entstanden, das gemeinsame Ergebnis in die Tat umzusetzen und zum Erfolg zu führen.

Nach der Gründung eines Scrum Teams beginnt der erste Sprint mit dem ersten Sprint Planning. Dafür muss der Product Owner das Product Backlog mit ausreichend Product-Backlog-Einträgen ausstatten, um den ersten Sprint mit genügend Arbeit zu füllen. Ein

»vollständiges« Product Backlog gibt es ohnehin nicht. Einen häufig zitierten »Sprint 0« kennt Scrum ebenfalls nicht. Es geht los mit dem ersten Sprint, in dem das Team direkt mit der Arbeit beginnt. Das Scrum Team erstellt sofort ein nützliches, wertvolles Increment.

Sobald ein Teammitglied eines Scrum Teams ausfällt oder das Scrum Team verlässt, ist Kommunikation das wichtigste Werkzeug: Die Auswirkungen müssen zwischen Product Owner und Stakeholdern transparent besprochen werden. Passiert der Ausfall mitten im Sprint, sollten sich Product Owner und Developer die Auswirkungen bewusst machen und Anpassungen des Sprint Backlogs besprechen. Das restliche Scrum Team nach Überstunden zu fragen, ist jedenfalls keine Lösung. Das würde dem agilen Prinzip einer nachhaltigen Geschwindigkeit widersprechen.

Selbst wenn alsbald Ersatz gefunden werden kann, was kurzfristig selten möglich ist, muss mit Produktivitätseinbußen gerechnet werden. In diesem Zusammenhang wird häufig die Frage diskutiert, wie oft sich Scrum Teams anpassen dürfen. Über die Zeit hat sich gezeigt, dass eine gewisse Stabilität vorteilhaft ist. Sobald neues Wissen, neue Erkenntnisse oder neue Erfahrungen eine Anpassung erforderlich machen, sollte diese jedoch vollzogen werden – wohlwissend, dass es zu einer kurzzeitigen Verringerung der Produktivität kommen kann, bis das Team wieder in einem eingeschwungenen Zustand ist. Die Retrospektive bietet eine regelmäßige Möglichkeit zur Optimierung.

Die sogenannte »Teamuhr nach Tuckman«, einem US-amerikanischen Psychologen, beschreibt ursprünglich vier Phasen, die ein Team nach seiner Entstehung durchläuft (Tuckman 1965). Diese lauten Forming, Storming, Norming und Performing. Während die ersten drei Phasen unter dem Schlagwort »Teamfindung« zusammengefasst werden könnten, erreicht ein Team erst in Phase 4 einen Zustand, in dem es effektiv und produktiv zusammenarbeitet, um seine Ziele zu erreichen. Bei der Veränderung der Teamzusammensetzung muss man sich stets bewusst machen, dass das Team die Phasen von vorne durchlaufen wird. Das heißt, dass auch ein Team aus der Phase »Performing« in frühere Phasen zurückversetzt wird. Diese durchläuft es dann zwar möglicherweise schneller als beim ersten Mal, die Produktivität wird in dieser Zeit jedoch geringer ausfallen.

Wichtige Learnings für die Prüfung

Die Zusammensetzung eines Scrum Teams und seine Eigenschaften sollten Sie für die Prüfung gut kennen. Auch die Auswirkungen von Veränderungen können Thema sein:

- ✔ Scrum Teams sind kollaborativ, selbstmanagend (*self-managing*), cross-funktional (*cross-functional*) und hierarchiefrei.

- ✔ Sie sind klein genug, um effektiv zusammenzuarbeiten, und groß genug, um alle Kenntnisse und Fähigkeiten zu vereinen, die benötigt werden.

- ✔ Die Entwickler kümmern sich um die Erstellung eines nützlichen (*useful*), wertvollen (*valuable*) Increments. Den Begriff »Development Team« gibt es nicht (mehr).

- ✔ Der Product Owner ist immer eine einzelne Person (kein Komitee); er wird auch als Wert-Maximierer bezeichnet. Er ist kein Projektmanager.
- ✔ Scrum Master sind echte Führungspersönlichkeiten (*true leaders*); sie kümmern sich um die Einführung von Scrum gemäß Scrum Guide und die Effektivität des Scrum Teams.
- ✔ Die Arbeit eines Scrum Teams beginnt mit dem ersten Sprint. Einen oft zitierten »Sprint 0« gibt es in Scrum nicht.
- ✔ Die Veränderung eines Scrum Teams führt zu einer kurzzeitigen Verringerung der Produktivität.

> **IN DIESEM KAPITEL**
>
> Bestandteile des Scrum-Prozesses kennenlernen
>
> Eigenschaften von Scrum Events zuordnen können
>
> »Event« von »Meeting« unterscheiden
>
> Konzept der Timebox verstehen

Kapitel 5
Scrum Events im Überblick

Was verbinden Sie mit den Begriffen »Meeting« und »Event«? Für die meisten Menschen bedeuten Meetings Langeweile, Zeitverschwendung, Unproduktivität, Frustration und Monotonie. Das ging auch den Erfindern von Scrum so, und sie wollten ihre negativen Erfahrungen mit Meetings unbedingt vermeiden. Im Gegensatz dazu werden Events mit Gemeinschaft, Unterhaltung, Abwechslung, Spaß und Inspiration verbunden.

In Scrum gibt es deshalb keine Meetings und auch keine Besprechungen, sondern es gibt *Events*. An dieser Stelle zeigt sich besonders, wie wichtig die Verwendung eines neuen Vokabulars ist. Es ist ein Symbol dafür, dass sich *wirklich* etwas ändert.

Der Scrum Master hat die Aufgabe, sicherzustellen, dass die Scrum Events auch wirklich als Events funktionieren und nicht am Ende doch wieder nur zu einem Meeting verkommen. Langweilige Besprechungen und sinnlose Meetings, in denen immer nur dieselben Personen sprechen, sollen der Vergangenheit angehören. Events sind integrativ und machen Spaß, weil sie sich durch folgende Eigenschaften auszeichnen:

✔ Jedes Event verfolgt einen bestimmten Zweck und ist mit einer Timebox versehen.

✔ Alle Events sind im Scrum Guide verankert und finden regelmäßig statt.

✔ Scrum Events sind formale Gelegenheiten für Inspektion und Adaption.

✔ Der Wert für den Kunden steht in jeden Scrum Event im Mittelpunkt.

Die Verwendung des Begriffs »Event« ist für viele nicht nur ungewohnt, sondern wird regelrecht gemieden. Insbesondere das Management tut sich häufig schwer mit den neuen Begrifflichkeiten. Das kann ein Anzeichen dafür sein, dass es sich vor einer echten Veränderung scheut.

Die fünf Scrum Events sind feste Bestandteile von Scrum. Dieses Kapitel dient ihrer näheren Erläuterung. Die Scrum Events wurden in Kapitel 3 *Transparenz, Inspektion, Adaption* namentlich bereits genannt und sollten Ihnen daher schon geläufig sein (vgl. Abbildung 5.1):

✔ Sprint

✔ Sprint Planning

✔ Daily Scrum

✔ Sprint Review

✔ Sprint Retrospective

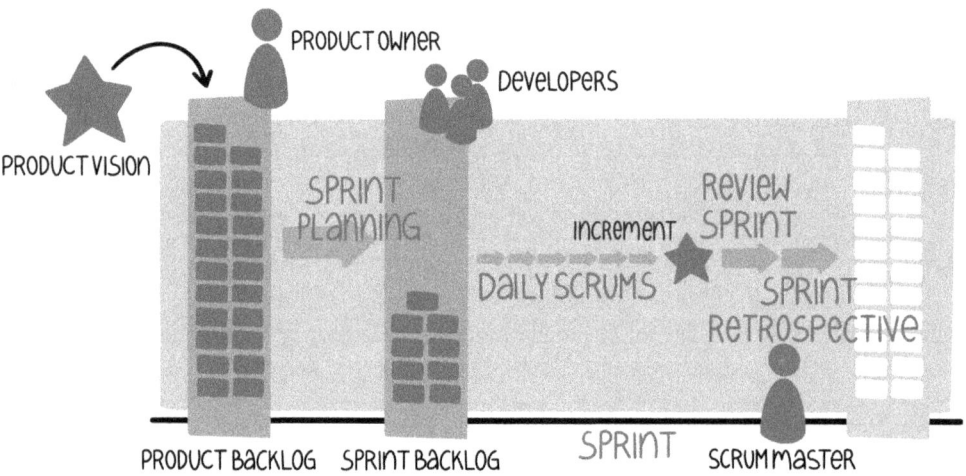

Abbildung 5.1: Scrum Events innerhalb des Scrum-Rahmenwerks

Falls ein Scrum Team weitere Zusammenkünfte für nötig hält, dann ist dies zulässig, sofern die Aktivitäten dazu dienen, das Sprint-Ziel zu erreichen. Scrum ist ein Rahmenwerk, das ausgestaltet werden will. Beispiele für solche zusätzlichen Zusammenkünfte könnten ein Termin für das Product Backlog Refinement zur Schärfung des Product Backlogs (vgl. Kapitel 6 *Product Owner in Aktion*) oder ein Workshop zur Verbesserung der Zusammenarbeit sein.

Jedes Scrum Event ist mit einer sogenannten Timebox versehen. Das bedeutet, dass jedes Event eine maximale Dauer hat, die es höchstens in Anspruch nehmen darf. Kürzer dürfen die Events ebenfalls sein, Verlängerungen werden hingegen nicht akzeptiert. Innerhalb der Timebox soll jeweils ein bestimmtes Ziel erreicht werden, nämlich die Inspektion und Adaption von Artefakten.

Sprint

Der Sprint ist keine Zusammenkunft im Sinne eines Termins. Vielmehr dient das Event als eine Art Container für alle anderen Events. Er wird auch als »Herzschlag von Scrum« bezeichnet. Seine Timebox beträgt einen Monat oder kürzer und sollte zumindest über mehrere Sprints konstant bleiben, damit das Scrum Team in einen Rhythmus finden kann. Die Länge des Sprints sollte so gewählt werden, dass

✔ das Risiko veränderlicher Rahmenbedingungen (Komplexität!) nicht zu groß ist, sodass es für den Product Owner noch akzeptabel ist,

✔ er zur Abfolge anderer Geschäftsereignisse passt,

✔ ausreichend Lernmöglichkeiten für das Scrum Team existieren und

✔ gleichzeitig ausreichend Zeit für einen signifikanten Beitrag (Wert!) bleibt.

Peters Team im Projekt »Go« hat mittlerweile die ersten Sprints hinter sich gebracht. Die Teammitglieder kennen aus ihren bisherigen Teams verschiedene Sprint-Längen und können sich daher nicht auf die Sprint-Länge einigen. Alle bisherigen Sprints hatten deshalb eine unterschiedliche Länge. Zwei Wochen, drei Wochen, vier Wochen: Alles war schon dabei.

Die Stakeholder sind mittlerweile sehr verärgert darüber, dass das Team noch keinen Rhythmus gefunden hat und die Teilnahme am Sprint Review schwer planbar ist. In der Konsequenz sitzt das Scrum Team im Sprint Review regelmäßig ohne Stakeholder da, und die Gelegenheit für wertvolles Feedback, Inspektion und Adaption bleibt ungenutzt.

Auch der Product Owner ist ratlos. Die Stakeholder erwarten von ihm eine Prognose, wann welche Product-Backlog-Einträge realisiert werden können. Die bisherige Velocity des Teams ist durch die unterschiedlichen Sprint-Längen jedoch völlig unbrauchbar, um darauf einen Forecast aufzubauen. Mit Peters Hilfe spricht der Product Owner die Probleme in der nächsten Retrospective an.

Die Teammitglieder sehen ein, dass die variierenden Sprint-Längen Probleme mit sich bringen. Peter leitet deshalb eine Diskussion ein, in der die zukünftige Sprint-Länge festgelegt werden soll. Dabei gibt er als Rahmenbedingung vor, dass die gewählte Sprint-Länge für wenigstens ein Quartal Bestand haben muss, danach aber bei Vorliegen neuer Erkenntnisse erneut geändert werden darf. Das Scrum Team wägt ab, in welcher Zeitspanne es einen bedeutsamen Fortschritt erzielen, dabei Risiken begegnen und Lernmöglichkeiten schaffen kann. Es entscheidet sich für eine Sprint-Länge von zwei Wochen. Über die Zeit gelingt es dem Team, mit dieser stabilen Sprint-Länge eine nachhaltige Geschwindigkeit zu erzeugen, regelmäßig Wert zu liefern und eine solide Vorhersage über Lieferumfänge abzugeben.

Das Ergebnis eines jeden Sprints ist ein wertvolles, nützliches Increment. Daher gibt es weder einen »Sprint 0«, innerhalb dessen Vorbereitungen getroffen werden, noch einen

»Technical Sprint« um technische Schulden zu beseitigen, noch einen »Hardening-Sprint«, um ein Release vorzubereiten (vgl. Kapitel 5 *Product Owner in Aktion*).

Die folgende Definition aus dem Scrum Guide legt einige Eigenschaften eines Sprints fest. Ich habe zur Klarstellung in eckigen Klammern ein paar Begriffe ergänzt, die nicht zum Zitat gehören.

»Während des Sprints

✔ werden keine Änderungen [am Sprint Backlog] vorgenommen, die das Sprint-Ziel gefährden würden;

✔ nimmt die Qualität [des Increments] nicht ab;

✔ wird das Product Backlog nach Bedarf verfeinert und

✔ kann der Scope (Inhalt und Umfang) [des Sprints] geklärt und mit dem Product Owner neu vereinbart werden, sobald mehr Erkenntnisse vorliegen.« (Scrum Guide 2020)

Die Arbeiten, die während eines Sprints erledigt werden sollen, werden im Rahmen des Sprint Plannings gemeinschaftlich vom Scrum Team erarbeitet und im Sprint Backlog festgehalten. Sie dienen dazu, das Sprint-Ziel zu erreichen. Dieses wiederum dient insbesondere für die Entwickler die ganze Zeit als Orientierung. Änderungen an den Inhalten eines Sprints dürfen nur dann vorgenommen werden, wenn dadurch das Sprint-Ziel nicht gefährdet wird. Ist das Sprint-Ziel aufgrund von veränderten Rahmenbedingungen hinfällig (*obsolete*) geworden, kann der Sprint vorzeitig abgebrochen (*cancel*) werden. Der Einzige, der diese Befugnis hat, ist der Product Owner.

Bleiben am Ende Sprint-Backlog-Einträge übrig, weil Arbeiten nicht fertiggestellt werden konnten, verschiebt der Product Owner sie zurück ins Product Backlog, wo sie neu geschätzt und einsortiert werden. Ist schon während des Sprints absehbar, dass bestimmte Aufgaben nicht erledigt werden können, verhandeln Product Owner und Entwickler über das weitere Vorgehen unter Berücksichtigung des Sprint-Ziels. Für die Dauer des Sprints sollten die Entwickler möglichst in Ruhe ihre Arbeit machen können. Äußere Einflüsse werden vom Scrum Master ferngehalten. Ein Sprint endet mit dem Abschluss der Sprint Retrospective, und der folgende beginnt direkt danach mit dem Sprint Planning. Jeder Sprint wird in Scrum als kleines Projekt angesehen.

In der Realität vergehen manchmal Tage zwischen Sprint Retrospective und Sprint Planning, einzelne Events werden verschoben oder miteinander getauscht. Hier wird Scrum nicht entlang des Scrum Guides gelebt.

Tabelle 5.1 zeigt einen Überblick über die vier Events, die während des Sprints stattfinden und in den folgenden Abschnitten näher erläutert werden. Wie bereits erwähnt wurde, sind alle mit einer Timebox versehen. Die Längen der Events Sprint Planning, Sprint Review und Sprint Retrospective sind in der Regel abhängig von der Sprint-Länge (kürzerer Sprint, kürzere Dauer). Auch die Reife des Scrum Teams, die sich aus seiner Erfahrung ergibt, hat üblicherweise Einfluss auf die Länge der Events (höhere Reife, geringere Dauer).

Events	Timebox	verpflichtende Teilnehmer	Inspektion	Adaption
Sprint Planning	8 Stunden oder kürzer	Scrum Team	Product Backlog	Sprint Backlog
Daily Scrum	15 Minuten	Entwickler	Fortschritt zum Sprint-Ziel	Sprint Backlog
Sprint Review	4 Stunden oder kürzer	Scrum Team Stakeholder	Increment	Product Backlog
Sprint Retrospective	3 Stunden oder kürzer	Scrum Team	Zusammenarbeit im Hinblick auf Individuen, Interaktionen, Prozesse, Werkzeuge	Prozesse, z. B. Definition of Done Sprint Backlog (Maßnahmen aus der Sprint Retrospective zur Umsetzung im nächsten Sprint)

Tabelle 5.1: Überblick über die Scrum Events während des Sprints

Sprint Planning

Das Sprint Planning markiert den Beginn eines Sprints. Die Timebox für dieses Event beträgt acht Stunden für einen einmonatigen Sprint und ist üblicherweise entsprechend kürzer, wenn der Sprint weniger lang als einen Monat dauert. Im Sprint Planning werden die folgenden drei Themen besprochen:

✔ Welche Product-Backlog-Einträge können in diesem Sprint abgeschlossen werden?

✔ Wie können die ausgewählten Backlog-Einträge umgesetzt werden?

✔ Was macht diesen Sprint wertvoll und wie lautet das Sprint-Ziel?

Beim Sprint Planning selbst sind alle Mitglieder des Scrum Teams anwesend. Zusätzlich können die Entwickler weitere Gäste in das Sprint Planning einladen, um bessere Einblicke, beispielsweise technischer Natur oder im Hinblick auf das Fachgebiet, zu erhalten.

Peter hat bemerkt, dass die letzten Sprint Plannings nicht ausreichend fokussiert verlaufen sind. Das Team hat sich in ausufernden Diskussionen verzettelt und konnte die Timebox des Sprint Plannings nicht einhalten. Er spricht seine Beobachtungen an, auch das Team ist unzufrieden mit der Situation.

Gemeinsam stellen die Teammitglieder fest, dass abseits der eigentlichen Themen viele andere Details im Sprint Planning besprochen worden sind. In den folgenden Sprint Plannings konzentriert sich das Scrum Team daher wieder darauf, welche Product-Backlog-Einträge im Sprint abgeschlossen werden können. Sie erstellen einen Plan dafür und machen sich im Sprint Planning bewusst, was den Wert den Sprints ausmachen wird.

Im Vorfeld des Sprint Plannings sorgt der Product Owner dafür, dass die Teilnehmenden die wichtigsten Product-Backlog-Einträge so gut kennen, dass sie diese besprechen können. Außerdem stellt er den Bezug zum Produkt-Ziel her. Damit die Entwickler die richtige Menge an Arbeit auswählen können, um ein neues nützliches, wertvolles Increment zu erstellen, werden außerdem die erwartete Kapazität der Entwickler im begonnenen Sprint, die bisherige Leistung und Geschwindigkeit des Teams sowie die zu liefernde Qualität, wie sie in der Definition of Done festgelegt ist, herangezogen. Zusammen mit dem jüngsten Increment bilden all diese Informationen des Product Owners die Input-Faktoren für das Sprint Planning.

Das Ergebnis eines Sprint Plannings ist das Sprint Backlog als Sammlung der umzusetzenden Product-Backlog-Einträge und eines Plans zur Umsetzung der Einträge (vgl. Tabelle 5.2). Außerdem vereinbart das Scrum Team ein Sprint-Ziel.

Input	Output
✔ Product Backlog ✔ Produkt-Ziel ✔ letztes Increment ✔ erwartete Kapazität der Entwickler im begonnenen Sprint ✔ bisherige Leistung und Geschwindigkeit des Teams ✔ Definition of Done	✔ Sprint Backlog

Tabelle 5.2: Input- und Output-Faktoren des Sprint Plannings

Daily Scrum

Das Daily Scrum ist ein Event, das – wie der Name schon sagt – jeden Tag stattfindet. Um Komplexität zu reduzieren, findet es bestenfalls zur gleichen Zeit am gleichen Ort statt. Es ist das Event der Entwickler und dient dazu, das Sprint Backlog und den Fortschritt im Hinblick auf das Sprint-Ziel zu inspizieren, einen Plan für die nächsten 24 Stunden zu erstellen und das Sprint Backlog entsprechend zu adaptieren – auch auf der Basis neu gewonnener Erkenntnisse. Dabei betrachten Entwickler die verbleibende Arbeit, um die Wahrscheinlichkeit der Erreichung des Sprint-Ziels vorherzusagen, und können so den Fortschritt managen. Die Timebox für das Daily Scrum beträgt immer 15 Minuten, unabhängig von Teamgröße oder Sprint-Länge.

 Natürlich können die Entwickler das Sprint Backlog auch außerhalb des Daily Scrums anpassen, sobald sie neue Erkenntnisse erlangt haben. Das Daily Scrum bietet sich an, weil es täglich stattfindet und alle Entwickler dabei sind.

Das Daily Scrum ist nach meiner Erfahrung das Event, das in der Realität am häufigsten seinen Zweck verfehlt. Folgende Stilblüten seien an dieser Stelle erwähnt:

✔ **»Das Daily Scrum dient dazu, drei Fragen zu beantworten.«** Als Scrum in die Unternehmen kam, wurden in Vorgängerversionen des Scrum Guides drei Fragen als Praktik mitgeliefert, die im Daily Scrum zur Strukturierung beitragen sollten: Was habe ich in den letzten 24 Stunden gemacht? Was werde ich in den nächsten 24 Stunden tun? Was behindert mich dabei? Diese Fragen dürfen nicht isoliert und je

Entwickler betrachtet werden, sonst gelingt die Zusammenarbeit nicht, die im Daily Scrum erreicht werden soll. Das Daily Scrum verkommt dann zu einem Statusreport.

✔ **»Wir machen jetzt auch Daily Scrums. Immer Dienstag und Donnerstag.«** In der Realität entstehen häufig Diskussionen, ob das Daily Scrum wirklich täglich stattfinden muss oder ob zwei Mal in der Woche nicht ausreichend wäre. Als Scrum Master sollten Sie an dieser Stelle insistieren und darauf hinweisen, dass jedes Event in Scrum eine formale Gelegenheit ist, zu inspizieren und zu adaptieren. Die Gelegenheit für Inspektion und Adaption auszulassen, führt immer zu mangelnder Transparenz.

✔ **»Wir warten noch auf den Product Owner / Scrum Master.«** Es gibt Unternehmen, in denen das Daily zu einer Art Reporting-Veranstaltung verkommen ist, in der die Entwickler dem Product Owner oder dem Scrum Master Bericht darüber erstatten, was sie seit dem letzten Daily getan haben. Als Scrum Master sollten Sie mit den Entwicklern an dem Verständnis arbeiten, dass es sich um einen Arbeitstermin der Entwickler handelt, in dem es darum geht, einen gemeinsamen Plan zu erarbeiten.

In einem ihrer Daily Scrum entscheiden die Entwickler im Projekt »Go«, dass es völlig ausreichend ist, sich einmal pro Woche morgens zu treffen. Sie ersetzen das Daily Scrum durch ein Weekly. Peter fragt sich, ob er sofort eingreifen soll. Obwohl dieses Vorgehen nicht Scrum-Guide-konform ist, entscheidet er sich jedoch dagegen.

Am Ende der Woche findet das Weekly zum ersten Mal statt. Peter fragt nach dem Fortschritt Richtung Sprint-Ziel und blickt in überraschte Gesichter. Eine Woche lang wurde geschäftig an diversen Dingen gearbeitet, das Sprint-Ziel haben die Entwickler jedoch völlig aus den Augen verloren. Somit ist kaum Fortschritt im Hinblick auf dieses erreicht worden. Das liegt unter anderem daran, dass einer der Entwickler seine Fragen eine ganze Woche lang zurückgehalten und ein anderer währenddessen völlig in die falsche Richtung entwickelt hat.

Peter führt den Entwicklern noch einmal die Bedeutung des Daily Scrums vor Augen und erinnert sie daran, dass jedes Daily Scrum eine Gelegenheit für Inspektion und Adaption ist, eine Chance, etwas zu lernen.

Die Entwickler entscheiden über die Struktur des Daily Scrums; es gibt dafür keinen vorgeschriebenen Ablaufplan. Das Wichtigste ist der Fokus auf das Sprint-Ziel. Scrum Master und Product Owner müssen nicht am Daily Scrum teilnehmen. Der Scrum Master muss jedoch sicherstellen, dass die Entwickler das Daily Scrum durchführen, und unterstützt sie dabei, in ihrer Timebox zu bleiben. Scrum Master und Product Owner dürfen nur dann *aktiv* am Daily Scrum teilnehmen, wenn sie an den Elementen des Sprint Backlogs mitgearbeitet haben.

Das Daily Scrum ist eine wunderbare Gelegenheit, um

✔ Fokus und Selbstmanagement der Entwickler zu erhöhen,

✔ die Kommunikation der Entwickler zu verbessern,

✔ weitere Hindernisse (*Impediments*) im Gespräch zu identifizieren (vgl. Kapitel 7 *Scrum Master in Aktion*),

✔ schnelle Entscheidungsfindung zu fördern und

✔ die Notwendigkeit für andere Meetings zu minimieren.

✔ Die Input- und Output-Faktoren des Daily Scrums finden Sie zusammengefasst in Tabelle 5.3.

Input	Output
✔ Sprint-Ziel ✔ Sprint Backlog ✔ Fortschritt des letzten Arbeitstages	✔ adaptiertes Sprint-Backlog ✔ Plan für die nächsten 24 Stunden ✔ gegebenenfalls Impediments

Tabelle 5.3: Input- und Output-Faktoren des Daily Scrums

Der Scrum Master nimmt wie gesagt nicht am Daily Scrum teil. Daraus ergibt sich, dass Impediments ihm jederzeit zugetragen werden sollten, sobald sie auftauchen. Es ist ein häufiges Missverständnis, dass Impediments nur im Daily Scrum transparent gemacht werden dürfen.

Sprint Review

Das Sprint Review ist weder eine Demo noch ein Statusmeeting noch ein Abnahmetermin. Vielmehr handelt es sich um eine Session zur Kollaboration, um einen Arbeitstermin des Scrum Teams mit den Stakeholdern. Ergebnis des Sprint Reviews ist ein auf der Basis von Stakeholder-Feedback aktualisiertes Product Backlog. Aus diesem Grund ist es auch essenziell, dass die wichtigsten Stakeholder anwesend sind. Welche das sind, entscheidet der Product Owner und lädt sie ein. Die Auswahl kann sich von Sprint zu Sprint unterscheiden. Sie ist abhängig von den umgesetzten Product-Backlog-Einträgen.

Es ist noch nicht so lange her, dass die Stakeholder des Projekts »Go« dem Sprint Review verärgert ferngeblieben sind. Durch die ständig wechselnde Sprint-Länge hatten sich die Termine für das Sprint Review immer wieder verschoben. Die Folge war, dass das Team ohne wertvolles Feedback von den Stakeholdern zurechtkommen musste. Die Anwender leiden darunter, dass das Scrum Team sich nicht mehr darüber im Klaren ist, welche Product-Backlog-Einträge den höchsten Wert erzeugen.

Der Product Owner kann zwar auf einer übergeordneten Ebene die Anforderungen der Stakeholder in Gesprächen einsammeln, es fehlen jedoch die Details aus dem Sprint Review. Auch der Austausch der Stakeholder beim gemeinsamen Ausprobieren des Produkts wird schmerzlich vermisst. Gemeinsam mit dem Product Owner macht Peter den relevanten Stakeholdern die Situation transparent und wirbt erfolgreich für Verständnis. Es gelingt den beiden, die Stakeholder wieder dazu zu bringen, zahlreich zum Sprint Review zu erscheinen. Die Zufriedenheit der Anwender steigt wieder.

Der wesentliche Diskussionsgegenstand des Sprint Reviews ist der Fortschritt in Richtung des Produkt-Ziels, der im Rahmen des Sprints erzielt wurde. Der Scrum Master hat die Aufgabe, darauf zu achten, dass dieser Fokus während des gesamten Events erhalten bleibt. In Zusammenkünften wie dem Sprint Review, in dem vielleicht Personen zusammenkommen, die sich möglicherweise sonst nicht so oft sehen, besteht immer die Gefahr, dass Diskussionen abdriften und plötzlich die Probleme der Organisation oder das Versagen bestimmter Individuen besprochen werden.

In erster Linie ist das Sprint Review dafür da, das Increment als Ergebnis des Sprints in einer gemeinsamen Anstrengung des Scrum Teams und der Stakeholder zu inspizieren, um Feedback von den Stakeholdern zu bekommen. Doch auch Veränderungen im Umfeld des Teams und der Organisation sind Teil der Inspektion, da Markt- und andere Umfelddaten wichtig für die weitere Produktentwicklung sind. Beides dient als Basis für die Adaption des Product Backlogs, das das Ergebnis des Sprint Reviews darstellt.

Die Timebox für das Sprint Review beträgt vier Stunden für einen einmonatigen Sprint. Für kürzere Sprints wird auch im Sprint Review in der Regel weniger Zeit benötigt. Einen Überblick über Input- und Output-Faktoren gibt Tabelle 5.4.

Input	Output
✔ Produkt-Ziel ✔ Increment ✔ Product Backlog ✔ Erkenntnisse der Stakeholder (z. B. Markttrends)	✔ adaptiertes Product Backlog

Tabelle 5.4: Input- und Output-Faktoren des Sprint Reviews

Sprint Retrospective

Die Sprint Retrospective bildet den Abschluss eines Sprints und ist ein Event des gesamten Scrum Teams. Alle Teammitglieder nehmen aktiv teil. Gäste sind hier nicht erlaubt. Direkt im Anschluss an die Sprint Retrospective beginnt der nächste Sprint. Die Timebox beträgt drei Stunden für einen einmonatigen Spint.

Der Zweck der Sprint Retrospective ist die Planung von Maßnahmen, die zur Verbesserung der Qualität und der Effektivität des Teams beitragen. Um dies zu erreichen, wird inspiziert, »wie der letzte Sprint in Bezug auf Individuen, Interaktionen, Prozesse, Werkzeuge und seine Definition of Done verlief« (Scrum Guide 2020) – was war gut und was lässt sich verbessern?

Den Entwicklern von »Go« gelingt es in jedem Sprint, zahlreiche Product-Backlog-Einträge umzusetzen. Trotzdem entsprechen viele am Sprintende nicht der »Definition of Done«, die vorsieht, dass alle Ergebnisse im Vieraugenprinzip mit dem Product Owner geprüft werden. Der hat jedoch so wenig Zeit, dass sich die fertigen Einträge zur Durchsicht auf seinem Schreibtisch stapeln.

Peter nimmt die Situation wahr und ermutigt die Entwickler, die Sprint Retrospective zu nutzen. Er erinnert sie, dass dies das richtige Event ist, um Änderungen an der Definition of Done vorzunehmen. Tatsächlich sprechen die Entwickler in der nächsten Sprint Retrospective an, dass sie zwar das Vieraugenprinzip schätzen, den Product Owner jedoch als Flaschenhals sehen.

Der Product Owner fühlt sich vor den Kopf gestoßen. Peter ermutigt ihn jedoch, den Vorschlag der Entwickler auszuprobieren. Dieser besteht darin, das Vieraugenprinzip beizubehalten, jedoch mit zwei beliebigen Teammitgliedern statt dem Product Owner. Der Product Owner erinnert sich an Mängel, die ihm bei der Durchsicht von Arbeitsergebnissen immer wieder aufgefallen sind, und befürchtet in der Folge einen Abfall in der Qualität.

Das Gegenteil ist der Fall: Seit die Teammitglieder namentlich verantwortlich sind und der Product Owner als »Aufpasser« weggefallen ist, sind die Ergebnisse deutlich besser als vorher. Dies schlägt sich auch im Feedback der Stakeholder und in der Bewertung der Anwender nieder. Der Product Owner ist Peter sehr dankbar, dass er ihm geholfen hat, den Vorschlag der restlichen Teammitglieder anzunehmen. Mit diesem Verlauf hat er nicht gerechnet.

Im Gegensatz zum Sprint Review steht in der Sprint Retrospective nicht das Produkt und die damit verbundene Wertschöpfung, sondern das Scrum Team selbst im Mittelpunkt der Diskussion. Dabei ist zu beachten, dass die Sprint Retrospective nicht zu einer »Jammer-Veranstaltung« verkommt, sondern für konstruktive Diskussionen genutzt wird, um Verbesserungen zu erzielen. Ebenso ist es wichtig, nicht nur über das zu sprechen, was schlecht gelaufen ist, sondern insbesondere auch die Dinge im folgenden Sprint zu verankern, die richtig gut waren.

 Es muss nicht aus jeder Sprint Retrospective mindestens ein Element ins Sprint Backlog für den nächsten Sprint übernommen werden. Das ist zwar in den meisten Fällen sinnvoll, in der Version des Scrum Guides aus dem Jahr 2020 aber nicht mehr vorgeschrieben.

Die Input- und Output-Faktoren der Sprint Retrospective sind in Tabelle 5.5 dargestellt.

Input	Output
✔ alle Erkenntnisse aus dem letzten Sprint, die nicht das Produkt selbst betreffen, sondern Prozesse, Qualität und Zusammenarbeit des Scrum Teams ✔ Definition of Done	✔ Plan für die Verbesserung von Qualität und Effektivität ✔ gegebenenfalls Anpassungen für das Sprint Backlog

Tabelle 5.5: Input- und Output-Faktoren der Sprint Retrospective

Wichtige Learnings für die Prüfung

Zu den Scrum Events sollten Sie sich für die Prüfung unbedingt merken:

✔ In Scrum gibt es keine Meetings oder Besprechungen, sondern es gibt fünf zweckbezogene Events, die in einer bestimmten Kadenz stattfinden.

✔ Ein neues Vokabular dient dazu, die Veränderungen im Unternehmen deutlich zu machen, die durch Scrum initiiert werden.

✔ Zusätzliche Zusammenkünfte des Scrum Teams oder mit anderen Personen über die Scrum Events hinaus sind zulässig, sofern sie dem Sprint-Ziel dienen.

✔ Jedes Scrum Event hat eine Timebox. Das bedeutet, es darf nur eine maximale Zeitspanne oder weniger Zeit in Anspruch nehmen.

✔ Der Sprint dient dazu, auf der Basis des Sprint Backlogs und des damit verbundenen Sprint-Ziels ein nützliches, wertvolles Increment zu erzeugen.

✔ Der Sprint hat eine maximale Timebox von einem Monat oder kürzer – abhängig vom Risiko, von anderen Geschäftsereignissen und von der Notwendigkeit von Lernmöglichkeiten.

✔ Weitere Timeboxen sind: Sprint Planning: 8 Stunden oder kürzer, Daily Scrum: 15 Minuten, Sprint Review: 4 Stunden oder weniger, Sprint Retrospective: 3 Stunden oder kürzer.

✔ Ein Sprint kann nur dann vom Product Owner vorzeitig abgebrochen (*cancel*) werden, wenn das Sprint-Ziel hinfällig (*obsolete*) geworden ist.

✔ Alle Events bieten die Gelegenheit für Inspektion und Adaption. Jedes Auslassen wäre eine vertane Chance und ist in Scrum nicht erlaubt.

> **IN DIESEM KAPITEL**
>
> Aufgabenfelder des Product Owners verstehen
>
> Scrum-Artefakte kennenlernen
>
> Konzept von »Done« erfassen

Kapitel 6
Product Owner in Aktion

In Scrum wird zwischen Wert-Maximierung des Produkts und Effektivitätssteigerung des Scrum Teams unterschieden. Die Verantwortung für diese beiden Ziele ist getrennt: Der Product Owner kümmert sich um die Wert-Maximierung des Produkts, wie Sie in diesem Kapitel sehen werden. Der Scrum Master schaut nach der Effektivität des Scrum Teams (vgl. Kapitel 7 *Scrum Master in Aktion*). Während der Produkt-Wert den Nutzen für die Anwender beschreibt, geht es bei der Effektivität des Scrum Teams um dessen Wirksamkeit.

Die Wert-Maximierung des Produkts und die Effektivitätssteigerung des Scrum Teams sind also ganz offensichtlich zwei völlig verschiedene Aufgabenstellungen. Die Aufteilung dient dem Fokus (vgl. Kapitel 2 *Prinzipien und Werte als Basis*). Die Erhöhung der Effektivität des Scrum Teams hat zwar mittelbar Einfluss auf den Produkt-Wert, ohne vernünftiges Product-Backlog-Management wird der Produkt-Wert jedoch trotzdem nicht zufriedenstellend sein.

Scrum kann immer dann sinnvoll zum Einsatz kommen, wenn es darum geht, komplexe Arbeit zu erledigen. Dabei ist es egal, ob Software oder Hardware oder etwas ganz anderes entwickelt wird. Immer dann, wenn von »Entwicklung«, »Entwickler« oder »entwickeln« die Rede ist, geht es genau um solch komplexe Arbeit. Der Product Owner kümmert sich darum, den Wert des Ergebnisses zu optimieren – er ist der sogenannte »Wert-Maximierer« (*Value Maximizer*), darin besteht seine wichtigste *Ergebnisverantwortung*.

Wie bereits in Kapitel 5 angesprochen wurde, unterscheidet Scrum im Englischen zwischen »Accountability« und »Responsibility«. Falls Sie diesen Unterschied noch nicht kennen, lesen Sie dazu am besten noch einmal nach. Für die Prüfung ist das Verständnis der beiden Begriffe essenziell.

Auf der Website der Scrum.org finden Sie die sogenannten Fokusgebiete (*Focus Areas*), die Sie für die Zertifizierungen verinnerlicht haben sollten. Für die beiden Prüfungen zum

Professional Scrum Product Owner™ I und zum Professional Scrum Master™ I gibt es Überschneidungen in den Fokusgebieten:

✔ Empirie

✔ Scrum Team

✔ Events

✔ Artefakte

✔ »Done«

✔ Selbstmanagende Teams

✔ Forecasting und Release-Planung

✔ Produkt-Wert

✔ Product-Backlog-Management

✔ Stakeholder und Kunden

Zusätzlich muss der Product Owner die folgenden Fokusgebiete abdecken:

✔ Produkt-Vision

✔ Geschäftsstrategie

Einen Überblick über die benötigten Kenntnisse finden Sie inklusive zahlreicher weiterführender Angebote und Links auf der Webseite der Scrum.org (https://www.scrum.org/assessments/professional-scrum-product-owner-i-certification). Weitere Informationen zur Zertifizierung finden Sie in Kapitel 12 *Zertifizierung*.

Im Folgenden können Sie nun nachlesen, welche Aufgaben der Product Owner entlang der Fokusgebiete innehat und wie er als Mitglied des Scrum Teams agiert.

Product Owner als Wert-Maximierer

Wie bereits gesagt wurde (und nicht oft genug wiederholt werden kann), ist der Product Owner ergebnisverantwortlich (*accountable*) für die Maximierung des Produkt-Werts. Es ist dabei nicht seine Aufgabe, zwangsläufig alle Stakeholder-Interessen zu befriedigen, die richtigen Entwickler auszuwählen oder die Vorgaben des Produktmanagements umzusetzen. Stattdessen muss er sich um die Erledigung der folgenden Aufgaben kümmern (Scrum Guide 2020), um den Produkt-Wert stets zu erhöhen:

✔ Entwicklung und Kommunikation des Produkt-Ziels

✔ Erstellung und Kommunikation der Product-Backlog-Einträge

✔ Sicherstellung von Transparenz und Verständnis des Product Backlogs

✔ Festlegung der Reihenfolge der Product-Backlog-Einträge

Dabei ist er für keine der Aufgaben unbedingt umsetzungsverantwortlich (*responsible*), er muss jedoch sicherstellen, dass sie erledigt werden. Er kann sie also entweder selbst tun oder delegieren. Die Verantwortlichkeit des Product Owners als Wert-Maximierer kann niemals auf mehrere Personen verteilt werden. Der Product Owner ist immer eine einzelne Person, kein Gremium (*committee*). Der Scrum Guide lässt hier keine Zweifel offen.

Das Projekt »Go« hat sich über die letzten Wochen sehr gut entwickelt, und das Scrum Team rund um Peter kann die aufkommenden Anforderungen nicht mehr allein stemmen. Aus diesem Grund werden zwei weitere Scrum Teams gegründet, die in die Arbeit mit einsteigen. Der Product Owner aus Peters Team, Mareike, ist nun übergeordnet verantwortlich. Während in Peters Team kein zusätzlicher Product Owner eingesetzt wird, erhalten die neuen Teams jedoch sehr wohl zwei eigene Product Owner.

Die Product Owner in den anderen Teams agieren als Proxy Product Owner zwischen Mareike und ihren Teams. Der Flüster-Post-Effekt führt dazu, dass es ihnen kaum gelingt, die Anforderungen der Stakeholder zu transportieren. Zur Klarstellung muss Mareike immer wieder an den Sprint Plannings teilnehmen. Es fällt den Product Ownern auch schwer, die übergeordneten Ziele so zu transportieren, dass das Team motiviert ist. Im Umkehrschluss fühlen sich die Product Owner nutzlos.

Peter regt eine Diskussion darüber an, die Situation aufzulösen. Gemeinsam mit den Scrum Teams wird beraten, wie die nächsten Schritte aussehen könnten. Ein Product Owner, der zuvor als Entwickler tätig war, entscheidet sich, wieder als Entwickler in das Team zu gehen, und unterstützt Mareike im Product-Backlog-Management, insbesondere beim Formulieren von Product-Backlog-Einträgen. Der andere Product Owner geht in ein anderes Projekt der Abenteuer GmbH; dort wird ein neuer Product Owner gesucht. Mareike ist nun alleiniger Product Owner für alle drei Teams. Sie fokussiert sich auf die wesentlichen Produktentscheidungen und organisiert die Termine so, dass sie sich um alle Teams kümmern kann. Peter moderiert dies durch entsprechende Techniken effektiv, sodass keine Verschwendung entsteht und trotzdem alle Teams wissen, was sie zu tun haben.

Der Erfolg eines Produkts ist keinesfalls nur messbar anhand des Umsatzes, den es dem Unternehmen beschert (aber auch!). Die Kosten sind ebenfalls ein relevanter Faktor bei der Erfolgsbetrachtung. Hierbei ist zu beachten, dass der Product Owner alle Kosten – die sogenannten Total Cost of Ownership (TCO) – betrachten muss, also alle Kosten, die von der Idee über die Entwicklung und den Betrieb bis hin zur Instandhaltung eines Produkts anfallen. Eine der wichtigen Messgrößen für den Produkt-Wert ist natürlich die Kundenzufriedenheit und wie das Produkt diese beeinflusst.

Auch wenn es in vielen Unternehmen gängige Praxis ist, sei an dieser Stelle erwähnt, dass die Steigerung der Velocity, also der Abarbeitungsgeschwindigkeit eines Scrum Teams, keine valide Kennzahl für Produktivität oder sogar Produkt-Wert ist. Auch die Produktivität eines Scrum Teams selbst sagt nichts über den Wert aus, den es liefert. Wer schnell in die falsche Richtung läuft, kommt trotzdem nicht am Ziel an …

Produktentwicklung mit Scrum ist eine kontinuierliche Tätigkeit in einem komplexen Umfeld. Da sich das Product Backlog ständig weiterentwickelt, lässt sich der Produkt-Wert nicht als umgesetzter Umfang im Verhältnis zum Gesamtumfang in Prozent messen. Als Product Owner können Sie sich in Ihrer Rolle als Wert-Maximierer jedoch an verschiedenen Kennzahlen orientieren, wenn es darum geht, herauszufinden, ob Ihr Produkt tatsächlich Wert generiert. Beispiele dafür sind:

✔ **Kundenzufriedenheit:** Erfassen Sie die Zufriedenheit der Kunden durch Umfragen; nutzen Sie beispielsweise den Net Promoter Score (NPS) oder andere Bewertungen.

✔ **Umsatz, Kosten und Gewinn:** Analysieren Sie den aktuellen Umsatz, korrespondierende Kosten sowie den daraus resultierenden Gewinn, den Ihr Produkt generiert.

✔ **Marktanteil:** Sofern Sie Einblicke haben, vergleichen Sie den Marktanteil Ihres Produkts mit Produkten Ihrer Mitbewerber.

✔ **Nutzungshäufigkeit:** Finden Sie heraus, wie oft und intensiv das Produkt von Ihren Nutzern eingesetzt wird und was sie damit erreichen.

✔ **Nutzungsbreite:** Untersuchen Sie, welche Bestandteile (*Functionality*) Ihres Produkts von den Anwendern tatsächlich genutzt werden.

✔ **Zugänglichkeit:** Erheben Sie, wie leicht oder schwer es Anwendern fällt, das Produkt zu nutzen, und wie schnell es von Kunden angenommen wird.

✔ **Time-to-Market:** Betrachten Sie, wie lange es dauert, bis eine Idee über die Entwicklung tatsächlich bei Ihrem Kunden ankommt.

Bei der Erfassung von Kennzahlen gibt es keine Regel, wie oft sie erhoben werden müssen. Eine Angabe im Sinne von täglich, monatlich oder jährlich wäre also falsch. Vielmehr geht es darum, die richtige Häufigkeit zu finden, was sicherlich produkt- und marktspezifisch ist.

Neben dem Kunden-Feedback sollte der Product Owner immer seine Produkt-Vision im Blick haben.

> Um den aktuellen Wert (*Current Value*) eines Produkts zu erheben, stehen Product Owner vor der Herausforderung, die richtigen Metriken auszuwählen. Dies ist in der Realität – insbesondere unter dem Druck des Managements – häufig gar nicht so einfach. Fehlleitende Ansätze sind beispielsweise subjektive Einschätzungen von Managern, irrelevante Metriken wie die Anzahl der geschriebenen Codezeilen oder der übermäßige Fokus auf kurzfristige Erfolge. Das Konzept des »Current Value« ist übrigens Teil der Zertifizierung *Evidence-Based Management*™ *(EBM)* der Scrum.org, die Sie im Bereich Professional Agile Leadership™ finden.

Product Owner als Mitglied des Scrum Teams

Als Mitglied des Scrum Teams trägt der Product Owner bei allen Scrum Events in vielfältiger Weise zum Erfolg des Scrum Teams bei. Während des Sprints arbeitet er beispielsweise eng mit dem Scrum Team am Product Backlog Refinement. Im Rahmen des Sprint Reviews stellt er das aktuelle Product Backlog vor, um eine Basis für Inspektion und Adaption zu schaffen. Wie bereits angesprochen wurde, kann der Product Owner einen Teil seiner Aufgaben delegieren. Dies gilt nicht für die Teilnahme an Sprint Review und Sprint Retrospective. Hier ist immer auch sein Beitrag gefragt, und er bringt sich aktiv ein.

Das Projekt »Go« nimmt immer mehr Fahrt auf und gewinnt immer mehr Anwender. Die Zahl der Stakeholder wächst. Das große Interesse freut Product Owner Mareike, und sie verbringt viel Zeit bei den Stakeholdern, um die Anforderungen aufzunehmen und ins Product Backlog zu übernehmen.

Die Zeit, die Mareike sich zusätzlich bei Stakeholdern aufhält, kann sie natürlich nicht mehr für das Team aufbringen. Peter bemerkt, wie sie den Draht zu den anderen Teammitgliedern verliert. Es gelingt ihr nicht mehr, ihre Vorstellungen so zu transportieren, dass die Increments am Ende ihren Erwartungen entsprechen.

Nicht überraschend verschlechtert sich die Stimmung im Team. Die Entwickler beschweren sich bei Peter über Mareike. Sie wenden sich gegen den Product Owner, und die Fronten verhärten sich. Mareike findet im Gegenzug, »die Entwickler müssten auch mal selbst denken«. Eine Situation entsteht, die »PO gegen Entwickler« genannt werden könnte.

Peter unterstützt die Beteiligten darin, sich auszusprechen und Wege zu finden, die Kommunikation so zu verbessern, dass nicht nur die notwendigen Informationen ankommen, sondern dass sich alle Teammitglieder wohlfühlen.

Peter versteht nun, warum die Vordenker von Scrum das »Entwicklungsteam« aus dem Scrum Guide gestrichen haben. Dieser Begriff hat Situationen wie die, die er gerade erlebt hat, gefördert.

Es gibt übrigens keine Vorgabe, wie viel Zeit ein Product Owner mit den Entwicklern verbringen muss, und die Entwickler können das im Prinzip auch nicht verlangen. Es liegt in der Verantwortung des Product Owners, sicherzustellen, dass mit der Erstellung des Increments am Ende ausreichend Wert erzeugt wurde, und er damit zufrieden ist. Natürlich gibt es Anzeichen, die darauf hindeuten, dass er zu wenig Zeit mit den anderen Teammitgliedern verbracht hat. Das eindeutigste ist, dass am Ende des Sprints von den Entwicklern etwas anderes geliefert wurde, als er vermitteln wollte. Dann ist eine engere Zusammenarbeit mit einer besseren Kommunikation vonnöten, in der er seine Erwartungshaltung besser transportiert.

Üblicherweise nimmt der Product Owner nicht am Daily Scrum teil, sofern die Entwickler dies nicht aus guten Gründen einfordern. Es kann jedoch unter Umständen sein, dass der Product Owner als Entwickler tätig wird und ebenfalls Product-Backlog-Einträge umsetzt. In diesem Fall nimmt er natürlich wie alle anderen Entwickler auch am Daily Scrum teil. Seinen »Product-Owner-Hut« setzt er dann jedoch nicht auf, das heißt, er agiert ausschließlich als Entwickler.

Entgegen einer weiteren häufigen Unternehmenspraxis ist der Product Owner nicht dazu da, um irgendwelche Berichte für das Management zu erstellen, im Daily Scrum die Fragen der Entwickler zu beantworten (das passiert außerhalb des Daily Scrums) oder als Vorsitzender die Scrum Events zu leiten. Er macht auch nicht die Arbeit der Entwickler, indem er deren Arbeit managt und ihnen täglich sagt, was sie zu tun haben.

Die Sprint-Länge sollte zum Geschäftsgeschehen des Unternehmens passen. Der Sprint darf aber auch nur so lang sein, dass der Product Owner das Geschäftsrisiko noch überblicken kann. Der Scrum Guide erlaubt zwar eine Sprint-Länge von einem Kalendermonat, in der Praxis sind es aber meist nur zwei Wochen.

Die Verantwortung für das Risiko liegt beim gesamten Scrum Team und nicht allein beim Product Owner. Besonders wichtig in diesem Zusammenhang sind die sogenannten technischen Schulden (*Technical Debt*).

Technische Schulden ist ein Begriff für Mehraufwände und -kosten, die durch die Umsetzung unsauberer, (technisch) mangelhafter Lösungen entstehen. Es handelt sich also um nicht getane Arbeit, die in Zukunft zu erhöhten Entwicklungsaufwänden führt. Technische Schulden kosten entweder Zeit bei ihrer Behebung oder sie sorgen durch erhöhte Komplexität für einen zusätzlichen Aufwand bei der Entwicklung neuer Features und bei der Wartung.

Der Begriff »technische Schulden« wurde bereits Anfang der 1990er-Jahre von Ward Cunningham, einem der späteren Mitunterzeichner des Agilen Manifests, als Metapher verwendet (Cunningham 1992). Ein weiterer Mitunterzeichner, Martin Fowler, hat sich später mit der Klassifizierung in beabsichtigte und unbeabsichtigte Schulden auseinandergesetzt (Fowler 2009). Weitere Veröffentlichungen, beispielsweise von Nicolli Rios und vier Mitautoren (Rios 2014), beschäftigen sich mit der Kategorisierung von technischen Schulden.

In der Unternehmenspraxis werden technische Schulden häufig vernachlässigt, da sie von irgendeiner Support-Abteilung behoben werden. In Scrum in Reinform liegen diese Aufgaben ebenfalls beim Scrum Team. Alle Formen von technischen Schulden erhöhen den Wartungsaufwand aufgrund einer unnötig erzeugten Komplexität. Die Behebung von technischen Schulden erfordert Zeit, die dann nicht in die Erstellung von werthaltigen Ergebnissen fließen kann. Der Effekt ist mit finanziellen Schulden vergleichbar: Auch hier müssen Zinsen bezahlt werden, die aber die Schuldenlast nicht reduzieren.

Technische Schulden dürfen gemäß Scrum Guide nie in Kauf genommen werden – auch nicht, um kurzfristig strategische Ziele zu erreichen. In der Realität passiert dies dennoch häufig in Verbindung mit dem Versprechen, sie zeitnah wieder abzubauen. Leider wird dieses häufig nicht gehalten. Es wäre übrigens blauäugig, zu glauben, dass technische Schulden durch gute Planung immer vermeidbar sind und deshalb niemals entstehen dürften. Unbeabsichtigte Schulden entstehen immer mal wieder und müssen dann im Zweifel beseitigt werden, sobald sie bekannt geworden sind.

Produkt-Vision

Neben Kunden-Feedback, Wettbewerbsanalysen und Prognosen ist die Produkt-Vision (*Product Vision*) für den Product Owner eine wichtige Informationsquelle. Mit ihrer Hilfe wird zum Ausdruck gebracht, *wem* durch das Produkt *welcher Wert* zugänglich gemacht wird. Die Produkt-Vision für dieses Buch könnte beispielsweise lauten: »Dieses Buch vermittelt praxisnahes Wissen und bereitet Zertifikatsanwärter optimal auf die grundlegenden Scrum-Zertifizierungen der Scrum.org vor, damit sie die Prüfungen sicher bestehen.«

Die Produkt-Vision ist Teil der Geschäftsstrategie (*Business Strategy*) und dient als Nordstern für die Entwicklung eines neuen Produkts. Sie bildet die Basis für Inspektion und Adaption und entwickelt sich über die Zeit weiter.

Die Produkt-Vision »gehört« (*owned by*) dem Product Owner; das bedeutet, sie liegt in seiner Ergebnisverantwortung. Dennoch bezieht er bei der Erstellung die Stakeholder und seine Teammitglieder ein. Bei der Formulierung ist darauf zu achten, dass die Produkt-Vision anschlussfähig ist. Gute Produkt-Visionen wecken Emotionen und liefern gleichzeitig Anknüpfungspunkte für die tägliche Arbeit. Die größte Herausforderung besteht darin, eine ausgewogene Produkt-Vision zu formulieren, die einerseits ehrgeizig und inspirierend ist und auf der anderen Seite auch als erreichbar angesehen wird.

Die Produkt-Vision ist nicht Teil des Product Backlogs. Vielmehr können ausgehend von der Produkt-Vision Product-Backlog-Einträge erstellt werden. Es erscheint daher naheliegend, dass die Produkt-Vision immer den Start der Arbeit eines Scrum Teams markiert. Hierzu trifft der Scrum Guide allerdings keine Aussage.

Sicherlich ist es dennoch hilfreich, möglichst frühzeitig eine Produkt-Vision zu haben. Sie gibt dem Scrum Team Orientierung und Fokus und soll vermeiden, dass es sich in seiner Arbeit verzettelt. Auf diese Weise kann das Scrum Team leichter Entscheidungen treffen, die den langfristigen Produkt-Zielen zuträglich sind. Die Produkt-Vision dient auch der Steigerung der Motivation innerhalb des Scrum Teams, da die Teammitglieder den Zweck (*Purpose*) in ihrer Arbeit erkennen können.

In der Praxis wird das Thema Produkt-Vision häufig entweder wie eine heiße Kartoffel behandelt, sodass es nie zu einer Formulierung kommt, oder die Produkt-Vision wird einmal erstellt und verschwindet dann in einer Schublade, sodass niemand sie kennt. Doch selbst ein erfahrener Product Owner kann das Fehlen einer Produkt-Vision nicht kompensieren.

»Done«

Die Schaffung von Wert erfolgt ausschließlich durch die Erstellung eines fertigen (*done*) Increments, das an die Kunden ausgeliefert werden kann. So ist es möglich, zu Kundenzufriedenheit und -bindung beizutragen. Alle Stadien, die ein Increment vor seiner Fertigstellung durchläuft, dienen dem Produkt-Wert noch nicht und sind schlimmstenfalls sogar Verschwendung (*waste*).

In vielen Organisationen wird von »feedbackfähigen« Ergebnissen gesprochen, wenn es um die Erstellung eines Increments geht. Doch das reicht nicht: Architektur und Konzepte beispielsweise sind wichtig, können aber nur mittelbar zum Produkt-Wert beitragen. Sie sind also nicht ausreichend, wenn es darum geht, ein Increment zu erzeugen.

Der Zweck eines jeden – also auch des ersten – Sprints besteht immer in der Erstellung eines Increments, auch wenn es nur noch so ein kleines Stück Funktionalität mehr bietet als vorher.

Increment

Im Zusammenhang mit Scrum geht es immer wieder um ein *nützliches, wertvolles Increment*, ein Stück nutzbare Funktionalität, eine neue Version des Produkts, die beim Anwender Wert erzeugt, eine konkrete Lieferung auf dem Weg zur Erreichung des Produkt-Ziels. Das Increment ist eins der drei sogenannten Artefakte und entsteht, sobald ein Product-Backlog-Eintrag die Definition of Done erfüllt. Das Increment repräsentiert Wert, während die anderen beiden Artefakte, Product Backlog und Sprint Backlog, Arbeit darstellen.

 Im Scrum Guide gibt es keine Vorgabe, wie Artefakte dokumentiert sein müssen. Wann immer vorgegebene Antworten in der Prüfung eine Vorgabe zur Dokumentation von Artefakten zu machen scheinen, können die Antworten nicht richtig sein. Es ist freigestellt, wie die Dokumentation erfolgt, solange die Artefakte transparent sind.

Ein neues Increment ist immer ein potenziell auslieferbarer (*shippable*), also verwendbarer Stand des Produkts und besteht aus dem vorherigen Increment, das um weitere umgesetzte Product-Backlog-Einträge ergänzt wurde (vgl. Abbildung 6.1). Aus diesem Grund ist es unerlässlich, jedes Mal das gesamte Increment zu testen und nicht nur die neuen Funktionalitäten, die durch die Umsetzung weiterer Product-Backlog-Einträge hinzugekommen sind. In der Regel ergibt sich dieses Vorgehen aus der Definition of Done. Die Schlussfolgerung daraus ist auch, dass es immer nur ein Increment gibt und niemals mehrere nebeneinander existieren können. Dieses inkrementelle Vorgehen und der Umgang mit dem Increment unterstreichen den empirischen Charakter von Scrum. Ein Increment kann an Kunden ausgeliefert werden, muss aber nicht.

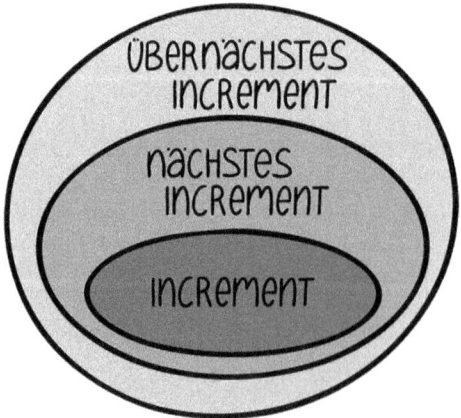

Abbildung 6.1: Darstellung des Zusammenhangs zwischen Increments

Die wichtigste Funktion des Increments ist die Schaffung von Transparenz. Sie wiederum ermöglicht den Stakeholdern, das Increment im Sprint Review zu inspizieren und Feedback zu geben. Im Prinzip ist die Schaffung eines Increments die Grundlage für die Überprüfung von Annahmen, die das Scrum Team im Hinblick auf die Schaffung von Wert getroffen hat. Daraufhin kann Adaption stattfinden.

Das gesamte Scrum Team ist ergebnisverantwortlich für die Erstellung eines Increments, und alle drei Verantwortlichkeiten kümmern sich dabei um wesentliche Aspekte:

✔ Der Product Owner hat die Aufgabe, den Wert des Increments zu maximieren. Das gelingt ihm durch eine gute Sortierung des Product Backlogs.

✔ Der Scrum Master hat die Aufgabe, den Fokus des Scrum Teams auf die Erstellung des Increments sowie auf dessen Nützlichkeit und Werthaltigkeit zu bewahren.

✔ Die Entwickler haben die Aufgabe, das Increment selbst zu erstellen. Allein sie entscheiden, *wie* es erstellt wird, und organisieren ihre Arbeit entsprechend.

Während eines Sprints können ein oder mehrere Increments entstehen, wovon das letzte im Sprint Review als Grundlage für die Arbeit mit den Stakeholdern dient. Zuvor können aber grundsätzlich auch frühere Increments ausgeliefert werden. Der Scrum Guide schreibt nicht vor, auf das Sprint Review zu warten.

Vergegenwärtigen Sie sich vor der Prüfung den Unterschied zwischen den Begriffen »iterativ« und »inkrementell«, damit Sie genau wissen, was sich hinter ihnen verbirgt.

✔ **Iterativ** meint das zyklische Vorgehen, bei dem jeder Durchgang verbessert wird. (Beispiel: Es wird immer der gesamte Scrum-Zyklus durchgeführt. Am Ende werden in der Retrospektive Verbesserungen für den nächsten Durchgang abgeleitet.)

✔ **Inkrementell** meint das stückweise Hinzufügen zum Ergebnis. (Beispiel: Das Scrum Team baut auf dem Ergebnis des vorherigen Sprints auf und ergänzt es um weitere Funktionalitäten, wodurch ein neues Ergebnis entsteht.)

Definition of Done

Die *Definition of Done (DoD)* ist eine formale Beschreibung des Increments, wann dieses alle für das Produkt erforderlichen Kriterien erfüllt. Sie ist wichtiges Konzept im Hinblick auf »Done« und gilt als sogenanntes Commitment in Bezug auf das Increment. Das bedeutet, das Scrum Team verpflichtet sich freiwillig zur Einhaltung der DoD, die es entweder zuvor erstellt oder von der Entwicklungsorganisation als Vorgabe übernommen hat. Der Zweck der DoD besteht einerseits in der Qualitätssicherung. Andererseits trägt sie zur Transparenz im Scrum-Prozess bei:

✔ **Qualitätssicherung:** Die Definition of Done beinhaltet Soll-Kriterien zur Sicherstellung einer gewissen Qualität. Alle umgesetzten Product-Backlog-Einträge und damit auch das gesamte Increment müssen diese Kriterien erfüllen, sonst gelten sie nicht als fertig.

✔ **Vollständigkeit:** Die Definition of Done gibt vor, was erledigt werden muss, um einen Product-Backlog-Eintrag abzuschließen. Anhand der DoD können Entwickler im Sprint Planning den Aufwand und im weiteren Verlauf die verbleibende Arbeit abschätzen.

✔ **Transparenz:** Die Erfüllung aller von der Definition of Done vorgegebenen Kriterien ist die Voraussetzung dafür, dass Ergebnisse im Sprint Review vorgestellt werden. Anhand der DoD kann ein Increment inspiziert werden.

Insbesondere der Product Owner hat also ein großes Interesse daran, dass die Definition of Done auch wirklich herangezogen und erfüllt wird. Auf diese Weise kann er sehen, was am Ende eines Sprints tatsächlich erledigt wurde. Dabei geht es ausdrücklich nicht darum, die Teammitglieder und deren Geschwindigkeit oder Produktivität zu kontrollieren.

Die Scrum Teams im Projekt »Go« arbeiten auf der Basis einer gemeinsamen »Definition of Done«, die von der Organisation vorgegeben wird. Bisher hat es damit keine Probleme gegeben; ein Team hat sogar weitere Aspekte ergänzt.

Inzwischen gibt es einige Anwender, die eine Dokumentation anfordern, weil sie diese für Schulungszwecke in ihren Reihen benötigen. Es stellt sich heraus, dass die Dokumentation völlig vernachlässigt wurde. Dabei heißt es im »Agilen Manifest« lediglich »Funktionierende Software mehr als umfassende Dokumentation« und nicht »Verzichte auf Dokumentation«. Peters Scrum Team ist in eine Falle gelaufen, in die schon viele Scrum Teams getappt sind, obwohl er schon so oft davon gehört hat.

Peter ärgert sich und sucht nach Wegen, wie die Teams im Projekt »Go« es zukünftig besser machen können. Er regt an, die Dokumentation als Kriterium in die Definition of Done aufzunehmen. Sein Vorschlag wird angenommen, und künftig wird mit jedem Increment auch ein Stück passende Dokumentation ausgeliefert. Die Anwender freuen sich über diesen Fortschritt.

Sofern ein Product-Backlog-Eintrag die Definition of Done nicht erfüllt, wird er auf keinen Fall – auch nicht ein bisschen – Teil eines Increments oder sogar eines Releases. Auch im Sprint Review darf er dann nicht vorgestellt werden. Stattdessen wird er als Ganzes ins Product Backlog zurückverschoben, auch wenn bereits Teile fertiggestellt werden konnten. Das Scrum Team sollte daraus lernen, Product-Backlog-Einträge kleiner und präziser zu formulieren. Der Product Owner entscheidet, was mit dem zurückgeschobenen Eintrag passiert.

In der Realität wird die Definition of Done häufig übergangen, und das Increment wird ausgeliefert, obwohl die DoD nicht erfüllt wird, weil »die Stakeholder das so wollen und ja auch nur noch Kleinigkeiten fehlen«. Ein solches Vorgehen ist niemals konform mit dem Scrum Guide.

Obwohl der Product Owner ergebnisverantwortlich für den Wert ist, den sein Product erzeugt, liegt die Entscheidungshoheit (*final say*) über die Definition of Done nicht bei ihm. Die Erstellung und Weiterentwicklung der DoD liegt vielmehr in den Händen des gesamten Scrum Teams. Es nutzt die Sprint Retrospective, um sie zu inspizieren und bei Bedarf zu adaptieren, damit stets ihre Relevanz und Effektivität erhalten bleibt. Die DoD ist das wichtigste Instrument zur Qualitätssicherung.

Im Scrum Guide 2020 ist das Scrum Team für die »Definition of Done« zuständig, nicht mehr nur die Entwickler.

Die Definition of Done ist allgemeingültig für alle Product-Backlog-Einträge. Das heißt, sie ist nicht spezifisch je Product-Backlog-Eintrag. Sie enthält üblicherweise Regeln, Standards, Konventionen und Richtlinien, die vom Unternehmen vorgegeben werden. Beispiele für typische Kriterien, die in eine DoD aufgenommen werden, sind:

- ✔ erfüllte Akzeptanzkriterien
- ✔ Code-Reviews
- ✔ verschiedene Tests
- ✔ Dokumentation
- ✔ Einhaltung von Architekturstandards
- ✔ Einhaltung von UX-Richtlinien

Sofern ein Unternehmen eine Definition of Done hat, dient diese als Mindestanforderung. Scrum Teams haben jederzeit die Möglichkeit, die vorhandene DoD zu ergänzen. Solange keine unternehmensweite DoD existiert, ist das Scrum Team gefragt, eine zu erstellen. Abhängig von ihrem Umfang kann die DoD durchaus die Total Cost of Ownership eines Produkts beeinflussen.

Product Backlog

Das Product Backlog ist neben dem bereits vorgestellten Increment ein weiteres der drei Artefakte in Scrum. Es handelt sich dabei um eine sortierte Liste an Product-Backlog-Einträgen, die im Laufe der Entwicklung eines Produkts fertiggestellt werden müssen. Das Product Backlog »gehört« (*owned by*) immer dem Product Owner, das heißt, er ist für das Product-Backlog-Management ergebnisverantwortlich. Dies beinhaltet, dass alle das Produkt-Ziel kennen und verstehen und dass entsprechende Einträge im Product Backlog vorhanden und bekannt sind. Außerdem hat er die Entscheidungshoheit (*final say*) über deren Sortierung.

Der Product Owner sorgt auch für Sichtbarkeit und das Verständnis im Hinblick auf das Product Backlog. Denn wie alle anderen Artefakte in Scrum ist das Product Backlog ein Mittel, um gegenüber den Stakeholdern, aber auch innerhalb des Teams Transparenz zu schaffen. Daraus ergibt sich die Anforderung, dass es immer für alle zugänglich sein muss.

 Die Zugänglichkeit des Product Backlogs ist häufig ein Knackpunkt in Unternehmen. Ein Software-Tool, für das zuerst einmal auf kompliziertem Wege teure Zugänge beantragt werden müssen, ist der Sache sicherlich nicht zuträglich. Auch Product Backlogs in Form von Klebezetteln an großen Wänden haben nicht das Potenzial für Transparenz, wenn beispielsweise Kunden dort nie vorbeikommen können.

Das Product Backlog ist eine lebendige Liste. Sie wird immer wieder um Einträge ergänzt, sobald neue Anforderungen an das Scrum Team herangetragen werden. Genauso werden Einträge verändert oder gelöscht, sobald das Scrum Team neue Erkenntnisse gewonnen hat. Da Scrum in der Entwicklung komplexer Produkte in ebenso komplexen Umfeldern zum Einsatz kommt, stehen entsprechende Änderungen des Product Backlogs auf der Tagesordnung. Im Umkehrschluss bedeutet das, dass es keine gute Idee ist, das Product Backlog bis ins letzte Detail ausformulieren zu wollen, bevor die Entwicklung überhaupt beginnt. Ein solches Vorgehen klingt nach IT-Projekten im klassischen Sinne von Lasten- und Pflichtenheften.

In klassischen Projekten gab es Projektpläne. Diese werden in Scrum durch das Product Backlog obsolet. Es ist die einzige Quelle, aus der das Scrum Team Aufgaben bezieht. Es besteht, solange das Produkt existiert. Weder wichtige Stakeholder noch die Unternehmensleitung sind befugt, dem Scrum Team abseits des Product Backlogs Aufgaben zu übermitteln. Wie bereits angesprochen wurde, wird das Product Backlog stattdessen unmittelbar dann aktualisiert, wenn neue Ideen, Impulse oder Einsichten aufkommen. Es gibt also keinen bestimmten Zeitpunkt, beispielsweise »immer montags« oder im Zusammenhang mit irgendeinem Scrum Event, zu dem eine Aktualisierung vorgenommen wird.

Sie haben bereits gelernt, dass der Product Owner nicht alle Product-Backlog-Einträge selbst verfassen muss, bevor er sie den Teammitgliedern zugänglich macht – auch wenn er ergebnisverantwortlich für das Product Backlog ist. Die Aufgabe, Einträge zu verfassen, kann er an die Teammitglieder delegieren, die dann ebenfalls Ergänzungen oder Änderungen vornehmen können. Dabei ist zu beachten, dass nur die Product-Backlog-Einträge im Detail ausformuliert werden sollten, die kurz vor der Umsetzung stehen. Um das Product Backlog möglichst schlank zu halten, sollten Product-Backlog-Einträge von Zeit zu Zeit gelöscht werden, wenn sie über einen längeren Zeitraum »schmoren« und die Wahrscheinlichkeit der Umsetzung nicht besonders groß ist. Einträge, die sich ähnlich sind, sollten entweder gebündelt oder in voneinander abgrenzbare Einträge überführt werden.

Zusammengefasst lassen sich die Eigenschaften des Product Backlogs wie folgt darstellen:

✔ Es »gehört« dem Product Owner; die Erstellung von Einträgen kann delegiert werden.

✔ Es ist dynamisch und ändert sich ständig, sobald neue Erkenntnisse gewonnen werden.

✔ Es beinhaltet Aufgaben, die dazu geeignet sind, das Produkt zu verbessern.

✔ Es ist niemals vollständig und kann keine komplette Liste der Anforderungen sein.

✔ Es ist sortiert, und die wichtigsten Product-Backlog-Einträge sind ganz oben zu finden.

✔ Es existiert, solange das jeweilige Produkt existiert.

In zahlreichen Unternehmen kursieren neben dem eigentlichen Product Backlog weitere Backlogs, beispielsweise ein Impediment Backlog oder Technical Backlog. So etwas gibt es bei Scrum in Reinform nicht.

Eine Frage, die bei der Anwendung von Scrum immer wieder auftaucht, ist, wie nichtfunktionale Anforderungen, beispielsweise Regeln der Organisation (zum Beispiel Umwelt- oder Sicherheitsrichtlinien), aber auch gesetzliche Vorgaben (zum Beispiel Regulatorik oder Compliance) ihren Weg in die Entwicklung finden.

Im Prinzip gibt es zwei Wege, derartige Anforderungen zu berücksichtigen:

✔ Sie gehen als eigene Product-Backlog-Einträge in die Umsetzung.

✔ Sie werden Teil der Definition of Done.

Oft wird eine solche nicht-funktionale Anforderung auch zunächst über das Product Backlog umgesetzt und geht danach in die Definition of Done über. In jedem Fall hat das Scrum Team die Aufgabe, sicherzustellen, dass solche Anforderungen in jedem Increment berücksichtigt werden, sodass das Produkt am Ende mit ihnen konform ist.

Sofern mehrere Scrum Teams an einem Produkt arbeiten, entnehmen sie ihre Arbeit aus ein und demselben Product Backlog.

Produkt-Ziel

Während das Produkt Backlog eine Liste aller Ideen, Aufgaben und Rahmenbedingungen ist, die für die Entwicklung eines Produkts relevant sind, ist das Produkt-Ziel ein langfristiges Planungsziel für das Scrum Team – größer als ein Sprint und kleiner als die Produkt-Vision. Das Produkt-Ziel bezieht sich immer auf einen Zielzustand des Produkts. Zu jedem Zeitpunkt kann es immer nur genau ein Produkt-Ziel geben. Jedes Increment ist ein Schritt in Richtung des Produkt-Ziels. Dies kann im Sprint Review überprüft werden.

Das Produkt-Ziel verbindet die Sprints miteinander, auch wenn diese sich inhaltlich möglicherweise deutlich unterscheiden. Es vermittelt dem Scrum Team ein gemeinsames Bild, wohin die Reise gehen soll, und bietet somit auf übergeordneter Ebene Orientierung und die Möglichkeit der Fokussierung. Auf der Basis des Produkt-Ziels können das Scrum Team als Ganzes oder die Teammitglieder Entscheidungen treffen, die den langfristigen Produktideen zuträglich sind.

Nach einigen Monaten geht für Peter die Arbeit im Projekt »Go« zu Ende, und er ist stolz auf das Erreichte. Nun darf er wieder »von vorne« anfangen: Projekt »Flow« braucht dringend einen Scrum Master. Nach den ersten Sprints gibt es wenig nutzbare Ergebnisse und das Team ist in einem desolaten Zustand.

Peter fragt sich, warum sein neues Scrum Team so wenig motiviert ist. Aus seiner inzwischen langjährigen Erfahrung weiß er, dass fehlende Transparenz ein häufiger Grund ist. Also spricht er mit den Teammitgliedern und schaut sich die Artefakte (Product Backlog, Sprint Backlog und Increment) an. Schnell bemerkt er, dass etwas Entscheidendes fehlt: das Produkt-Ziel.

Sofort geht Peter mit dem Product Owner ins Gespräch und arbeitet mit ihm an dessen Verständnis der Bedeutung des Produkt-Ziels. Ohne Ziele können Teams diese auch nie erreichen, und ihnen fehlt außerdem der Sinn in der Arbeit. Solche Umstände sind für die meisten Menschen sehr demotivierend. Peter unterstützt den Product Owner bei der Erstellung eines Produkt-Ziels und hilft ihm, dieses im Team und an die Stakeholder zu kommunizieren.

Der Product Owner ist begeistert, dass sein Team nun viel besser in der Lage ist, langfristige Entscheidungen zu treffen. Auch die Motivation kehrt Stück für Stück ins Team zurück. Der Product Owner bemerkt außerdem einen netten Nebeneffekt: Die Arbeit mit einem Produkt-Ziel gefällt auch dem Management gut, da es auf Quartalsziele guckt und diese nun ineinander überführt werden können.

Das Produkt-Ziel ist ein weiteres Commitment, das im Scrum Guide vermerkt ist und dem sich das Scrum Team freiwillig verpflichtet. Es bezieht sich auf das Product Backlog.

Sortierung des Product Backlogs

Das Product Backlog ist das Instrument des Product Owners, um dafür zu sorgen, dass ein kontinuierlicher Fluss von Wert in Richtung Kunde entsteht. Die Einträge, die dafür als Nächstes umgesetzt werden sollen, sind ganz oben im Product Backlog zu finden. Die Festlegung der Reihenfolge kann nach Kriterien erfolgen, die dem Product Owner im Hinblick auf die Wertschöpfung als sinnvoll erscheinen. Dazu gehören insbesondere

- ✔ Relevanz im Hinblick auf die Erreichung des Produkt-Ziels,
- ✔ Werthaltigkeit des Product-Backlog-Eintrags,
- ✔ Zusammenspiel mit den Zielen und der Strategie des Unternehmens,
- ✔ Bedeutung des Product-Backlog-Eintrags für Anwender und Kunden,
- ✔ Abhängigkeiten zu anderen Product-Backlog-Einträgen,
- ✔ Kosten der Umsetzung des Product-Backlog-Eintrags und
- ✔ Risiken in Verbindung mit dem Product-Backlog-Eintrag.

Die Umsetzung von Product-Backlog-Einträgen mit niedrigem Wert widerspricht übrigens den Scrum-Werten Respekt, Mut und Fokus, die Sie in Kapitel 2 *Prinzipien und Werte als Basis* kennengelernt haben. So ist es wenig respektvoll, die Zeit der Stakeholder im Sprint Review mit minderwertigen Product-Backlog-Einträgen zu vertun. Es zeugt gleichzeitig von fehlendem Mut, als Entwickler die Diskussion mit dem Product Owner zu scheuen, wenn er Product-Backlog-Einträge mit geringem Wert vorschlägt. Auch scheint der Fokus verloren gegangen zu sein, wenn ein Scrum Team nicht an Product-Backlog-Einträgen mit hohem Wert arbeitet.

Im neuen Projekt »Flow« lässt der Product Owner, der immer noch recht neu in seiner Rolle ist, das Product Backlog insbesondere von den internen Stakeholdern auf der Basis eines Punktesystems priorisieren. Nach einiger Zeit spiegeln ihm die Entwickler: »Das ergibt technisch keinen Sinn.« Außerdem gebe es zu viele Abhängigkeiten zu anderen Themen außerhalb des Teams. Auch stellt der Product Owner fest, dass die Stakeholder die Termine, die mit bestimmten Product-Backlog-Einträgen verbunden sind, nicht im Blick haben.

Peter erinnert den Product Owner daran, dass der Product Owner die Entscheidungshoheit über die Sortierung des Product Backlogs innehat, und erarbeitet mit ihm eine Kombination der Kriterien Wert, Aufwand, Abhängigkeiten und Risiken. Anhand dieser Kriterien sortiert der Product Owner das Product Backlog zukünftig selbst. Obwohl Peter sorgfältig das Feedback der Stakeholder aufnimmt, ist das neue Vorgehen für diese zunächst gewöhnungsbedürftig.

Aufseiten der Anwender gibt es Zuspruch für das neue Vorgehen. Sie bemerken, dass ihre Bedürfnisse in das Zentrum der Arbeit des Teams gerückt sind, und schätzen die Ergebnisse des Teams. In der Vergangenheit hatten sich die Anwender selten durch die involvierten Stakeholder gut repräsentiert gefühlt. Auch die Entwickler sind im neuen Modus zufriedener, weil sie etwas kreieren, was einen hohen Nutzen generiert, nicht was am lautesten gefordert wird.

Um einen hohen Produkt-Wert zu liefern und um wertvolle Produkteigenschaften im Product Backlog priorisieren zu können, muss ein Product Owner den Markt, sein Produkt und seine Anwender kennen. Achtung: Nur, weil (einzelne) Anwender ihre Wünsche äußern, verbirgt sich dahinter nicht zwangsläufig ein hoher Produktwert. Auch Fehlerbehebung ist nicht unbedingt werthaltig – insbesondere dann, wenn die Fehler nicht offensichtlich sind. Ein weiterer häufiger Trugschluss besteht darin, nur interne Stakeholder zu befragen, die den Anwender vermeintlich gut kennen, weil sie in die Produktentwicklung schon lange involviert sind und sich dementsprechend mit dem Produkt auskennen.

Kommen beispielsweise im Sprint Review oder auch während des Sprints neue Ideen und Anforderungen hinzu, die bisher noch nicht im Product Backlog enthalten sind, ist es unabhängig vom Zeitpunkt im Entwicklungsprozess die Aufgabe des Product Owners, mehr darüber in Erfahrung zu bringen, um sie dann ins Product Backlog einzusortieren – oder auch nicht. Eine wichtige Quelle für Informationen und andere nützliche Hinweise sind an dieser Stelle wie immer die Stakeholder, insbesondere Kunden und Anwender.

Product Backlog Refinement

Product-Backlog-Einträge sind üblicherweise sehr verschieden. Sie können vage bis sehr präzise formuliert sein, kleine bis große Umfänge beschreiben und kaum bis viele Details enthalten. Neue Product-Backlog-Einträge, die eher noch im Ideenstadium sind, sehen anders aus als welche, die kurz vor der Umsetzung stehen. Es kann also durchaus sein, dass Product-Backlog-Einträge existieren, die bis dato noch nicht in einen Sprint passen würden oder von denen die Entwickler noch kein ausreichendes Verständnis haben, um sie im nächsten Sprint umzusetzen.

Hier kommt der Product Owner wieder ins Spiel. Er ist ergebnisverantwortlich für die Transparenz und Klarheit von Product-Backlog-Einträgen. Im Scrum Guide wird in diesem Zusammenhang auf das Product Backlog Refinement referenziert, ein stetiger »Vorgang, durch den Product-Backlog-Einträge in kleinere, präzisere Elemente zerlegt und weiter definiert werden« (Scrum Guide 2020). Der Detailgrad von Product-Backlog-Einträgen nimmt also mit weiteren Refinement-Aktivitäten zu.

In Unternehmen hat sich häufig ein regelmäßig stattfindendes Refinement-Meeting eingebürgert, zu dem das Scrum Team beispielsweise einmal pro Sprint zusammenkommt. Dadurch kann der kontinuierliche Charakter des Product Backlog Refinements etwas verloren gehen. Bei einem solchen Vorgehen ist darauf zu achten, dass das verspätete Einbringen von neuen Erkenntnissen nicht zu Intransparenz führt.

Welche Attribute Product-Backlog-Einträge beinhalten müssen, hängt vom jeweiligen Unternehmen ab und ist durch den Scrum Guide nicht definiert. Sinnvollerweise sollte jedoch für jeden Product-Backlog-Eintrag klar sein,

- ✔ welches Ziel mit ihm verfolgt wird,
- ✔ welcher Wert mit ihm verbunden ist,
- ✔ welche Akzeptanzkriterien zugrunde liegen,
- ✔ an welcher Stelle er im Product Backlog rangiert,
- ✔ welcher Aufwand mit ihm verbunden ist,
- ✔ welche Abhängigkeiten zu anderen Einträgen bestehen und
- ✔ wie getestet werden kann, ob er den gewünschten Nutzen bringt (Maximini & Pilster 2023).

Akzeptanzkriterien (*acceptance criteria*) beschreiben die Erwartungen an ein Ergebnis, die durch die Umsetzung eines Product-Backlog-Eintrags erfüllt werden müssen. Sie sind für jeden Eintrag spezifisch. Es ist nicht nötig, dass der Product Owner für alle Einträge fertig ausformulierte Akzeptanzkriterien zum Sprint Planning mitbringt. Das Event ist eine kollaborative Zusammenkunft, in der die Akzeptanzkriterien weiter verfeinert werden.

Wie bereits angesprochen wurde, handelt es sich beim Product Backlog Refinement gemäß Scrum Guide um eine kontinuierliche Aktivität, die während des Sprints vom Scrum Team (nicht von Business-Analysten außerhalb des Teams!) durchgeführt wird. Sie kann beliebig oft stattfinden. Eine absolute Angabe im Sinne von »x-mal pro Sprint« oder eine relative Angabe »Y Prozent der Entwicklerkapazität« ist immer falsch.

In einer früheren Version des Scrum Guides wurde noch darauf verwiesen, dass Product-Backlog-Refinement-Aktivitäten höchstens zehn Prozent der Gesamtzeit der Entwickler in Anspruch nehmen dürften. Diese Angabe wurde im aktuellen Scrum Guide gestrichen.

Refinement-Aktivitäten sind nötig, um Product-Backlog-Einträge bereit (*ready*) für die Mitnahme ins Sprint Planning zu machen. Dies ist dann gegeben, wenn ein Eintrag innerhalb eines Sprints vollständig umgesetzt werden kann. Das heißt nicht unbedingt, dass er bereits vollständig und eindeutig definiert sein muss. Weiteres Refinement findet durchaus sowohl während des Sprint Plannings als auch während der Umsetzung im Sprint selbst statt.

Im Sprint Planning bemerkt Peter, dass der Product Owner die Product-Backlog-Einträge nicht gut genug vorbereitet hat. Der Product Owner stellt Einträge vor, die viel zu groß sind und niemals innerhalb eines Sprints abgearbeitet werden können. Außerdem entnimmt Peter den Diskussionen, dass die Entwickler manche Einträge einfach nicht verstehen.

Beides führt dazu, dass die Entwickler nicht in der Lage sind, eine Prognose darüber abzugeben, was sie im Sprint schaffen werden. Peter spricht seine Beobachtungen direkt an, und es gelingt dem Team, einige Product-Backlog-Einträge noch innerhalb des Sprint Plannings handhabbarer zu machen. Das Team ist auf dieser Basis in der Lage, eine Auswahl für das Sprint Backlog zu treffen.

Peter arbeitet während der nächsten Sprints daran, das Product Backlog Refinement als kontinuierliche Aktivität zu etablieren. Den Erfolg sieht er in den Sprint Plannings: Von Mal zu Mal fällt den Entwicklern der Umgang mit den einzelnen Product-Backlog-Einträgen leichter.

Schlecht verstandene Product-Backlog-Einträge sind immer eine Gefahr, wenn sie dann doch im Sprint Backlog landen: Sie enden oft in explosionsartig steigenden Aufwänden, die weit über den angenommenen liegen. Oft fällt jedoch bereits im Sprint Planning auf, dass keine ausreichende Klarheit existiert. Die Entwickler werden sich im Umgang mit dem entsprechenden Product-Backlog-Eintrag schwertun, was die Einschätzung der Umsetzbarkeit angeht. Das Sprint Planning kann dann genutzt werden, um weiteres Refinement durchzuführen und offene Punkte in Zusammenarbeit mit dem Product Owner zu klären.

Ein Mittel, das über die Zeit mal mehr und mal weniger intensiv zur Anwendung gekommen ist, ist die »Definition of Ready«. Sie ist eine Art Checkliste, anhand derer entschieden werden kann, ob ein Product-Backlog-Eintrag fertig für das Sprint Planning ist – oder eben nicht. Entgegen häufigen Annahmen ist sie nicht im Scrum Guide enthalten und damit kein Bestandteil von Scrum. In der Vergangenheit hat sich auch gezeigt, dass sie den Austausch zwischen Product Owner und Entwicklern eher hemmt, statt ihn zu fördern. Häufiges Product Backlog Refinement, also ein kontinuierlicher Austausch über die Product-Backlog-Einträge, scheint hier das Mittel der Wahl zu sein.

Auf Bill Wake geht das Akronym INVEST zurück, das er erdacht hat, um User Stories zu verbessern (Wake 2003). Es lässt sich auch für viele andere Typen von Product-Backlog-Einträgen anwenden.

Relatives Schätzen

Der Aufwand, der durch einen Product-Backlog-Eintrag entsteht, ist in einer komplexen Welt nicht ausschließlich vom Schwierigkeitsgrad abhängig, und absolute Schätzungen in

Stunden liegen in der Regel daneben (und sind damit nutzlos). Dies hängt damit zusammen, dass Menschen grundsätzlich nicht besonders gut im absoluten Schätzen sind.

Aus diesem Grund sollten eher relative Schätzverfahren zum Einsatz kommen, um der Komplexität zu begegnen, statt mit absoluten Schätzungen zu versuchen, sie zu ignorieren.

Trotz des guten Product Backlog Refinements überschätzt Peters Team sich ständig. Er spricht mit dem Product Owner, um zu erfahren, wie die Schätzungen von Product-Backlog-Einträgen aktuell erfolgen. Der Product Owner berichtet ihm, dass die Top-Senior-Entwickler des Teams die Schätzungen im Dialog erstellen. Er habe damit gute Erfahrungen gemacht, weil sie wüssten, wovon sie reden, und der Schätzprozess schnell ginge.

Peter erfährt, dass die Schätzungen in Stunden vorgenommen werden. Er erklärt dem Product Owner, dass in einem komplexen Umfeld zu viele Abhängigkeiten existieren, die jede absolute Schätzung zunichtemachen. Als besonders fehleranfällig stellen sich zudem die Product-Backlog-Einträge heraus, die von den erfahrenen Entwicklern geschätzt, jedoch von den weniger erfahrenen Entwicklern umgesetzt werden. Sie brauchen in der Regel viel, viel länger als veranschlagt. Außerdem werden viele Diskussionen mehrfach geführt, erst unter den Senior-Entwicklern, dann unter den übrigen Kollegen. So wird viel Zeit in Besprechungen verbracht.

In der Regel sind die Konversationen, die im Rahmen von Schätzprozessen geführt werden, für alle Beteiligten wertvoll, weil sie ein gemeinsames Verständnis erzeugen. Peter erarbeitet mit den Entwicklern ein entsprechendes Vorgehen auf relativer Basis, das alle Entwickler mit einbezieht. Schnell werden die Schätzungen und Prognosen im Hinblick auf das, was im Sprint erreicht werden soll, besser.

Das Schätzen ist ein wichtiger Vorgang, der sich um ein besseres und gemeinsames Verständnis der Aufgabenstellung dreht. Viel mehr wert als das schlussendliche Schätzergebnis sind vor allem die Konversationen, die auf dem Weg stattfinden. Verantwortlich für die Schätzungen sind die Personen, die am Ende die Arbeit erledigen, also die Entwickler. Sie machen dies im Dialog mit dem Product Owner, der ihnen alle nötigen Informationen liefert, um ein ausreichendes Verständnis zu entwickeln.

Eine gängige Praktik für das relative Schätzen ist die Verwendung sogenannter »Story Points«. Sie dienen dazu, Product-Backlog-Einträge zueinander ins Verhältnis zu setzen, indem sie jeweils mit bestimmten Punktzahlen versehen werden. Eine gute Lektüre dazu ist das Buch »Agile Estimating and Planning« von Mike Cohn (2006).

Relatives Schätzen und auch der Einsatz von »Story Points« haben sich über die Jahre etabliert. Viele Teams haben von derartigen Praktiken profitiert. Beides ist also erlaubt, jedoch keine Vorgabe des Scrum Guides.

Sprint Backlog

Das Sprint Backlog entsteht im Rahmen des Sprint Plannings und lässt sich als Plan der Entwickler für den Sprint bezeichnen. Es besteht im Wesentlichen aus den Product-Backlog-Einträgen, die das Scrum Team zur Umsetzung im Sprint vorsieht, und deren Zerlegungen, die durch das Herunterbrechen von Product-Backlog-Einträgen in kleinere Aufgaben entstanden sind. Das können beispielsweise Anwendungsfälle, Fehler, Aufgaben, Tests oder User Stories sein.

Am Ende des Sprint Plannings ist das Sprint Backlog noch längst keine vollständige Liste aller Tätigkeiten, die das Scrum Team nur noch abarbeiten muss. Es ist höchstens eine »beste Vermutung«, und es werden sich zahlreiche Änderungen ergeben, da das Scrum Team während des Sprints dazulernt und neue Erkenntnisse sammelt. Auch das Sprint-Ziel ist Teil des Sprint Backlogs. Das Sprint Backlog muss am Ende des Sprint Plannings insoweit beschrieben sein, dass die Entwickler es als Grundlage für ihre Vorhersage nutzen können, was sie im Rahmen des Sprints erreichen werden.

In früheren Versionen des Scrum Guides war es verpflichtend, dass mindestens eine besonders hoch priorisierte Maßnahme aus der Sprint Retrospective Teil des Sprint Backlogs wird. Diese Vorgabe existiert im aktuellen Scrum Guide nicht mehr.

Die Product-Backlog-Einträge werden gemäß ihrer Reihenfolge im Product Backlog in das Sprint Backlog übernommen. Die Zerlegungen, die häufig »Tasks« genannt werden, haben jedoch keine spezielle Sortierung. Es gibt keinen Zeitpunkt, zu dem ein Teammitglied der »Eigentümer« eines Eintrags wird. Die Entwickler sind immer gesamtverantwortlich für die Sprint-Backlog-Einträge.

Auf der Basis der ausgewählten Arbeit formuliert das Scrum Team gemeinsam ein Sprint-Ziel, das über den gesamten Sprint Bestand hat und weder gefährdet noch geändert werden darf. Die Entwickler halten das Sprint Backlog aktuell, sodass es immer den momentanen Plan widerspiegelt, wie die Entwickler das Sprint-Ziel erreichen wollen. Der Zeitpunkt für Inspektion und Adaption ist in der Regel das Daily Scrum, wobei auch untertags Anpassungen vorgenommen werden dürfen.

Wie Sie sehen, hat der Product Owner mit dem Sprint Backlog zunächst einmal nicht viel am Hut. Dennoch hat er wichtige Aufgaben im Zusammenhang mit dem Sprint Planning:

✔ Bereitstellung und Vorstellung des priorisierten Product Backlogs

✔ Vorstellung und Klarstellung der Product-Backlog-Einträge

✔ Erarbeitung des Sprint-Ziels gemeinsam mit den Entwicklern

Auch während des Sprints steht der Product Owner den Entwicklern mit Rat und Tat zur Seite, wenn es darum geht, weitere Informationen rund um das Entwicklungsgeschehen oder zu spezifischen Product-Backlog-Einträgen zu klären.

Sprint-Ziel

Das Sprint Backlog enthält neben den für den Sprint ausgewählten Product-Backlog-Einträgen und dem Plan für deren Lieferung auch das Sprint-Ziel. Es ist das dritte Commitment in Scrum, bezieht sich auf das Sprint Backlog und wird vom Scrum Team definiert. Es dient dazu, den Entwicklern Fokus zu geben, damit sie sich nicht ablenken lassen. Das Sprint-Ziel erinnert sie immer wieder an den Zweck des Sprints. Im Sinne des »Golden Circle« von Simon Sinek (Sinek 2009) kann in diesem Zusammenhang vom »Warum« gesprochen werden. Der Plan für den Sprint beschreibt das »Wie« und die zur Umsetzung ausgewählten Product-Backlog-Einträge das »Was« (vgl. Abbildung 6.2).

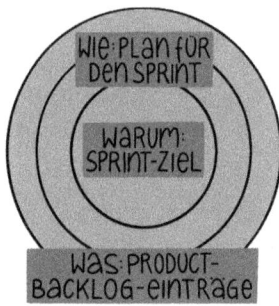

Abbildung 6.2: Golden Circle von Simon Sinek (2009) in Bezug auf das Sprint-Ziel

Zur Formulierung des Sprint-Ziels erscheint der Product Owner vorbereitet im Sprint Planning. Er vergegenwärtigt sich die Geschäftsziele und erarbeitet dann gemeinsam mit den Entwicklern das Sprint-Ziel. Es ist keinesfalls seine Aufgabe, dieses mitzubringen oder während des Events vorzugeben. Die Stakeholder haben hier keinen direkten Einfluss. Ihr Feedback aus dem vorangegangenen Sprint Review sollte allerdings einbezogen werden.

Ist das Sprint-Ziel hinfällig geworden (*obsolete*), kann der Product Owner den Sprint abbrechen. Außer ihm hat niemand das Recht dazu. Wenn ein Sprint abgebrochen wird, dann wird sofort ein Sprint Planning durchgeführt, mit dem der nächste Sprint beginnt. Alle Arbeit aus dem Sprint Backlog, die zu dem Zeitpunkt nicht fertiggestellt wurde, wird weggeworfen und damit zu Verschwendung. Das ist der Grund, warum ein Sprint-Abbruch vermieden werden sollte und in der Realität auch selten vorkommt.

 Peters Team entscheidet sich, dass es auf die Formulierung eines Sprint-Ziels verzichten möchte. Diese Entscheidung fällt aus der Not, weil das Team sich im Sprint Planning verzettelt hat und die Timebox abläuft. Es bleibt einfach keine Zeit mehr, ein Sprint-Ziel gemeinsam zu definieren.

Der Sprint beginnt. Schnell bemerken die Entwickler das Fehlen eines Sprint-Ziels im Daily Scrum: Sie wissen nicht, wozu sie ihren Fortschritt in Bezug setzen sollen, und es fällt ihnen schwer, Änderungen am Sprint Backlog vorzunehmen. Peter braucht das überhaupt nicht zu kommentieren, denn die Entwickler kümmern sich bereits selbst um eine Lösung: Im nächsten Sprint Planning achten die Entwickler darauf, dass ausreichend Zeit für die Formulierung eines Sprint-Ziels bleibt.

Arbeit mit dem Sprint Backlog

Das Sprint Backlog »gehört« (*owned by*) den Entwicklern. Sie sind die einzigen, die befugt sind, während des Sprints Änderungen am Sprint Backlog durchzuführen, und sie arbeiten auf täglicher Basis mit dem Sprint Backlog – immer im Hinblick auf die Erreichung des Sprint-Ziels. Sie aktualisieren es stets sofort aufgrund neuer Erkenntnisse. Damit ist das Sprint Backlog eine transparente Echtzeitdarstellung der erledigten und verbliebenen Arbeit.

Im Daily Scrum erarbeiten die Entwickler jeweils einen Plan für die nächsten 24 Stunden, um das Sprint-Ziel zu erreichen. Dabei wird jedes Mal der bisherige Fortschritt bezogen auf das Sprint-Ziel überprüft und Rückschlüsse auf die kommende Arbeit gezogen. Das Scrum Team sollte im Daily Scrum im Hinblick auf das Sprint-Ziel auch besprechen, welche neuen Erkenntnisse (*learnings*) es seit dem letzten Daily Scrum hatte, die berücksichtigt werden sollten, und ob es irgendwelche Entscheidungen zu treffen gibt. Das Daily Scrum dient außerdem der Identifikation von Impediments.

 In früheren Scrum-Guide-Versionen waren drei Fragen als Anhaltspunkt für das Daily Scrum enthalten: *Was habe ich in den letzten 24 Stunden gemacht? Was werde ich den nächsten 24 Stunden tun? Was behindert mich?* Diese waren in der Praxis häufig der einzige Inhalt des Daily Scrums, sodass der eigentliche Zweck des Daily Scrums verloren ging. Inzwischen sind sie nicht mehr Teil des Scrum Guides.

Änderungen am Sprint Backlog sind immer möglich, solange das Sprint-Ziel nicht gefährdet wird, sobald das Scrum sogar bessere Wege gefunden hat, um das Sprint-Ziel zu erreichen, oder dann, wenn das Scrum Team Hindernisse überwinden muss. Änderungen werden in der Regel sofort vorgenommen, nachdem das Scrum Team neue Erkenntnisse gesammelt hat. Weder der Product Owner noch der Scrum Master oder das nächste Daily Scrum sind nötig, um solche Änderungen »abzusegnen«.

Trotz guter Vorbereitung und umfangreicher Refinement-Aktivitäten kann es immer wieder vorkommen, dass die Entwickler absehen können, dass sie sich für den Sprint überplant haben, dass sie also im Rahmen des Sprint Plannings zu viele Product-Backlog-Einträge aus dem Product Backlog ausgewählt haben. Sobald sie dies feststellen, sollten sie mit dem Product Owner daran arbeiten, unter Berücksichtigung des Sprint-Ziels einen Teil der Arbeit aus dem Sprint Backlog zu entfernen. Keine Lösung ist:

✔ eine Reduktion der Definition of Done, um doch noch alle Product-Backlog-Einträge umsetzen zu können. Die Wahrung der Qualität hat höchste Priorität.

✔ eine Verlängerung oder sonstige Anpassung der Timebox des Sprints. Eine Timebox ist dazu da, um eingehalten zu werden.

✔ eine Verteilung der verbliebenen Aufgaben auf andere Scrum Teams. Es ist davon auszugehen, dass alle genug zu tun haben.

Vielmehr sollte das Scrum Team aus einer solchen Situation für die nächsten Schätzungen lernen. Es gibt zahlreiche Werkzeuge und Methoden, um über die Zeit immer besser im Schätzen zu werden.

In manchen Unternehmen ist es gängige Praxis, dass die Entwickler den Product Owner erst im Sprint Review darüber informieren, dass sie sich überschätzt haben. Das ist nicht der richtige Zeitpunkt – das ist viel zu spät. Abgesehen davon zeugt ein solches Verhalten von schlechter Teamkultur.

Während des Sprints kann es auch passieren, dass die Entwickler doch noch Unklarheiten im Hinblick auf ein oder mehrere Product-Backlog-Einträge aufdecken. Dann ist ebenfalls die Zusammenarbeit mit dem Product Owner die Lösung, um herauszufinden, wie mit dem jeweiligen Eintrag umgegangen werden soll.

Stakeholder-Management

In Scrum ist immer wieder von Stakeholdern (*stakeholders*), Kunden (*customers*) und Anwendern (*users*) die Rede, und zu Beginn dieses Abschnitts erscheint mir eine kurze Klarstellung sinnvoll, da diese Begriffe immer wieder in ähnlichen Zusammenhängen verwendet werden. Stakeholder sind zunächst einmal alle Personen und Personengruppen, die ein berechtigtes Interesse am Produkt haben. Eine dieser Gruppen sind die Kunden, die sich wiederum in Käufer und Anwender des Produkts unterteilen lassen. Käufer kaufen das Produkt, sind also Entscheider und Vertreter von Einkaufsorganisationen in Unternehmen. Anwender nutzen das Produkt, sind also diejenigen, die eine Aufgabe mithilfe des Produkts erfüllen wollen.

Weitere interessierte Parteien sind laut Scrum.org (https://www.scrum.org/learning-series/stakeholders-and-customers/):

- ✔ interne Stakeholder, beispielsweise die Unternehmensleitung oder Abteilungen, die Berührungspunkte mit dem Produkt haben
- ✔ externe Partner, wie zum Beispiel Lieferanten, Händler und andere Geschäftspartner, die in der Lieferkette relevant sind
- ✔ sonstige Einflussnehmer, die aus irgendeinem anderen Grund von Bedeutung für das Produkt sind

Eine Übersicht über die Gruppe der Stakeholder zeigt Abbildung 6.3.

Abbildung 6.3: Übersicht über die Stakeholder

Für den Erfolg eines Produkts ist das Management der Stakeholder entscheidend, da es im Idealfall dazu führt, dass Erwartungen der Stakeholder aufgegriffen, verstanden und berücksichtigt werden. Der Product Owner ist ergebnisverantwortlich für das

Stakeholder-Management. Das heißt aber nicht, dass er allein mit den Stakeholdern zusammenarbeitet. Das gesamte Scrum Team ist involviert, um ein gutes Verständnis für die Sichtweisen und Bedürfnisse der Stakeholder zu erlangen. Die Aufgabe des Product Owners besteht darin, die Anforderungen und sonstigen Impulse der Stakeholder anhand des Werts für Kunden und Anwender zu bewerten und zu sortieren. Die Zusammenarbeit mit den Stakeholdern erfolgt kontinuierlich während eines jeden Sprints.

Viele Unternehmen beschäftigen – oft aus Gewohnheit – Business-Analysten, die sich um die Analyse des Stakeholder-Inputs und -Feedbacks kümmern. Diese Rolle gibt es in einem Scrum Team nicht. Das Scrum Team erledigt diese Aufgabe in der Regel gemeinschaftlich. Es wäre allerdings nicht verboten, einen Business-Analysten als Entwickler in das Scrum Team aufzunehmen, der diese Aufgabe dann (hauptsächlich) erfüllt.

Stakeholder haben die wichtige Aufgabe, im Rahmen des Sprint Reviews in Zusammenarbeit mit dem Scrum Team das Increment zu inspizieren und ihr Feedback zu geben. Dies bezieht sich einerseits auf das Increment und seine Funktionalitäten und andererseits auf das Product Backlog. Anhand des Produkt-Ziels können die Stakeholder erkennen, ob sich das Increment in die richtige Richtung entwickelt hat, und Impulse für die weiteren Entwicklungsarbeiten geben.

In vielen Entwicklungsorganisationen besteht seitens der Scrum Teams kein oder nur wenig Kontakt zu den Anwendern und anderen externen Stakeholdern – nicht einmal im Sprint Review. Ein großer Fehler wäre jedoch, nur interne Stakeholder zu befragen. Sie kennen die Anwender vermeintlich gut, weil sie in die Produktentwicklung schon lange involviert sind. Häufig liegen sie mit ihrer Einschätzung jedoch total daneben.

Die Arbeit des Product Owners im Stakeholder-Management besteht in der Identifikation der Stakeholder. Diese bezieht er in seine Arbeit ein und lädt die je Sprint relevanten zum Sprint Review ein. Es gibt zahlreiche Werkzeuge zur Identifikation und Klassifizierung von Stakeholdern. Die Bedeutung der Stakeholder für ein Increment richtet sich nach den Product-Backlog-Einträgen, die umgesetzt wurden. Nicht alles ist für jeden Stakeholder interessant. Der Product Owner muss dafür einen Blick entwickeln.

Der Product Owner in Peters Team lädt seit Beginn des Projekts alle Stakeholder, die irgendetwas mit dem Produkt im Projekt »Flow« zu tun haben, in die Sprint Reviews ein. Peter bemerkt während der Sprint Reviews, dass immer ein Teil der Stakeholder die Laptops offen hat oder am Handy beschäftigt ist.

Peter schildert seine Beobachtungen dem Product Owner, der darauf gleich eine Antwort hat: Das liege daran, dass nicht alle Stakeholder sich gleichermaßen für alle Funktionalitäten interessierten. Der Product Owner und Peter entwickeln ein Vorgehen, um die Stakeholder zu entlasten: Ab sofort enthält die Einladung zum Sprint Review eine Agenda mit konkreten Inhalten und Zeitangaben.

Die Stakeholder wissen nun, welche Teile des Sprint Reviews für sie relevant sind. Das hat zwar zur Folge, dass nicht immer alle Stakeholder und auch nicht die ganze Zeit dabei sind, aber die anwesenden Stakeholder sind nun viel aktiver und ihre Beiträge für alle Beteiligten wertvoller.

Damit die Stakeholder am Ball bleiben, kann der Product Owner mit dem Product Backlog und seinem Release-Plan Transparenz schaffen. Er muss beachten, dass verschiedene Stakeholder auch unterschiedliche Informationsbedürfnisse haben können. Manche wollen mehr und manche weniger eingebunden werden. Der Product Owner sollte versuchen, seine Kommunikation und andere Aktivitäten an diese Bedürfnisse anzupassen.

Häufig sitzen Scrum Teams ohne Stakeholder im Sprint Review und berichten sich gegenseitig von ihren Ergebnissen. Solche Sprint Reviews sind sinnlos. Der Zweck des Sprint Reviews ist es, das Increment zu inspizieren, Feedback zu sammeln und das Product Backlog zu adaptieren. Dafür sind die (relevanten) Stakeholder zwingend erforderlich.

Forecasting

In allen Entwicklungsvorhaben gibt es eine Frage, die immer wieder gestellt wird: Wann ist es fertig? Der Product Owner ist gut beraten, darauf eine Antwort zu haben, um gegenüber den Stakeholdern ständig in der Lage zu sein, den Fortschritt im Hinblick auf Geschäftsziele und Auslieferungen erklären zu können. Aus diesem Grund gehört Forecasting zu den Aktivitäten des Product Owners und des gesamten Scrum Teams im Rahmen des Stakeholder-Managements. Das große Thema, das sich dahinter verbirgt, ist das Erwartungsmanagement gegenüber Stakeholdern, wann welche Produkteigenschaften umgesetzt sein werden.

In Kapitel 9 *Good Practices im Scrum-Umfeld* finden Sie weiterführende Informationen zu »Velocity-Messung«, »Burndown- und Burnup Charts« sowie zum »Agile Cone of Uncertainty«. Es handelt sich dabei um nützliche Werkzeuge, um den Fortschritt vorhersagbar zu machen. Dabei ist jedoch immer zu berücksichtigen, dass in komplexen Umfeldern so viel Unsicherheit herrscht, dass niemals eine hundertprozentige Prognose möglich ist.

Release-Planung

Erst wenn die entsprechenden Product-Backlog-Einträge entlang der Anforderungen der Definition of Done umgesetzt wurden, entsteht ein auslieferbares Increment. In der Softwareentwicklung hat sich im Zusammenhang mit Auslieferungen der Begriff »Release« eingebürgert, weshalb auch in Scrum darauf referenziert wird. Es sei an dieser Stelle direkt erwähnt, dass es in Scrum keinen Release- oder Hardening-Sprint gibt, also keinen Sprint, der nur der Vorbereitung der Auslieferung dient.

Stattdessen kann ein Release jederzeit erfolgen, wenn ein Increment entstanden ist. Ob es ausgeliefert wird, entscheidet der Product Owner. Das heißt, es muss nicht zwangsläufig am Ende eines Sprints ein Release geben. Die Voraussetzung ist immer, dass die Definition of Done erfüllt wurde. Sonst wäre aber auch nicht von einem Increment die Rede.

Ein Release bietet immer die Möglichkeit für Feedback. Es zeigt, wie sich das Produkt in der Anwendung bewährt. Je häufiger ausgeliefert wird, desto mehr und aktuelleres Feedback kann das Scrum Team sammeln, und die Daten aus dem Feld können genutzt werden, um den Fokus entlang des Produkt-Ziels zu schärfen. Häufige Auslieferungen helfen auch, das Risiko zu minimieren, an den Anforderungen der Anwender vorbei zu entwickeln.

Wichtige Learnings für die Prüfung

Das sollten Sie sich in Bezug auf die Rolle des Product Owners für die Prüfung merken:

- ✔ Der Product Owner wird auch Wert-Maximierer (*Value Maximizer*) genannt. Er ist ergebnisverantwortlich (*accountable*) für die Maximierung des Produkt-Werts.

- ✔ Scrum kann überall da eingesetzt werden, wo komplexe Arbeit zu tun ist. Das Einsatzgebiet geht also weit über Softwareentwicklung hinaus.

- ✔ Der Product Owner kümmert sich um das Produkt-Ziel, Transparenz, Reihenfolge und Verständnis des Product Backlogs.

- ✔ Der Product Owner ist immer eine einzelne Person. Kein Gremium (*committee*) kann diese Rolle wahrnehmen, da sich die Ergebnisverantwortung nicht teilen lässt.

- ✔ Ein Sprint kann kürzer als die im Scrum Guide genannte Timebox von einem Monat sein, abhängig von dem sonstigen Geschäftsgeschehen und von Risiken.

- ✔ Die Produkt-Vision »gehört« (*owned by*) zwar dem Product Owner, jedoch bezieht er bei der Erstellung die relevanten Stakeholder und seine Teammitglieder ein.

- ✔ Die Produkt-Vision gibt dem Scrum Team Orientierung und Fokus, hilft dabei, Entscheidungen zu treffen, und steigert die Motivation des Scrum Teams.

- ✔ Die Schaffung von Wert erfolgt ausschließlich durch die Erstellung eines fertigen (*done*) Increments, das an die Kunden ausgeliefert werden kann.

- ✔ Ein Increment existiert nur, wenn die Definition of Done erfüllt ist. Auch »fast fertig« heißt »nicht fertig«.

- ✔ Die Entscheidungshoheit (*final say / final decision*) über die Definition of Done liegt in den Händen des gesamten Scrum Teams.

- ✔ Das Product Backlog ist die einzige Quelle für Arbeitsaufträge, aus der sich das Scrum Team bedient.

- ✔ Der Product Owner sortiert das Product Backlog anhand von ihm gewählter Kriterien, beispielsweise Relevanz, Werthaltigkeit, Bedeutung, Abhängigkeiten oder Risiken.

- ✔ Das Product Backlog Refinement ist eine kontinuierliche Aktivität, die dazu dient, Product-Backlog-Einträge bereit (*ready*) für das Sprint Planning zu machen.

- ✔ Das Sprint Backlog besteht aus dem Sprint-Ziel, den für den Sprint ausgewählten Product-Backlog-Einträgen und einem Plan zur Lieferung dieser Product-Backlog-Einträge.

- ✔ Das Sprint Backlog »gehört« (*owned by*) den Entwicklern; nur sie sind berechtigt, während des Sprints Änderungen vorzunehmen.

✔ Sollte sich das Scrum Team im Sprint Planning überschätzt haben, ist die Reduktion eine gemeinsame Anstrengung von Product Owner und Entwicklern.

✔ Änderungen und Verständnisprobleme, die sich während des Sprints ergeben, bedürfen der Klärung zwischen Product Owner und Entwicklern.

✔ In Scrum gibt es drei Commitments: Produkt-Ziel auf das Product Backlog, Sprint-Ziel auf das Sprint Backlog und Definition of Done auf das Increment.

✔ Die Commitments zu Sprint Backlog, Product Backlog und dem Increment helfen dem Scrum Team, den Fokus zu erhöhen.

✔ Der Begriff Stakeholder umfasst alle Personen mit berechtigtem Interesse am Produkt, unter anderem das Management und angrenzende Abteilungen sowie Anwender.

✔ Es muss nicht zwangsläufig am Ende eines jeden Sprints ein Release, also die Auslieferung des Increments, geben; darüber entscheidet der Product Owner.

> **IN DIESEM KAPITEL**
>
> Scrum Master als »echte Führungspersönlichkeit« kennenlernen
>
> Konzept der »Impediments« verstehen
>
> Einblick in Facilitation und Coaching bekommen

Kapitel 7
Scrum Master in Aktion

Wie bereits in Kapitel 6 angesprochen wurde, gibt es Fokusgebiete (*Focus Areas*), die Sie für die Zertifizierungen verinnerlicht haben sollten und die sich für die beiden Prüfungen zum Professional Scrum Product Owner™ I und zum Professional Scrum Master™ I überschneiden:

✔ Empirie

✔ Scrum Team

✔ Events

✔ Artefakte

✔ »Done«

✔ Selbstmanagende Teams

✔ Forecasting und Release-Planung

✔ Produkt-Wert

✔ Product-Backlog-Management

✔ Stakeholder und Kunden

Für den Scrum Master gibt es darüber hinaus weitere Fokusgebiete, die zu Ihren Kenntnissen zählen sollten, wenn Sie die Zertifizierung anstreben:

✔ Scrum-Werte

✔ Facilitation

✔ Coaching

Einen Überblick über die benötigten Kenntnisse finden Sie inklusive zahlreicher weiterführender Angebote auf der Webseite der Scrum.org (https://www.scrum.org/assessments/professional-scrum-master-i-certification). Weitere Informationen zur Zertifizierung finden Sie in Kapitel 12 *Zertifizierung*.

Im Folgenden können Sie nun nachlesen, welche Aufgaben der Scrum Master entlang der Fokusgebiete hat und wie er als Mitglied des Scrum Teams agiert.

»Scrum Master sind echte Führungspersönlichkeiten, die dem Scrum Team und der Gesamtorganisation dienen.« (Scrum Guide 2020)

Im aktuellen Scrum Guide werden Scrum Master als »echte Führungspersönlichkeiten, die […] dienen« bezeichnet. In früheren Versionen war von »Servant Leadership«, also dienender Führung, die Rede. Obwohl der Begriff als solches nicht mehr auftaucht, wird weiterhin betont, dass der Scrum Master sowohl dem Scrum Team als auch der Gesamtorganisation in vielfältiger Art und Weise »dient«.

In zahlreichen Unternehmen wurden in den letzten Jahren zwar Scrum Master benannt, doch diese Personen wurden weder befähigt noch ermächtigt, als echte Führungspersönlichkeiten zu agieren. Zum Selbstverständnis von echter Führung gehört immer ein gewisses Maß an Autonomie und Selbstbestimmung, das den Scrum Mastern am Ende häufig dann doch nicht zugestanden wird. Dadurch besteht die Gefahr, dass Scrum Master zu Protokollanten und Handlangern verkommen und ihren Verantwortlichkeiten nicht gerecht werden können (vgl. Kapitel 4 *Scrum Team im Überblick*).

Der Scrum Master ist keine Führungskraft im traditionellen Sinne. Er ist weder dafür zuständig, das Scrum Team oder dessen Performance zu kontrollieren, noch ist er dafür verantwortlich, die Meetings des Scrum Teams zu organisieren oder Aufgaben oder Kapazitäten zuzuteilen. Entgegen einer häufig aufkommenden Behauptung – insbesondere in Management-Kreisen – liegt es ganz und gar nicht in der Verantwortung des Scrum Masters, zu kontrollieren, ob die Scrum-Team-Mitglieder ihre Aufgaben erledigen. Vielmehr ist es die Aufgabe aller, sich gegenseitig in die Verantwortung zu nehmen.

Der Scrum Master ist gemäß Scrum Guide ergebnisverantwortlich (*accountable*) für die regelgetreue Einführung von Scrum und für die Effektivität des Scrum Teams. Für seine Arbeit sind die Scrum-Werte (Kapitel 2 *Werte und Prinzipien als Basis*) zentral, der Scrum Master ist ihr Wächter.

Einerseits agiert er als Vorbild, indem er die Scrum-Werte in seinem Tun verkörpert. Beispiele dafür sind:

- ✔ **Commitment:** Der Scrum Master bleibt den Zielen des Scrum Teams treu und hält sich an Verabredungen.
- ✔ **Fokus:** Um seiner Ergebnisverantwortung gerecht zu werden, fokussiert der Scrum Master auf kontinuierliche Verbesserung.

✔ **Offenheit:** Der Scrum Master sorgt dafür, dass die Kultur von Offenheit und Transparenz geprägt ist, indem er selbst Informationen preisgibt und Themen aktiv anspricht.

✔ **Respekt:** Im Umgang mit seinen Teammitgliedern, den Stakeholdern und allen anderen Personen agiert der Scrum Master stets respektvoll.

✔ **Mut:** Der Scrum Master ermutigt das Team, mutige Entscheidungen zu treffen und neue Wege zu gehen, um kontinuierlich zu lernen und sich zu verbessern.

Andererseits erwartet der Scrum Master auch von anderen, dass die Scrum-Werte gelebt werden, und es ist seine Aufgabe, das Scrum Team im Hinblick auf die Scrum-Werte und deren Anwendung zu coachen. Wenn Sie als Scrum Master beispielsweise feststellen, dass Teammitglieder nur halbherzig dabei sind oder sich nicht gegenseitig helfen, dann erinnern Sie das Scrum Team an ihr *Commitment* – und finden Sie Wege, dieses zu verbessern.

Wenn Ihnen als Scrum Master auffällt, dass der Product Owner die Entwickler im Rahmen des Sprint Plannings in eine Diskussion über einen Product-Backlog-Eintrag verwickelt, der technisch interessant und trotzdem wertlos ist, dann sollten Sie den Product Owner coachen, sich auf werthaltige Aspekte des Produkts zu konzentrieren und den *Fokus* wieder herzustellen.

Wenn Sie als Scrum Master eines Scrum Teams bemerken, dass die Entwickler während des Sprint Reviews versäumen, die Grenzen des aktuellen Produkts darzulegen, und sich daraus überzogene Erwartungen in den Reihen der Stakeholder ergeben, dann sollten Sie das Scrum Team und insbesondere die Entwickler *ermutigen*, eine Kultur der Offenheit zu etablieren und den Stakeholdern die Grenzen des Produkts so schnell wie möglich zu offenbaren.

Scrum Master als Impediment-Beseitiger

Die Frage, die im Familien-Duell (die Älteren unter uns erinnern sich) wahrscheinlich 100 Prozent der Befragten mit »Scrum Master« beantworten würden, ist: »Wer kümmert sich um die Beseitigung von Impediments?« Dabei ist differenziert zu betrachten, was »kümmern« bedeutet. Häufig hat sich in der Vergangenheit das Verständnis etabliert, dass der Scrum Master alle Impediments allein beseitigen muss. Doch das ist nicht der Fall. Vielmehr muss er sich darum kümmern, dass es passiert.

Während der Laufzeit des Projekts »Flow« fällt Peter krankheitsbedingt aus. Er hat sich beim Klettern den Ellenbogen gebrochen, und die Reha nimmt eine gewisse Zeit in Anspruch. In diesen wenigen Wochen bleiben zahlreiche Probleme liegen, die Produktivität sinkt, und es kommt zu Konflikten innerhalb sowie außerhalb des Teams. Die verbliebenen Teammitglieder bitten ihren Bereichsleiter um Unterstützung. Dieser hat jedoch wenig Zeit und kann lange nicht so viele Probleme lösen, wie das Team es von Peter gewohnt ist. Entsprechend verbessert sich die Situation nur unwesentlich.

Alle sind froh, als Peter wieder da ist und sich wieder um die Beseitigung von Hindernissen kümmert. Auch der Bereichsleiter freut sich. Einmal mehr erkennt er Peters Leistung an.

Zunächst einmal ist es hilfreich, zu verstehen, was ein Impediment überhaupt ist. Im Scrum-Kontext wird darunter alles gefasst, was dazu geeignet ist, das Scrum Team zu blockieren und Fortschritt zu verhindern, sodass das Scrum Team seine gesteckten Ziele nicht erreichen kann. Es handelt sich jedoch nur um die Probleme, die den Fortschritt des Teams hinsichtlich des Sprint- oder Produkt-Ziels behindern und die vom Team nicht selbst gelöst werden können. Diese Probleme können vielfältig sein, doch nicht alles, was auf den ersten Blick den Anschein eines Impediments hat, ist am Ende auch eins.

So kommt es immer wieder vor, dass Probleme, die eigentlich vom Scrum Team selbst gelöst werden könnten, dem Scrum Master zugeschoben werden. Der Grund dafür besteht üblicherweise darin, dass die Entwickler ein Problem nicht angehen wollen oder nicht wissen, wie sie es angehen können. In diesen Situationen liegt es an Ihnen als Scrum Master, einen Weg mit dem Scrum Team zu erarbeiten, wenn Sie nicht in Arbeit ersticken wollen. Beispiele für »echte« Impediments sind die folgenden:

✔ schwerfällige Prozesse, die das Unternehmen vorgibt

✔ fehlende Zugänge für notwendige Software

✔ mangelnde Fähigkeiten im Scrum Team

✔ schlechte technische Ausstattung der Entwickler

✔ ständige Störungen der Entwickler von außen

 Ein nützliches Werkzeug zur Identifikation von Impediments ist der *Impediment-Identification-Quadrant* (IIQ). Er ist dazu geeignet, Impediments von Aufgaben zu unterscheiden, die das Team allein lösen kann (»Hausaufgaben«). (Maximini & Pilster 2023)

Insbesondere dann, wenn Scrum Teams ihre Arbeit aufnehmen, sehen sie sich oft mit einer steigenden Anzahl an Impediments konfrontiert – mehr als abgearbeitet werden können. Der Scrum Master sollte dann mit seinen wichtigsten Stakeholdern, den anderen Mitgliedern des Scrum Teams, ins Gespräch gehen, um deren Sichtweisen zu erfahren und weitere Informationen zu sammeln. Auf diese Weise kann das Scrum Team als Ganzes die Impediments nach Dringlichkeit sortieren und entsprechend mit der Abarbeitung beginnen.

Scrum Master als Mitglied des Scrum Teams

Die Arbeit des Scrum Masters lässt sich sehr gut anhand der Pyramide der Impediments erklären (vgl. Abbildung 7.1). Auf der untersten Ebene, im Bereich der Agilen Methoden, liegt die erste Ergebnisverantwortung des Scrum Masters. Diese besteht in der Vermittlung von Scrum-Theorie und -Praxis sowie in der Einführung von Scrum. Handlungsleitend für den Scrum Master ist immer der Scrum Guide; von ihm weicht er im Regelfall nicht ab. Obwohl die Ergebnisverantwortung im Hinblick auf die Einführung von Scrum sich nicht nur auf das Scrum Team, sondern auch auf die gesamte umgebende Organisation bezieht, beginnt er damit üblicherweise auf Teamebene.

Abbildung 7.1: Pyramide der Impediments (Maximini & Pilster 2023)

In der Aufgabenbeschreibung des Scrum Masters, die Sie im Wortlaut am besten direkt dem Scrum Guide entnehmen, gibt es ein paar Schlüsselwörter, die Sie verinnerlichen sollten (Scrum Guide 2020). Seine Arbeit in Bezug auf das gesamte Scrum Team umfasst insbesondere die folgenden Aufgaben:

- Der Scrum Master **coacht** die Teammitglieder in Bezug auf Selbstmanagement (*self-management*) und interdisziplinäre (*cross-functional*) Zusammenarbeit (*collaboration*).
- Der Scrum Master **hilft** dem Scrum Team, sich auf die Herstellung eines hochwertigen (*high-valuable*) Increments unter Einhaltung der »Definition of Done« zu fokussieren.
- Der Scrum Master **beseitigt** (*remove*) Hindernisse (*impediments*), die das Scrum Team von seinem Fortschritt abhalten.
- Der Scrum Master **stellt sicher** (*ensure*), dass alle Scrum Events in produktiver Art und Weise innerhalb ihrer jeweiligen Timebox stattfinden.

Denken Sie dabei immer an Peter, meinen Protagonisten aus den Beispielen, falls Sie diese gelesen haben. Seine verschiedenen Aufgaben und seine Haltungen sollten darin deutlich geworden sein.

Der Beitrag des Scrum Masters zu den Scrum Events ist sehr unterschiedlich:

- ✔ Während des Sprint Plannings besteht seine Aufgabe darin, sicherzustellen, dass innerhalb des Scrum Teams ein gemeinsames Verständnis darüber besteht, *was* im Sprint erreicht werden und *wie* das geschehen soll. Er fördert (*facilitate*) die entsprechenden Diskussionen, die auf dem Input des Product Owners basieren und schlussendlich in die Formulierung des Sprint-Ziels münden.

- ✔ Während des Sprints selbst kümmert sich der Scrum Master um die Beseitigung von Impediments, sodass die Entwickler sich ungestört auf die Herstellung des Increments konzentrieren können. Das bedeutet nicht, dass er auf seinem Platz sitzt und in einer Sprechstunde darauf wartet, dass man ihm die Impediments zuträgt. Vielmehr nimmt er aktiv am Geschehen teil, indem er Gespräche führt und sich in die Abläufe involviert.

- ✔ Während des Daily Scrums ist seine Anwesenheit nicht notwendig. Er nimmt nur teil, wenn die Entwickler sich dies wünschen oder der Bedarf besteht. Wenn er bemerkt, dass das Daily Scrum für die Entwickler beispielsweise nicht produktiv ist oder sie die Timebox von 15 Minuten regelmäßig überschreiten, dann unterstützt der Scrum Master die Entwickler darin, das Daily Scrum zu verbessern und nutzbringend zu gestalten.

- ✔ Während des Sprint Reviews achtet der Scrum Master darauf, dass Transparenz geschaffen wird und dass die Gelegenheit zur Inspektion und Adaption genutzt wird. Er hilft dem Scrum Team dabei, von den Stakeholdern das Feedback zu erhalten, das es benötigt, und fördert (*facilitate*) eine entsprechende Zusammenarbeit. Dadurch stellt er auch einen produktiven und zweckmäßigen Ablauf sicher.

- ✔ Während der Sprint Retrospective agiert der Scrum Master als Gastgeber. Die Sprint Retrospective ist »sein« Event und eine wichtige Gelegenheit für kontinuierliche Verbesserung. Er sorgt für gute Ausgangsbedingungen und auch dafür, dass es eine nutzbringende Zusammenkunft wird. Gleichzeitig bringt er seine eigene Sichtweise in seiner Rolle als Teammitglied ein.

Eine Herausforderung, mit der vermutlich so gut wie jeder Scrum Master mindestens ein Mal in seiner Karriere konfrontiert wird, ist der Ruf des Scrum Teams nach einer Verringerung der Frequenz der Daily Scrums auf einige Tage in der Woche anstelle der täglichen Durchführung. Als Scrum Master sollten Sie darauf reagieren, indem Sie dem Scrum Team noch einmal den Zweck des Daily Scrums (vgl. Kapitel 3 *Scrum Events im Überblick*) vergegenwärtigen:

- ✔ **Inspektion und Adaption:** Das Daily Scrum ist dazu da, den Fortschritt des Scrum Teams im Hinblick auf das Sprint-Ziel zu inspizieren und das Sprint Backlog entsprechend zu adaptieren. Weniger Daily Scrums würde weniger Gelegenheiten für Inspektion und Adaption bedeuten. Das Sprint Backlog würde seine Aktualität und Aussagekraft verlieren.

- ✔ **Impediments:** Obwohl Impediments prinzipiell jederzeit transparent gemacht werden dürfen und sollen, ist das Daily Scrum ein beliebter Zeitpunkt dafür. Oft fallen sie auch erst bei der Erstellung des Plans für die nächsten 24 Stunden als Ergebnis des Daily Scrums auf. Eine Verringerung der Anzahl der Daily Scrums kann dazu führen, dass Impediments länger den Fortschritt behindern, weil sie nicht auf den Tisch kommen.

Obwohl das allererste Ziel des Scrum Masters darin besteht, Scrum gemäß Scrum Guide einzuführen, ist er nicht als Scrum-Polizei unterwegs und pocht nicht die ganze Zeit auf Regeln. Stattdessen bestreitet der Scrum Master seine Aufgaben sehr situativ und mit einer großen Portion Empathie.

Arbeitet der Product Owner beispielsweise nicht oder nicht ausreichend mit den Entwicklern zusammen (ein Problem auf Ebene 2 der Pyramide der Impediments), dann hat er zwei Möglichkeiten, der Situation zu begegnen:

Einerseits kann er seine Beobachtungen im Hinblick auf die Kommunikation in der Sprint Retrospective teilen und gemeinsam mit dem Scrum Team an einer Lösung arbeiten. Als *Facilitator* steht für ihn die direkte Zusammenarbeit im Vordergrund. Andererseits kann er als *Coach* das Einzelgespräch mit dem Product Owner suchen und die Bedeutung seiner Arbeit mit den Entwicklern im Hinblick auf die erfolgreiche Auslieferung des Increments deutlich machen.

Wer Scrum anwendet, wird schnell bemerken, dass es dazu geeignet ist, nicht nur Probleme prozessualer Natur transparent zu machen, sondern auch Konflikte zwischen Personen aufzudecken. Ein Großteil der Arbeit des Scrum Masters wird sich von der Implementierung des Scrum-Rahmenwerks (Ebene 1 der Pyramide der Impediments) nach einer gewissen Zeit in diese Richtung verschieben. Die Lösung solcher Probleme auf Ebene 2 der Pyramide der Impediments ist essenziell für die Schaffung eines leistungsstarken (*high-performing*) Scrum Teams.

Der Scrum Master hat auch eine wichtige Unterstützungsfunktion für den Product Owner. Dabei dreht sich alles um Klarheit und Prägnanz und die Vermittlung der Bedeutung dieser Eigenschaften. Beispielsweise bietet er Methodenunterstützung für die Formulierung des Produkt-Ziels und entsprechender Product-Backlog-Einträge an und unterstützt bei der empirischen Produkt-Planung oder im Umgang mit den Stakeholdern. Der Scrum Master steht dem Product Owner mit Rat und Tat und einem großen methodischen Werkzeugkasten zur Seite, wenn es darum geht, exzellent zu werden (Ebene 3 der Pyramide der Impediments). Bei Herausforderungen dieser Art verschiebt sich der Lösungsraum häufig von der Teamebene auf die Organisationsebene, weil Restriktionen aus dieser Ebene dazu führen, dass eine Lösung auf Teamebene nicht möglich ist.

Mangels Personals übernehmen in manchen Unternehmen die Product Owner die Scrum-Master-Verantwortlichkeiten gleich mit. Zwar ist dies in Scrum nicht verboten, die betroffenen Personen können sich auf diese Weise aber weder auf die eine noch auf die andere Verantwortlichkeit konzentrieren. Der Fokus geht verloren, und die Personen haben keine Chance, den Verantwortlichkeiten gerecht zu werden. Deshalb ist es eine sehr schlechte Idee und zu vermeiden, dass eine Person beide Verantwortlichkeiten gleichzeitig innehat.

An dieser Stelle sei noch einmal erwähnt, dass gemäß Scrum Guide jedes Scrum Team einen Product Owner und einen Scrum Master haben muss – auch das wird in vielen Unternehmen leider nicht immer so eng gesehen. In Abhängigkeit davon, wie die Rolleninhaber sich im Sinne ihrer Verantwortlichkeiten, aber auch zeitlich einbringen, wird das Scrum Team mehr oder weniger erfolgreich sein.

Scrum Master als Change Agent in der Organisation

Der Problemfokus des Scrum Teams verschiebt sich – nach erfolgreichem Kehren im eigenen Hof – immer weiter in die Organisation (Ebenen 4 und 5 der Pyramide der Impediments). Aus diesem Grund ist es wichtig, dass Scrum Master von Anfang an nicht nur auf der Teamebene aktiv sind, sondern auch auf der Organisationsebene, wie es der Scrum Guide vorsieht. Dazu gehören:

- ✔ Einführung von Scrum durch dafür nötige Coachings und Trainings unterstützen
- ✔ Einführung von Scrum bewerben und diese planen und führen
- ✔ Verständnis für empirische Arbeitsweisen bei Mitarbeitenden und Stakeholdern schaffen
- ✔ Beseitigung von Hemmnissen und Hürden zwischen Stakeholdern und Scrum Teams

Scrum Master arbeiten daran, gemeinsam mit dem Scrum Team und der gesamten Organisation die Transparenz der Artefakte Product Backlog, Sprint Backlog und Increment zu erhöhen, sodass durch Inspektion und Adaption kontinuierliches organisationales Lernen möglich wird. Die Einführung einer neuen Art der Zusammenarbeit erfordert in der Regel viel Überzeugungskraft und Veränderungswillen.

Scrum Master als Facilitator

Ein Scrum Master ist in seinem Arbeitsalltag häufig als Facilitator unterwegs. Das bedeutet, er unterstützt Gruppenprozesse, um ein gemeinsames vereinbartes Ziel zu erreichen. Der Facilitator ist in diesem Prozess eine neutrale Person, die durch den Einsatz strukturierter Methoden und Techniken dafür sorgt, dass die Gruppe ihre individuelle Lösung erarbeitet. Dabei schafft er Perspektivenvielfalt und eine Atmosphäre, in der Transparenz, Zusammenarbeit und Kreativität möglich ist. Lösungsweg und Lösung sind nicht vorgegeben. Eigene Expertise und Meinungen bringt ein Facilitator nicht ein; im Prozess entscheidet, urteilt und bewertet er nicht.

In der deutschen Sprache wird »Facilitation« häufig mit »Moderation« übersetzt. Das trifft es jedoch nicht ganz; wie Sie dem vorherigen Absatz entnehmen konnten, ist Facilitation etwas mehr. Aus diesem Grund verwende ich in diesem Buch den Begriff Facilitation weiter.

Die Facilitation-Prinzipien lauten (`https://www.scrum.org/learning-series/facilitation/facilitation-principles`, Abbildung 7.2):

- ✔ partizipativ,
- ✔ gesund,
- ✔ transparent,
- ✔ prozessual und
- ✔ zweckgerichtet.

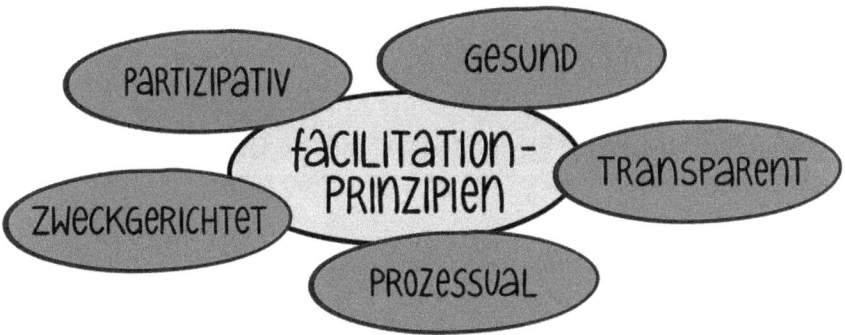

Abbildung 7.2: Facilitation-Prinzipien im Überblick

Facilitation bildet somit den Rahmen für die Partizipation aller Teilnehmenden in einem gesunden, sicheren Raum, in dem offener Austausch, Transparenz und Perspektivenvielfalt gefördert werden. Auf diese Weise kann eine Gruppe zweckgerichtet agieren und entlang eines kollaborativen Prozesses das vereinbarte Ziel erreichen.

Auch wenn die Rolle des Facilitators häufig dem Scrum Master zufällt, kann innerhalb eines Scrum Teams prinzipiell jedes Teammitglied unabhängig von seinem Ausbildungshintergrund die Rolle des Facilitators übernehmen; sie kann für die einzelnen Scrum Events auch rotieren. Neben einem Werkzeugkoffer mit verschiedenen Methoden und Techniken zur Problemlösung umfasst das Repertoire eines Facilitators unter anderem auch Fähigkeiten wie Empathie und den konstruktiven Umgang mit Konflikten. Er ist in der Lage, das Team bei der Sache zu halten.

Demnach kann jederzeit auch der Product Owner zum Erfolg des Scrum Teams beitragen, indem er in die Rolle des Facilitators schlüpft. Dies tut er beispielsweise, indem er

- ✔ Verständnis über die Produkt-Ziele schafft und Transparenz über das Product Backlog herstellt oder
- ✔ die Zusammenarbeit zwischen den Stakeholdern und dem Entwicklungsteam fördert, um die Qualität des Feedbacks zu erhöhen.

Der Scrum Master ist nicht zwangsläufig Facilitator für alle Scrum Events und jede andere Zusammenkunft. Er kommt dieser Aufgabe nur dann bei Bedarf nach,

- ✔ wenn er die Notwendigkeit sieht, um seinen Verantwortlichkeiten nachzukommen oder
- ✔ wenn er von den Entwicklern oder dem Scrum Team als Ganzes herangezogen wird.

Scrum Master als Coach

Scrum basiert auf dem festen Glauben, dass selbstmanagende Teams besser auf Veränderungen in ihrer Umwelt reagieren können. Die Autonomie in der Umsetzung von Aufgaben führt zu einem höheren Maß an Eigenverantwortung, gesteigertem Commitment und bietet den besten Nährboden für Kreativität.

Doch nicht jede Person, die Mitglied eines Scrum Teams wird oder bestimmte Verantwortlichkeiten wie die des Product Owners übernimmt, ist von Anfang an dazu in der Lage. Wie das Vokabular von Scrum verspricht, sind die Arbeitsabläufe so verschieden von denen, die die meisten Menschen gewohnt sind, sodass insbesondere zu Beginn von Transformationen regelmäßig ein hoher Coaching-Bedarf besteht. Der Scrum Master agiert als Coach, indem er Personen durch Veränderungen begleitet und sie unterstützt, eigenständig Lösungen für ihre Herausforderungen zu erarbeiten.

Ist der Product Owner beispielsweise unsicher, wie er mit Anforderungen seitens unzufriedener Stakeholder umgehen wird, so wird der Scrum Master ihn nicht nur ermutigen, die Anforderungen ins Product Backlog zu überführen und sie den Entwicklern auf diese Weise transparent zu machen. Der Scrum Master wird dem Product Owner auch helfen, mit den Entwicklern in einer produktiven Art und Weise über die Unzufriedenheit der Stakeholder zu sprechen. Ergebnis dieser Diskussion könnte zum Beispiel die Anpassung der Definition of Done sein, wenn die Unzufriedenheit auf mangelhafter Qualität beruht.

Auch Selbstmanagement für sich ist eine Eigenschaft, die sich nicht jeder von jetzt auf gleich zu eigen machen kann, weil es in der Vergangenheit häufig gar nicht gewünscht war und deshalb die Übung fehlt. Der Scrum Master sollte im Rahmen seiner Coaching-Aktivitäten also stets die Vorteile von Selbstmanagement herausstellen und die Personen in seinem Umfeld dazu befähigen, eigenständig Lösungen zu erarbeiten.

Wichtige Learnings für die Prüfung

Was die Rolle des Scrum Masters angeht, sollten Sie für die Prüfung mitnehmen:

- ✔ Im Scrum Guide werden Scrum Master als »echte Führungspersönlichkeiten« bezeichnet, die dem Scrum Team und der umgebenden Organisation »dienen«.

- ✔ Der Scrum Master ist ergebnisverantwortlich (*accountable*) für die regelgetreue Einführung von Scrum und für die Effektivität des Scrum Teams.

- ✔ Der Scrum Master kümmert sich um die Beseitigung von Impediments. Das heißt nicht, dass er jedes Problem allein lösen muss.

- ✔ Impediments sind Probleme, die das Scrum Team am Fortschritt hindern und die es nicht allein beseitigen kann.

- ✔ Jedes Scrum Team muss sowohl einen Product Owner als auch einen Scrum Master haben; deren (zeitliche) Verfügbarkeit beeinflusst Erfolg und Misserfolg.

- ✔ Der Scrum Master fokussiert auf Lösungsfindung im Sinne des Selbstmanagements: Er unterstützt Personen(gruppen) dabei, eigenständig Lösungen zu erarbeiten.

Teil III
Scrum im Unternehmensalltag

IN DIESEM TEIL ...

In diesem Teil verlassen wir die reine Scrum-Theorie, und Sie werden sehen: Es gibt einige Rahmenbedingungen zu beachten, wenn Sie Scrum in ein bestehendes Unternehmensumfeld einbetten wollen. Einige »Good Practices« machen im Alltag das Leben leichter und Ihnen die Prüfung, wenn Sie mit ihnen vertraut sind.

> **IN DIESEM KAPITEL**
>
> Rollen im Umfeld von Scrum Teams einzubinden wissen
>
> Skalierung von Scrum kennenlernen

Kapitel 8
Scrum im Unternehmensalltag

Häufig wird Scrum nicht auf der vielzitierten »grünen Wiese« eingeführt, sondern bestehende Unternehmen beginnen, sich Scrum zu eigen zu machen, stoßen dafür beispielsweise eine »Agile Transformation« an oder lassen die Veränderung der Arbeitsweise Teil der »Digitalen Transformation« werden. Der Scrum Guide betrachtet diesen Fall, dass es außerhalb des Scrum Teams noch etwas gibt, nicht. Dennoch lassen sich anhand der beschriebenen Regeln Ableitungen für das Arbeiten mit Scrum in traditionellen oder skalierten Umfeldern treffen.

Vermutlich sind Sie auch in einem Unternehmen unterwegs, in dem mit der Etablierung einzelner Scrum Teams begonnen wird oder wurde oder in dem bereits viele Scrum Teams parallel an einem oder mehreren Produkten arbeiten. Auch die Prüfungsfragen für die Grundlagenzertifizierungen berühren immer wieder das Umfeld von Scrum Teams. Aus diesen beiden Gründen ist dieses Kapitel für Sie wichtig.

Einführung von Scrum in Unternehmen

Bei der Einführung von Scrum in Unternehmen werden selten in einem Schritt alle vorherigen Strukturen abgeschafft und gleichzeitig die neue Arbeitsweise implementiert. Es wird eher versucht, Scrum in die bestehenden Strukturen zu integrieren. Das führt dazu, dass im Umfeld von Scrum Teams traditionelle Rollen auch über die Einführung von Scrum hinaus Bestand haben. Das stellt für sich genommen noch keinen Konflikt mit Scrum dar, denn Scrum ist als Rahmenwerk definiert, erlaubt also die Ergänzung zusätzlicher Elemente. Nicht erlaubt ist hingegen, die im Scrum Guide definierten Elemente zu verändern oder wegzulassen.

IT-Führungskräfte und Projektmanager

Im Umfeld von Scrum Teams gibt es üblicherweise Vertreter des Managements. Da Scrum auch heutzutage noch oft in der Softwareentwicklung oder angrenzenden Bereichen zum Einsatz kommt, sind das beispielsweise IT-Führungskräfte (*IT Manager*) wie

Abteilungs-, Gruppen- oder Teamleiter. Diese waren es als Teil des Projektmanagements bisher gewohnt, ihre Ideen zeitnah in der Umsetzung zu sehen und Projektstatusberichte zu erhalten, in denen der aktuelle Stand des Projekts (vermeintlich) ersichtlich war.

Das Management der Abenteuer GmbH hat seit der Einführung von Scrum eine echte Entwicklungsreise hinter sich gebracht. Zu Beginn haben die Führungskräfte sich schwergetan, Selbstmanagement zu fördern und ihre Teammitglieder zu befähigen, selbstständig zu arbeiten. Dabei sind nicht immer Beschränkungen das Problem gewesen. Häufig ist den Teams mit dem Argument »Die arbeiten ja jetzt selbstmanagend« viel zu viel Raum gelassen worden. Das ist oft so plötzlich passiert, dass die Teams gar keine Chance hatten, zu lernen, wie sie diesen Raum füllen können. Ein Mangel an Struktur hat viele Teams in die Orientierungslosigkeit geschickt.

Heute ist das anders, und Peter hat über die Jahre einen großen Beitrag dazu geleistet, dass das Management sich im Umfeld der Scrum Teams so verhalten kann, dass nicht nur die Ergebnisse stimmen, sondern das Informationsbedürfnis des Managements ebenfalls gedeckt ist. Es setzt inzwischen die richtigen Rahmenbedingungen, innerhalb derer die Product Owner agieren können. Diese haben die Erlaubnis, die Entscheidungen zu treffen, die dazu dienen, den Produkt-Wert zu maximieren.

Aus alter Gewohnheit kann es also immer wieder vorkommen, dass solche Personen den Product Owner, den Scrum Master oder einzelne Entwickler ansprechen, um Aufträge zu verteilen oder um einen Bericht zu erhalten. An dieser Stelle wird insbesondere auf Sie als Scrum Master eine große Menge an Gesprächsbedarf und Überzeugungsarbeit zukommen. Sie müssen erklären, dass die einzige Quelle für Arbeit des Scrum Teams das Product Backlog ist und dass Projektstatusberichte entfallen. Vertreter des Managements erhalten als Stakeholder im Sprint Review Transparenz durch die Inspektion des Increments. Und mehr noch: Wie Sie schon in Kapitel 3 *Transparenz, Inspektion, Adaption* lesen konnten, brauchen Scrum Teams die Führungskräfte im Umfeld beispielsweise, um an alle wichtigen Informationen zu kommen oder um Unterstützung bei der Beseitigung von Impediments zu erhalten.

Auch Projektmanager sind potenziell Personen, die einen Projektstatusbericht anfordern könnten. Bereits in Kapitel 1 *Einführung in die Welt der Scrum Master und Product Owner* hatte ich Ihnen jedoch klargemacht, dass es in Scrum Teams keinen Projektmanager mehr gibt. Das haben Sie sich sicherlich gemerkt. Das bedeutet, immer dann, wenn eine Antwortmöglichkeit in der Prüfung vorschlägt, dass der Projektmanager als Mitglied des Scrum Teams agiert oder eine Verantwortung trägt, dann muss diese Antwortmöglichkeit falsch sein.

In manchen Unternehmen werden Scrum Teams zusätzlich zu den Scrum-Verantwortlichkeiten mit einem Projektmanager ausgestattet. Nach dem, was Sie bisher gelernt haben, wissen Sie, dass es sich dabei nicht um Scrum in Reinform handelt, da ein solches Vorgehen nicht mit dem Scrum Guide konform ist.

Anders sieht es im Umfeld eines Scrum Teams aus. Hier könnten durchaus Projektmanager anzutreffen sein. Auch sie sind aus Sicht des Scrum Teams im Grunde genommen als Stakeholder zu behandeln, das heißt, Offenheit ist das Gebot der Stunde: Sorgen Sie dafür, dass solche Personen im Umfeld des Scrum Teams informiert sind, indem Sie das Gespräch suchen, und dass Transparenz zu den folgenden Themen besteht:

✔ Produkt-Ziel und aktueller Stand des Product Backlogs

✔ momentanes Sprint-Ziel in Verbindung mit dem Plan für den Sprint

✔ derzeitige Impediments, die den Fortschritt des Teams behindern

Genauso wie die Führungskräfte und alle anderen Stakeholder sind Projektmanager nicht Empfänger von irgendwelchen Berichten oder anderen Dokumenten. Auch hier gilt: In Scrum wird Transparenz immer über die Artefakte hergestellt, nicht über für bestimmte Personenkreise gesondert hergestellte Berichte. Weder der Product Owner noch der Scrum Master noch die Entwickler sollten sich dazu hinreißen lassen, auf Anfrage so etwas zu erstellen. Die Hauptfragen sollten immer sein: Welchen Mehrwert erzielen wir dadurch für uns ,und wie viel schneller oder besser können wir dadurch Wert für unsere Kunden schaffen?

Business-Analysten, Tester und andere Spezialisten

Aus Kapitel *4 Scrum Team im Überblick* wissen Sie, dass das Scrum Team eine kleine Gruppe an Menschen ist, die eng zusammenarbeitet, um in einem komplexen Umfeld ein nützliches, wertvolles Increment entstehen zu lassen. Das Team besteht aus einem Product Owner, einem Scrum Master und Entwicklern. Das heißt, Business-Analysten, Tester und andere Spezialisten werden in einem Scrum Team alle Entwickler genannt; explizite Rollen gibt es innerhalb eines Scrum Teams nicht.

In der klassischen Aufstellung von Unternehmen gibt es in der Regel funktionale Bereiche, die in Abteilungen, die wiederum in Gruppen und manchmal noch in Teams unterteilt werden. Projekte wurden – und werden auch heutzutage noch – häufig in einer sogenannten Matrixstruktur (vgl. Abbildung 8.1) abgewickelt. Das heißt, dass die Abwicklungsorganisation quer über die Aufbauorganisation gelegt wird (Jones & Bouncken 2008). Auf diese Weise wird in Organisationen bereits eine gewisse interdisziplinäre (*cross-functional*) Zusammenarbeit erreicht. Das sprichwörtliche »Dienen zweier Herren« in einer solchen Überlagerung von Managementstrukturen führt jedoch häufig zu Unklarheiten und Zielkonflikten.

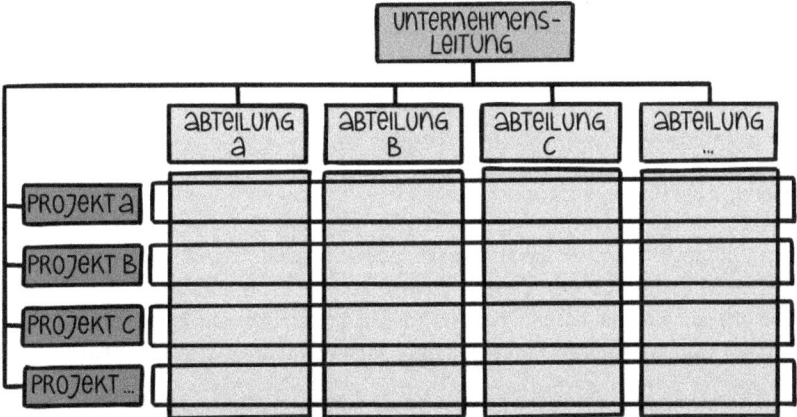

Abbildung 8.1: Exemplarische Darstellung einer traditionellen Matrixstruktur zur Projektabwicklung in Unternehmen

In traditionellen Unternehmen ist es üblich, dass Spezialisten in Abteilungen gebündelt werden. So gibt es eine für UX-Spezialisten, eine für Architektur-Spezialisten, eine für Business-Analysten, eine für Tester und so weiter. Scrum räumt damit auf, indem es auf Selbstmanagement setzt und die Fähigkeit eines Teams, ein fertiges Increment zu erzeugen, in den Vordergrund rückt. Dies erfordert, dass die Entwickler alles dafür Notwendige ohne Abhängigkeiten von anderen erledigen können. Sollte dies aus irgendeinem Grund nicht der Fall sein, liegt es in Ihrer Hand als Scrum Master, die Entwickler dabei zu unterstützen, möglichst eigenständig eine Lösung zu erarbeiten, um das Scrum Team in die Lage zu versetzen, ein Increment zu erzeugen.

Viele Unternehmen besetzen Scrum Teams aus ihren funktionalen Abteilungen, sodass am Ende in jedem Scrum Team ein UX-Spezialist, ein Architektur-Spezialist, ein Business-Analyst und ein Tester (und so weiter) vorhanden sind. In solchen Fällen ist es nach meiner Erfahrung ganz schwierig, die Identität des Scrum Teams zu formen und eine vertrauensvolle Zusammenarbeit zu schaffen, weil sich solche Teammitglieder häufig vor allem eher ihrer »Heimatorganisation« als dem Scrum Team verbunden fühlen.

Im Hinblick auf externe Lieferanten ist das Vorhandensein von Abhängigkeiten häufig nicht zu vermeiden, und das Scrum Team muss zeitweise auf Zuarbeit, Material oder eine andere Voraussetzung warten, um selbst weiterarbeiten zu können. Es liegt in den Händen des Product Owners, solche Zulieferungen und Verfügbarkeiten zu berücksichtigen, um sicherzustellen, dass für jedes Sprint Planning genug im Product Backlog enthalten ist, um daraus einen Plan für den Sprint, das Sprint Backlog, zu entwickeln.

Skalierung von Scrum

Sie erinnern sich sicherlich, dass Teams, die mehr als zehn Teammitglieder haben, häufig ausgebremst werden, weil die Kommunikation schwieriger wird und große Teams eine geringere Produktivität aufweisen als kleinere Teams. Aus diesem Grund sind an der Entwicklung umfangreicherer Produkte häufig mehrere Scrum Teams beteiligt, und es müssen Wege gefunden werden, um

- ✔ eine produktive Zusammenarbeit zu ermöglichen,
- ✔ eine effektive Kommunikation zu erzeugen und
- ✔ eine erfolgreiche Integration aller Arbeitsergebnisse zu einem Increment zu ermöglichen.

Die Arbeit mehrerer Scrum Teams an einem Produkt wird häufig als »Skalierung« bezeichnet. Dabei ist es wichtig, zu bedenken, dass Scrum Teams sich selbst managen und an dieser Stelle weder der Scrum Master noch eine Führungskraft aus dem Umfeld des Scrum Teams zum Einsatz kommt, um Zusammenarbeit, Kommunikation und Integration sicherzustellen. Die Scrum Teams allein sind für ihr gemeinsames Ergebnis, das Increment, verantwortlich.

Wenn mehrere klassische Teams an der Produktentwicklung beteiligt sind, dann war es in der Vergangenheit üblich, dass jedes Team einen Teil zu einer Funktionalität beigetragen hat, beispielsweise eine bestimmte Ebene (*layer*) oder eine Komponente (*component*). Mit dem Einsatz von Scrum wird allerdings das Ziel verfolgt, dass nach jedem Sprint in jedem Team eine Funktionalität entstanden ist, die wertvoll für den Kunden ist. Eine Ebene oder eine Komponente ist nicht dazu geeignet, Wert zu stiften. Wenn im weiteren Verlauf der Entwicklung keine Verwendung mehr dafür besteht, dann handelt es sich sogar um Verschwendung. Die Verteilung der Entwicklung von Funktionalitäten auf mehrere Scrum Teams führt auch immer zu Abhängigkeiten, die unnötige Komplexität mit sich bringen. Aus diesen Gründen entwickeln Scrum Teams immer vollständige Funktionalitäten über die technischen Schichten des Produkts hinweg.

Immer dann, wenn mehrere Scrum Teams gemeinsam ein Produkt entwickeln, sollten sie die Verantwortlichkeit, das Artefakt und das Commitment rund um das Produkt teilen:

✔ Product Owner

✔ Product Backlog

✔ Produkt-Ziel

Das bedeutet, wenn mehrere Scrum Teams gemeinsam an der Produktentwicklung arbeiten, dann hat nicht jedes Scrum Team einen eigenen Product Owner, sondern es gibt *einen* Product Owner, der die Entscheidungshoheit über die Sortierung des *einen* Product Backlogs hat. Gemeinsam verfolgen die Scrum Teams *ein* Produkt-Ziel. Für die Definition of Done ergibt sich daraus, dass alle Scrum Teams zusammen eine gemeinsame Definition of Done erstellen müssen, sofern die Organisation keine vorgibt. Die einzelnen Teams können die DoD um weitere Aspekte ergänzen. Der kleinste gemeinsame Nenner darf dadurch jedoch nicht verloren gehen.

Sie wissen bereits aus Kapitel 6 *Product Owner in Aktion*, dass sich die Verantwortlichkeit des Product Owners nicht teilen lässt, weshalb es sich bei ihm immer um eine einzelne Person und niemals um ein Gremium handelt. Auch im Fall der skalierten Zusammenarbeit sorgt das Vorhandensein eines Product Owners, statt je eines Product Owners pro Team, für Klarheit im Hinblick auf die Verantwortung für das Increment und für die Sortierung des Product Backlogs. Dadurch können schnell Entscheidungen getroffen werden und die Kommunikation wird nicht unnötig komplex.

In ihren individuellen Sprint Plannings wählen die Scrum Teams Product-Backlog-Einträge aus dem gemeinsamen Product Backlog aus. Dies geschieht in Abstimmung mit dem Product Owner. Als gemeinsame Anstrengung des Product Owners mit den Entwicklern können die Product-Backlog-Einträge vorab so organisiert werden, dass möglichst wenige Abhängigkeiten bestehen.

In vielen Unternehmen ist es gang und gäbe, dass es mehrere Product Backlogs für ein Produkt gibt. Dieses Vorgehen ist nicht mit Scrum vereinbar, da es die Transparenz einschränkt und die Komplexität erhöht.

Die Sprint-Längen der verschiedenen Scrum Teams, die an einem Produkt arbeiten, könnten theoretisch in jedem Team andere sein. Scrum macht dazu keine Vorgabe. Es ist im Entwicklungsalltag auszuprobieren, welcher Modus sinnvoll ist.

Die Gründung von Scrum Teams soll immer unter der Maßgabe erfolgen, dass das Team über die notwendigen Fähigkeiten verfügt, ein Increment zu erzeugen. Wenn eine größere Gruppe von Menschen auf mehrere Scrum Teams verteilt werden soll, dann stellen Sie sich immer die Frage, wie Sie dieser Anforderung gerecht werden können. Aber überlassen Sie es den Menschen, sich zu organisieren, schließlich reden wir von Selbstmanagement. Gleiches gilt, wenn sich bestehende Scrum Teams umorganisieren sollen. Es gibt keinen Grund, von außen einzugreifen. Das Einzige, was sicherlich benötigt wird, ist ein Scrum Master in der Rolle des Facilitators, um den Gruppenprozess zu begleiten und dafür zu sorgen, dass ein Ergebnis entsteht.

In der Praxis bestimmt das Management häufig die Teammitglieder und legt auch den Product Owner und den Scrum Master fest. Kommt ein Scrum Team an seine Grenzen, dann nimmt das Management sich oft heraus, auch neue Teams zu bilden. Bedenken Sie, dass das dem Prinzip des Selbstmanagements widerspricht.

Über die Jahre sind verschiedene Regel- und Rahmenwerke rund um das Thema Skalierung entstanden. Die wichtigsten seien an dieser Stelle kurz beschrieben. Die ersten beiden arbeiten mit Scrum weiter und legen den Scrum Guide zugrunde. Die anderen beiden versuchen eher, agile Prinzipien zu verankern und zu operationalisieren, weichen dabei aber von Scrum in Reinform ab:

- ✔ **Scrum@Scale™** (https://www.scrumatscale.com/scrum-at-scale-guide/): Scrum-Miterfinder Jeff Sutherland hat ein Rahmenwerk (*Framework*) entwickelt, das er »Scrum@Scale« nennt. Es wird als »Erweiterung« des Scrum-Rahmenwerks beschrieben. Zusätzliche Mechanismen helfen, die Scrum-Verantwortlichkeiten zu koordinieren und übergeordnete Impediments anzugehen. Zusätzliche Events dienen der Absprache sowohl auf täglicher Basis als auch auf strategischer Ebene. Es ist überwiegend modular aufgebaut und fordert vom Anwender, dass dieser die Elemente umsetzt, die im jeweiligen Kontext angemessen sind.

- ✔ **Nexus** (https://www.scrum.org/resources/nexus-guide): Auch das Rahmenwerk »Nexus™« baut auf Scrum auf und wurde von dem anderen Scrum-Miterfinder Ken Schwaber und der Scrum.org entwickelt. Die Scrum-Elemente werden um eine zusätzliche Verantwortlichkeit, das Nexus Integration Team, ergänzt, das sicherstellt, dass die teamübergreifenden Prozesse gut funktionieren. Weitere teamübergreifende Aktivitäten vervollständigen das Vorgehen.

- ✔ **LeSS** (https://less.works/less/framework): LeSS (Large Scale Scrum) ist ebenfalls ein Framework, das entwickelt wurde, um basierend auf Scrum in einer skalierten Form mit mehreren Scrum Teams zusammenzuarbeiten, um ein gemeinsames Produkt zu erstellen. Es weicht an einigen Stellen von Scrum ab, ist aber voll kompatibel und hat einige Parallelen zu Nexus™: Beispielsweise etablieren beide Rahmenwerke das Product Backlog Refinement als weiteres Event.

- ✔ **SAFe®** (https://scaledagileframework.com/): Das Scaled Agile Framework (SAFe) ist ein recht umfangreicher Ansatz, der entwickelt wurde, um agile Praktiken auf große Organisationen zu skalieren. Er wendet Prinzipien und Methoden aus den Bereichen Lean Management und Agilität an, um Unternehmen entlang ihrer Wertschöpfung aufzustellen. Es wird zwar auf Begrifflichkeiten aus Scrum zurückgegriffen, allerdings wird in der agilen Community kontrovers diskutiert, wie viel Agilität bei SAFe® übrig bleibt.

Die verschiedenen Rahmenwerke sind nicht inhaltlicher Bestandteil der Grundlagenzertifizierungen zum Professional Scrum Product Owner™ (PSPO I) oder Professional Scrum Master™ (PSM I), werden Ihnen jedoch sicherlich im Unternehmensalltag begegnen. Deshalb erschien es mir sinnvoll, diese am Ende dieses Kapitels kurz zu nennen.

Wichtige Learnings für die Prüfung

Das sollten Sie im Kopf behalten:

- ✔ Führungskräfte und Projektmanager im Umfeld von Scrum Teams werden als Stakeholder behandelt. Transparenz über Artefakte und entsprechende Konversationen involvieren sie.

- ✔ Transparenz ergibt sich aus den Artefakten, nicht aus irgendwelchen Berichten, die das Management oder andere Personen anfordern.

- ✔ Scrum Teams müssen alle Fähigkeiten zur Erstellung eines Increments haben, um Abhängigkeiten zu Funktionsträgern oder anderen Teams zu vermeiden.

- ✔ Sollte dies nicht der Fall sein, sollten die Entwickler im Sinne des Selbstmanagements bei der Erarbeitung einer eigenen Lösung unterstützt werden.

- ✔ Der Product Owner ermöglicht die kontinuierliche Lieferung von Wert durch ein geschicktes Product-Backlog-Management.

- ✔ Mehrere Scrum Teams, die an einem gemeinsamen Produkt arbeiten, sind zusammen verantwortlich für die Lieferung eines integrierten Increments.

- ✔ Es ist den Menschen, die in mehreren Scrum Teams an einem Produkt arbeiten sollen, überlassen, wie sie sich in Teams einteilen.

- ✔ Maßgabe bei der Einteilung von Scrum Teams ist, dass jedes am Ende alle nötigen Fähigkeiten besitzt, die zur Erstellung eines Increments benötigt werden.

- ✔ Mehrere Scrum Teams, die an einem Produkt arbeiten, teilen sich den Product Owner, das Produkt-Ziel und das Product Backlog.

- ✔ Skaliertes Scrum ist immer noch Scrum: ein Produkt-Ziel, ein Product Backlog, ein Product Owner.

> **IN DIESEM KAPITEL**
>
> Unterschied zwischen »Best Practices« und »Good Practices« verstehen
>
> Story Points, Velocity, Burndown-Charts, Agile Cone of Uncertainty und User Stories als Good Practices kennenlernen

Kapitel 9
Good Practices im Scrum-Umfeld

Im Projektmanagement hat man in der Vergangenheit häufig versucht, sogenannte »Best Practices« zu etablieren, also bewährte Methoden, Praktiken oder Werkzeuge, die sich durch wiederholte Anwendung als besonders effektiv erwiesen haben. Durch die Verwendung von Best Practices können Prozesse standardisiert und die Qualität verbessert werden. Das klappt aber nur, wenn die Rahmenbedingungen sich nicht verändern, da es sonst zu Wechselwirkungen kommen kann, die der Best Practice die Reproduzierbarkeit und damit das Erfolgsversprechen rauben.

Wir halten also fest: In einer komplexen Welt kann es aufgrund der großen Unsicherheit keine »Best« Practices geben. Bei der Verwendung von Scrum haben sich über die Jahre jedoch einige sogenannte »Good Practices« etabliert. Good Practices sind Methoden, Praktiken und Werkzeuge, die sich in der Vergangenheit in einem Kontext bewährt haben und von denen wir glauben, dass sie auch in der Zukunft oder in einem anderen Kontext funktionieren könnten. Die erfolgreiche Anwendung setzt mindestens voraus, ein gewisses Verständnis für Sinn und Zweck der Good Practices entwickelt zu haben. Einige von ihnen kommen den Begrifflichkeiten nach immer wieder auch in Prüfungsfragen vor. Aus diesem Grund widme ich ihnen ein Kapitel und stelle Ihnen die aus meiner Sicht wichtigsten vor. Diese sind:

✔ User Stories

✔ Story Points

✔ Velocity

✔ Burndown-Chart

✔ Agile Cone of Uncertainty

Vorweg sei gesagt, dass Scrum als leichtgewichtiges Rahmenwerk keinerlei Methoden, Praktiken und Werkzeuge vorgibt – weder für den Scrum Master noch für den Product Owner. Die vorgenannten Good Practices finden – bis auf eine kurze Nennung des Burndown-Charts – also auch keine Erwähnung im Scrum Guide. Verboten sind Methoden, Praktiken und Werkzeuge natürlich immer dann, wenn sie den zugrunde liegenden Prinzipien von Scrum widersprechen, also zum Beispiel Transparenz unterbinden, oder wenn Scrum-Werte verletzt werden.

User Stories

User Stories (dt. Nutzer-Geschichten) beschreiben in kurzer und einfacher Form aus Sicht des Kunden, was dieser vom Produkt erwartet, und unterscheiden sich damit schon in ihrer Länge von klassischen Anforderungsdokumenten. Als kleine Geschichte wird formuliert, wie Anwender eine Funktion nutzen wollen, um ein Problem zu lösen. User Stories enthalten keine technischen Spezifikationen und auch sonst nur so viele Details, dass die Entwickler eine sinnvolle Schätzung abgeben können; vielmehr fokussieren User Stories auf das Kundenbedürfnis und rücken es in den Vordergrund (Wells 1999).

User Stories sind im Scrum-Umfeld eine häufig eingesetzte Methode zur Formulierung von Product-Backlog-Einträgen. Sie sorgen für Fokus und dienen als Grundlage insbesondere für Konversationen zwischen Entwicklern und Anwendern, indem sie die Transparenz für die Beteiligten erhöhen – auch in Bezug auf die Umsetzung. Anhand von Akzeptanzkriterien kann überprüft werden, ob der erwartete Kundennutzen auch wirklich eingetreten ist.

 User Stories wurden vom Mitautor und -unterzeichner des Agilen Manifests Kent Beck als Teil von »Extreme Programming« (XP) eingeführt. XP ist ein iteratives Vorgehensmodell, das ebenfalls in der agilen Softwareentwicklung Anwendung findet (Beck 2004).

Story Points

In Kapitel 6 *Product Owner in Aktion* haben Sie bereits etwas über relatives Schätzen gelernt, das dazu dient, trotz einer komplexen Umgebung eine Prognose für den nächsten Sprint erstellen zu können. Eine Methode des relativen Schätzens besteht in der Anwendung von sogenannten *Story Points*. Im Gegensatz zur absoluten Schätzung, beispielsweise in Stunden, werden dabei Anforderungen relativ zueinander in ihrem Aufwand verglichen. Wir wissen dann also zunächst nicht, ob Aufgabe A nun 10 oder 20 Stunden dauert. Wir wissen aber wohl, dass Aufgabe A im Vergleich zu Aufgabe B zum Beispiel doppelt so aufwendig ist.

Üblicherweise wird der Schätzung, die in Teamarbeit erfolgt, die Fibonacci-Reihe zugrunde gelegt und etwas abgewandelt, sodass in der Regel mit den Werten 1, 2, 3, 5, 8, 13, 21, 40 und 100 agiert wird. Product-Backlog-Einträge, die das Scrum Team mit einer sehr hohen Zahl versehen würde, also zum Beispiel mit der 100, bedürfen der Diskussion und Zerlegung in kleinere Arbeitspakete. Story Points sind also mehr oder weniger beliebige Zahlen, die keine Einheit von irgendetwas darstellen, sondern lediglich dazu dienen, Product-Backlog-Einträge zueinander ins Verhältnis zu setzen.

Die Fibonacci-Reihe ist eine mathematische Folge, die sich dadurch auszeichnet, dass jede Zahl die Summe ihrer beiden Vorgänger ist. Sie beginnt in der Regel mit 0 und 1, sodass sich die Reihe wie folgt fortsetzt: 0, 1, 1, 2, 3, 5, 8, 13, 21, 34 und so weiter.

Neben Story Points gibt es zahlreiche andere relative Schätzmetriken, die genutzt werden können. Dazu gehören T-Shirt-Größen, Dinosaurier, Gummibärchen und viele andere. »Story Points« sind also nur eine Möglichkeit von vielen (Maximini & Pilster 2023, S. 77).

Velocity

Die *Velocity* (dt. Geschwindigkeit) bezeichnet in Scrum die Abarbeitungsgeschwindigkeit eines Scrum Teams. Sie wird bestimmt, indem ein Scrum Team die Menge der abgearbeiteten Aufgaben pro Sprint misst, beispielsweise in Story Points. Oft wird über mehrere Sprints ein Durchschnittswert gebildet.

Die Velocity variiert in der Regel zwischen Sprints, kann aber mit etwas Übung dazu verwendet werden, Prognosen in Bezug auf die machbare Arbeitsmenge je Sprint abzugeben. Es erfordert etwas Erfahrung, die einzelnen Product-Backlog-Einträge richtig zueinander ins Verhältnis zu setzen. Der Mittelwert aus den vergangenen Sprints kann ein guter Indikator für den nächsten Sprint sein. Ebenso lohnt es sich, Spitzen und Tiefen in der Kurve zu betrachten, um daraus Velocity-Werte abzuleiten.

 Peter ist sehr stolz auf sein Team: Inzwischen funktionieren die Aktivitäten rund um das Product Backlog Refinement, das Sprint Planning und das Thema Schätzen so gut, dass die Velocity ziemlich belastbar geworden ist. Sie schwankt wenig, und wenn es Ausreißer gibt, dann lassen sich diese in der Regel mit äußeren Einflüssen erklären.

Das Team ist ebenfalls sehr zufrieden mit der Messung der eigenen Velocity. Das Management interessiert sich für diese Kennzahl nicht. Stattdessen können die Entwickler die Velocity für die eigene Sprint-Prognose heranziehen. So überprüfen sie im Sprint Planning, ob die eingeplanten Product-Backlog-Einträge im Sprint Backlog eine höhere oder niedrigere Velocity erfordern als die Velocity der letzten Sprints. Sofern dies der Fall ist, passen die Entwickler auf dieser Basis ihren Plan für den Sprint im Rahmen des Sprint Plannings noch einmal an.

 Das Management in Unternehmen ist immer daran interessiert, dass Scrum Teams besser werden, was auch immer das im Einzelnen bedeutet. Oft wird daher versucht, die Velocity als Maßeinheit für Produktivität zu verwenden, und es wird sogar zwischen Scrum Teams verglichen. Die Idee, dass eine höhere Velocity auch gleichzeitig einer höheren Produktivität entspricht, ist jedoch ein Trugschluss.

Vielmehr führt der Versuch, Velocity als Produktivitätskennzahl zu verwenden, dazu, dass Scrum Teams ihre Schätzungen anpassen. Product-Backlog-Einträge, die im vergangenen Sprint beispielsweise noch fünf Story Points bekommen hätten, erhalten nun acht Story Points. Dadurch steigt die Velocity ohne jegliche

Verbesserung des Ergebnisses und sie wird für das Scrum Team als Prognoseinstrument völlig nutzlos. Die Kennzahl Velocity gehört daher ins jeweilige Scrum Team und nur dorthin.

Burndown-Chart

Während eines Sprints haben die Entwickler die Aufgabe, beispielsweise im Daily Scrum ihren Fortschritt im Blick zu behalten und darauf zu achten, dass es vorwärts geht. Eine Methode, die auch im Scrum Guide erwähnt wird, ist das sogenannte *Burndown-Chart*. Es ist eine grafische Darstellung der verbleibenden Arbeit bezogen auf die zur Verfügung stehende Zeit (vgl. Abbildung 9.1)

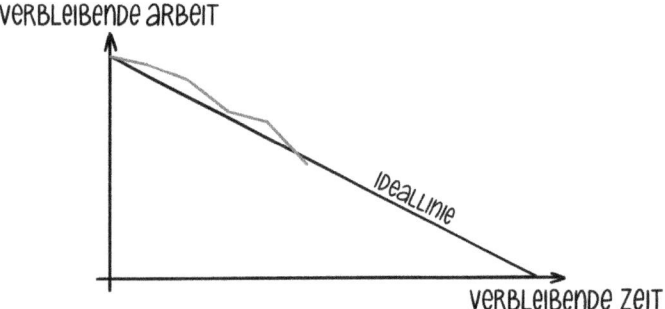

Abbildung 9.1: Exemplarische Darstellung des Burndown-Charts zur Sprint-Mitte

Als Startpunkt wird im Burndown-Chart zunächst die Summe der Arbeit, beispielsweise gemessen in Story Points, eingezeichnet, die sich für den Sprint aus dem Sprint Planning ergeben hat. Außerdem wird die verfügbare Zeit, üblicherweise gemessen in Tagen, abgetragen. Aus der Verbindung dieser beiden Punkte ergibt sich eine Ideallinie, die der Abarbeitung des Arbeitsaufkommens mit gleichmäßiger Geschwindigkeit entspricht.

Die Ideallinie dient im Burndown-Chart immer nur zur Orientierung. Die echte Abarbeitungsgeschwindigkeit, die Sie als Velocity bereits kennengelernt haben, schwankt in der Realität über die Zeit – bestenfalls um die Ideallinie. Mithilfe des Burndown-Charts lässt sich also Transparenz herstellen. Sowohl wenn die verbliebene Arbeit (deutlich) über der Ideallinie liegt als auch wenn sie darunter verläuft, dann sollten die Gründe dafür inspiziert werden. Diese können vielfältig sein, beispielsweise:

✔ schwerwiegende Impediments in der Organisation

✔ Eingreifen des Managements, möglicherweise Belastung mit zusätzlichen Aufgaben

✔ kurzfristiger Ausfall von Mitgliedern des Scrum Teams

✔ Abhängigkeiten zu internen oder externen Partnern

Agile Cone of Uncertainty

Weder Velocity noch Burndown-Charts können in einem komplexen Umfeld als Basis für sichere Prognosen herhalten. Trotzdem fragen Stakeholder immer wieder nach Fertigstellungs- und Lieferdaten. Product Owner haben hier die Herausforderung, eine gute Antwort zu geben, die der Wahrheit möglichst nahekommt, im Falle einer Abweichung gleichzeitig aber nicht für große Enttäuschung sorgt.

Für ein solches Erwartungsmanagement gibt es die Methode *Agile Cone of Uncertainty*. Der »Kegel der Ungewissheit« startet, ähnlich wie das Burndown-Chart, zunächst einmal mit der zu erledigenden Arbeit und betrachtet diese über die Zeit. Außerdem wird ein Zieldatum markiert. Dann werden drei Linien abgetragen, die sich aus den Velocity-Daten der letzten Sprints ergeben:

- ✔ Linie 1 »Schlechter Fall«: Wann werden wir fertig, wenn wir die schlechteste Velocity der letzten Monate zugrunde legen?

- ✔ Linie 2 »Durchschnittlicher Fall«: Wann werden wir fertig, wenn wir die durchschnittliche Velocity der letzten Monate zugrunde legen?

- ✔ Linie 3 »Bester Fall«: Wann werden wir fertig, wenn wir die beste Velocity der letzten Monate zugrunde legen?

Die drei Linien spannen einen Kegel auf (vgl. Abbildung 9.2). Dieser visualisiert die Unsicherheit, die in der Prognose besteht.

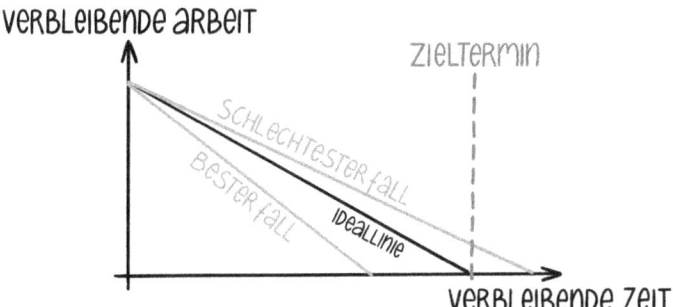

Abbildung 9.2: Exemplarische Darstellung des »Agile Cone of Uncertainty«

Je weiter die Zeit fortschreitet, desto geringer wird in der Regel die Summe der verbliebenen Arbeit, die Velocity-Daten werden belastbarer und die Unsicherheit geringer. Wie Sie in Abbildung 9.3 sehen können, wird der Kegel kleiner. Im Umkehrschluss ergibt sich, dass eine Vorhersage desto unsicherer ist, je weiter das Zieldatum in der Zukunft liegt.

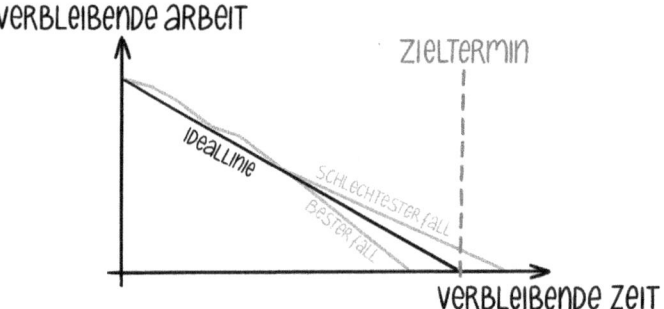

Abbildung 9.3: Exemplarische Darstellung des »Agile Cone of Uncertainty«, nachdem bereits einige Arbeit erledigt wurde

Teil IV
Die Zertifizierung

> **IN DIESEM TEIL ...**
>
> In diesem Teil finden Sie alle wichtigen Informationen zu den Zertifizierungsprüfungen zum Professional Scrum Master™ I (PSM I) und zum Professional Scrum Product Owner™ (PSPO I). Es sind sowohl Hinweise zur Prüfungsvorbereitung als auch Informationsquellen enthalten, die ich für hilfreich halte. Außerdem finden Sie in diesem Teil eine lange Liste von beispielhaften Prüfungsfragen, mit deren Hilfe Sie üben können.

> **IN DIESEM KAPITEL**
>
> Prüfungsvorbereitungen treffen
>
> Ablauf der Prüfungen kennenlernen

Kapitel 10
Zertifizierung

Viele Arbeitgeber fragen mittlerweile nach Scrum-Zertifizierungen. Die Scrum-Master-Zertifizierung »Professional Scrum Master™ I« (PSM I) der Scrum.org wird dabei besonders häufig genannt, weil sie die grundlegenden Kenntnisse abfragt und weil mit ihr ein gewisser Qualitätsstandard verbunden wird. Auch die Zertifizierung »Professional Scrum Product Owner™ I« (PSPO I) wird immer relevanter, insbesondere dann, wenn Sie als Product Owner tätig werden wollen.

Im Folgenden finden Sie Hinweise zur Prüfungsvorbereitung und zum Ablauf der Prüfung selbst. In Kapitel 12 finden Sie beispielhafte Prüfungsfragen und die dazugehörigen Lösungen. Wenn Sie diese Fragen alle ohne Hilfsmittel richtig beantworten können, dann sollte den beiden genannten Zertifizierungen nichts mehr im Weg stehen. Sollten Sie noch Lücken haben, finden Sie in den Antworten eine kurze Erläuterung, die Ihnen helfen soll, ein besseres Verständnis zu erlangen

Prüfungsvorbereitung

Die Webseite der Scrum.org (https://www.scrum.org/professional-scrum-competencies) enthält zahlreiche Hinweise auf Themenfelder, die zum Bestehen der Prüfung relevant sind. Insbesondere wird auf fünf Kompetenzen (*Professional Scrum™ Competencies*) hingewiesen:

- ✔ Verständnis und Anwendung des Scrum-Rahmenwerks
- ✔ Entwicklung von Menschen und Teams
- ✔ Management von Produkten mit Agilität
- ✔ Professionelle Entwicklung und Lieferung von Produkten
- ✔ Weiterentwicklung der agilen Organisation

Hinter jeder Kompetenz verbergen sich wiederum verschiedene Fokusgebiete (*Focus Areas*), die durch die verschiedenen Trainings im Angebot der Scrum.org abgedeckt werden.

✔ Verständnis und Anwendung des Scrum-Rahmenwerks: Empirie, Scrum-Werte, Scrum Team, Events, Artefakte, »Done«

✔ Entwicklung von Menschen und Teams: Selbstmanagement von Teams, Facilitation, Coaching

✔ Management von Produkten mit Agilität: Prognose und Release-Planung, Produktwert, Product-Backlog-Management, Stakeholder und Kunden

✔ Professionelle Entwicklung und Lieferung von Produkten: emergente Softwareentwicklung, Management technischer Risiken, kontinuierliche Qualität, kontinuierliche Integration, kontinuierliche Lieferung und Optimierung des Flusses

✔ Weiterentwicklung der agilen Organisation: Organisationsdesign und -kultur, Portfolio-Planung und evidenzbasiertes Management

Für die PSM-I- und die PSPO-I-Prüfung sind die in Tabelle 10.1 gelisteten Fokusgebiete relevant. Auf der Internetseite https://www.scrum.org sind zu jedem Fokusgebiet zahlreiche Blogbeiträge, Videos und andere Materialien verlinkt, die Sie zur individuellen Vorbereitung zusätzlich heranziehen können.

Professional Scrum Master™ I (PSM I)	Professional Product Owner™ I (PSPO I)
Empirie	Empirie
Scrum-Werte	
Scrum Team	Scrum Team
Events	Events
Artefakte	Artefakte
»Done«	»Done«
Self-Managing Teams	Self-Managing Teams
Facilitation	
Coaching	
Forecasting und Release-Planung	Forecasting und Release-Planung
	Produkt-Vision
Produkt-Wert	Produkt-Wert
Produkt-Backlog-Management	Produkt-Backlog-Management
	Geschäftsstrategie
Stakeholder und Kunden	Stakeholder und Kunden

Tabelle 10.1: Fokusgebiete, die für die PSM-I- und die PSPO-I-Prüfungen relevant sind

Auf den Seiten zu den einzelnen Zertifizierungen finden Sie die jeweils relevanten Fokusgebiete (vgl. Abbildung 10.1). Diese werden Sie in Kapitel 12 auch in den Abschnitten wiederfinden. Einige Kategorien haben wir jedoch zusammengefasst. Das hängt damit zusammen, dass nicht alle Fokusgebiete die gleiche Gewichtung haben: In der Prüfung werden Sie merken, dass zu bestimmten Themenfeldern mehr Fragen gestellt werden als zu anderen.

Abbildung 10.1: Screenshot der Internetseite der Scrum.org zur PSM-I-Zertifizierung

Über das angebotene Material hinaus empfiehlt die Scrum.org selbst zur Vorbereitung der Prüfung folgende Trainings:

✔ Applying Professional Scrum™ oder Professional Scrum Master™

✔ Professional Scrum Product Owner™

Außerdem bietet die Scrum.org verschiedene Tests zu Übungszwecken an, sogenannte »Open Assessments«. Diese sind kostenlos und führen dementsprechend nicht zu einem Zertifikat. Sie enthalten je nach Assessment zwischen 10 und 35 Fragen, und die Timebox beträgt zwischen 25 und 30 Minuten. Die verfügbaren Open Assessments sind (Stand Juni 2024):

✔ Scrum Open

✔ Product Owner Open

✔ Scrum Developer Open

✔ Nexus Open

✔ Scrum with Kanban Open

✔ Agile Leadership Open

✔ Evidence-Based Management Open

✔ Facilitation Skills Open

Es ist auf jeden Fall zu empfehlen, die verschiedenen »Open Assessments«, insbesondere Scrum, Product Owner und Scrum Master Open, so lange zu absolvieren, bis Sie 100 Prozent der Fragen richtig beantworten, bevor Sie die eigentliche Prüfung angehen.

Die Open Assessments sind nicht nur nützlich, um das eigene Wissen zu überprüfen, sondern auch, um sich mit dem Stil der Fragen vertraut zu machen – sowohl sprachlich als auch im Hinblick auf den Aufbau der Fragen. Die anderen Open Assessments enthalten zwar überwiegend spezifische Fragen zu den einzelnen Fachthemen, dennoch sollten Sie viele Fragen auch mit Ihrem Scrum-Master-Wissen beantworten können – probieren Sie es aus.

Ablauf der Prüfungen

Sobald Sie eine Prüfung absolvieren wollen, erwerben Sie dafür auf der Website der Scrum.org ein Passwort, das nach Bezahlung innerhalb eines Tages per E-Mail versendet wird. Dieses Passwort ist so lange gültig, bis es verwendet wird. Zu Beginn der Prüfung wird es abgefragt, dann geht es los. Sowohl die PSM-I- als auch die PSPO-I-Zertifizierung kosten aktuell (Stand Juni 2024) 200 US-Dollar pro Versuch.

Die Dauer der Prüfungen beträgt maximal 60 Minuten. In dieser Zeit sind 80 Fragen zu beantworten. Es handelt sich um Fragen mit mehreren Antwortmöglichkeiten, Fragen mit mehreren richtigen Antworten und Wahr-/Falsch-Fragen. Die Prüfung findet in englischer Sprache statt. Sie gilt als bestanden, wenn mindestens 85 Prozent der Fragen richtig beantwortet wurden.

Wenn Sie bestehen, erhalten Sie ein Zertifikat der Scrum.org und ein kostenloses Credly-Abzeichen. Die Zertifizierung ist lebenslang gültig; weitere Kosten zur Erneuerung des Zertifikats fallen nicht an. Übrigens ist das Bestehen nicht garantiert. Es gibt immer wieder Teilnehmende, die durchfallen. Das ist mir auch schon passiert.

Credly ist eine Plattform für digitale Auszeichnungen und Verifizierungen, die es Nutzerinnen und Nutzern ermöglicht, ihre Fähigkeiten, Qualifikationen und Erfolge in Form von digitalen Abzeichen (Badges) darzustellen. Diese Abzeichen sind digitale Darstellungen von Zertifizierungen, die von verschiedenen Bildungs- oder Trainingsanbietern, Unternehmen und Organisationen ausgestellt werden. Mehr dazu auf https://info.credly.com/.

Da die Prüfungen in englischer Sprache stattfinden, sollten Sie also in angemessener Geschwindigkeit Texte auf Englisch erfassen können und auch in der Lage sein, »Hinweiswörter« wie »must« und »should« voneinander zu unterscheiden, die eine Antwortmöglichkeit zu einer zwingenden oder zu einer möglichen Rahmenbedingung machen.

Ich habe es schon angesprochen und möchte es noch einmal wiederholen: Vergessen Sie für die Prüfung alles, was Sie aus der Praxis kennen. Überlegen Sie sich immer, wie die richtige Antwort aus der Sicht des Scrum Guides lauten muss. Es gibt vermutlich nur sehr wenige Unternehmen, die Scrum wirklich regelgetreu eingeführt haben. Alle anderen wundern sich vielleicht, warum der Erfolg sich noch nicht so richtig einstellt.

Es gibt in der Prüfung verschiedene geschlossene Fragen-Typen. Das heißt, Sie müssen nie selbst etwas schreiben, sondern immer nur Antwortmöglichkeiten ankreuzen:

- ✔ **Wahr oder falsch:** Ein Teil der Fragen sind »Wahr-oder-Falsch«-Fragen mit zwei Antwortmöglichkeiten (*True* und *False*, dt. wahr oder falsch), von denen logischerweise nur eine richtig ist und auch nur eine ausgewählt werden kann.

- ✔ **Multiple Choice mit einer richtigen Antwort:** Solche Fragen haben mehrere Antwortmöglichkeiten, aber nur eine Antwort ist richtig, und es kann auch nur eine Antwort markiert werden.

- ✔ **Multiple Choice mit mehreren richtigen Antworten:** Im Gegensatz dazu gibt es auch Fragen mit mehreren Antwortmöglichkeiten, von denen mehr als eine richtig ist. Die Anzahl der richtigen Antworten ist angegeben.

Am Ende der Prüfung erhalten Sie eine Auswertung Ihrer Ergebnisse aufgeschlüsselt nach den Fokusgebieten (vgl. Abbildung 10.2). Bestanden oder nicht: Diese Übersicht gibt Ihnen nützliche Hinweise, an welchen Stellen Sie noch einmal nachlesen und Ihr Wissen vertiefen sollten.

Assessment Result Details			
Score Breakdown and Learning Resources			
Events	100.0%	Product Vision	100.0%
Scrum Team	100.0%	Product Value	100.0%
Empiricism	100.0%	Artifacts	100.0%
Stakeholders & Customers	100.0%	Done	100.0%
Self-Managing Teams	100.0%	Forecasting & Release Planning	100.0%
Product Backlog Management	100.0%	Business Strategy	100.0%

Abbildung 10.2: Screenshot meiner PSPO-I-Ergebnisse als Beispiel

> **IN DIESEM KAPITEL**
>
> Überblick über die wichtigsten Informationsquellen zur Prüfung
>
> Informationsquellen zu Scrum über die Prüfung hinaus

Kapitel 11
Informationsquellen

Scrum erfreut sich großer Beliebtheit, wenn es darum geht, gute Ergebnisse in komplexen Umfeldern zu erzielen und zu bewahren. Mehrere Organisationen und zahlreiche Veröffentlichungen sind um Scrum herum entstanden, und ich möchte Ihnen hier einen Überblick über diejenigen geben, die ich einerseits für die Zertifizierungsprüfung zum *Professional Scrum Product Owner™ I* (PSPO I) oder *Professional Scrum Master™ I* (PSM I) und andererseits für das echte Leben als Product Owner oder Scrum Master als hilfreich erachte.

Scrum Guide

Das wichtigste Dokument ist und bleibt der Scrum Guide, der in unregelmäßigen Abständen offiziell von den Gründern von Scrum Ken Schwaber und Jeff Sutherland aktualisiert wird. Die jüngste Version stammt aus dem Jahr 2020. Der Scrum Guide enthält die Elemente von Scrum, Verantwortlichkeiten, Events und Artefakte, und beschreibt die Regeln, die diese Elemente miteinander verbinden. Er wurde bereits in über 50 Sprachen übersetzt, wobei jedoch nicht alle Übersetzungen auf dem Stand des aktuellen Scrum Guides sind.

Die deutsche Übersetzung des Scrum Guides finden Sie auf der Website in vier Versionen: eine männliche und eine weibliche Fassung, genderneutral formuliert sowie im Audioformat. Für die Prüfung lohnt sich sicher auch ein Blick in die englische Fassung, weil Sie die Originalbegriffe natürlich auch in Ihrer Zertifizierungsprüfung kennen müssen, die auf Englisch, aber nicht auf Deutsch angeboten wird. Am Ende der deutschen Ausgaben finden Sie aber auch jeweils ein Glossar zur Übersetzung der wichtigsten Begriffe, mit dessen Hilfe Sie einfach eine Verbindung herstellen können.

```
https://scrumguides.org/
```

Scrum.org

Die Scrum.org wurde von Scrum-Mitbegründer Ken Schwaber gegründet. Ihr Fokus liegt auf einer Vielzahl von Zertifizierungen, darunter die, für die Sie sich interessieren: PSM I und PSPO I. Entsprechend ist sie die Nummer-1-Informationsquelle für die Vorbereitung der Prüfungen. Weitere Details zu den Prüfungen können Sie dem Kapitel 10 *Zertifizierung* entnehmen.

Website

Wie ich im Buch bereits mehrfach angesprochen habe, bietet die Scrum.org auf ihrer Website eine eigene Kategorie an, die mit »Resources« überschrieben ist. Darunter finden Sie ein gut sortiertes und umfangreiches Angebot, das aus Artikeln, Blogbeiträgen und Videos besteht, zur Prüfungsvorbereitung und darüber hinaus.

Trainings

Die Scrum.org ist ein großer Trainingsanbieter und verfügt über ein entsprechendes Angebot. Zu den grundlegenden Kursen zu Professional Scrum™, insbesondere rund um die Verantwortlichkeiten, sind über die Jahre weitere zu Führung, Facilitation, Kanban, Product-Backlog-Management, Skalierung und UX hinzugekommen.

Zur Vorbereitung auf die Zertifizierungsprüfungen empfiehlt die Scrum.org die Belegung der passenden Trainings. Mithilfe eines großen Trainer-Netzwerks gibt es dafür zahlreiche Termine auf der ganzen Welt. Für die Prüfung zum *Professional Scrum Product Owner™ I* (PSPO I) oder *Professional Scrum Master™ I* (PSM I) sind die folgenden Trainings empfohlen:

- ✔ Professional Scrum Product Owner™ und
- ✔ Applying Professional Scrum™ oder Professional Scrum Master™

Open Assessments

Auf der Website finden Sie neben dem großen Informationsangebot die sogenannten Open Assessments zur Vorbereitung auf verschiedene Prüfungen, unter anderem die für die Product Owner und Scrum Master. Die Open Assessments sind kostenfrei verfügbar. Sie sollten die relevanten Assessments sicher mit 100 Prozent »bestehen«, bevor Sie sich an die richtigen Prüfungen machen. Am Ende bekommen Sie zu Ihren Ergebnissen ein Feedback, das Erläuterungen zu den einzelnen Fragen enthält. Lesen Sie dieses Feedback aufmerksam. Es ließe sich natürlich auch mithilfe der anderen Zertifizierungsprüfungen »üben«, das wäre jedoch eine teurere Angelegenheit.

Weitere Guides der Scrum.org

Die Scrum.org hat über die Zeit weitere »Guides« neben dem Scrum Guide veröffentlicht. Dazu zählen insbesondere:

✔ der Kanban Guide für Scrum Teams und

✔ der Nexus™ Guide.

Der Kanban Guide für Scrum Teams steht nicht in ganz so vielen Sprachen wie der Scrum Guide zur Verfügung. Eine deutsche Version liegt jedoch vor. Kanban ist eine Methode, um mithilfe visueller Signale Nachschub in einem sogenannten Pull-System anzufordern, damit das Arbeitssystem nicht leerläuft. Ursprünglich stammt Kanban aus Japan, ist im Kontext des Toyota-Produktionssystems entstanden und wird auch heute noch zur Optimierung des Materialflusses in der Industrie eingesetzt. (Narusawa & Shook, 2008)

In der Softwareentwicklung wird Kanban verwendet, um Arbeit innerhalb eines Systems bestmöglich fließen zu lassen, sodass es nicht zu Unterbrechungen und Stillstand kommt. Der Kanban Guide für Scrum Teams unterstreicht, dass es dabei um »die Bewegung von Wert (i. S. v. wertschöpfender Arbeit)« geht. An dieser Stelle helfen die Kanban-Prinzipien, Scrum zu ergänzen und somit zu verbessern. Die Regeln von Scrum gemäß Scrum Guide werden dabei nicht verändert, sondern behalten vollständig ihre Gültigkeit.

`https://www.scrum.org/resources/kanban-guide-scrum-teams`

Auch der Nexus™ Guide ist auf Deutsch verfügbar. Wie Sie in Kapitel 9 bereits lesen konnten, ist Nexus™ ein Rahmenwerk zur Skalierung von Scrum, also für den Einsatz von Scrum mit mehreren Scrum Teams, die am gleichen Produkt arbeiten. Auch mit Nexus™ bleibt Scrum gemäß Scrum Guide bestehen, der Nexus™ Guide erweitert es lediglich.

`https://www.scrum.org/resources/nexus-guide`

Weitere Anbieter

Neben der `Scrum.org` gibt es viele weitere Anbieter von Zertifizierungen und entsprechenden Informationen, darunter die Scrum Alliance sowie die Scrum Inc., die von Jeff Sutherland ins Leben gerufen wurde.

Scrum Alliance

Die *Scrum Alliance* ist eine gemeinnützige Organisation und bietet ebenso wie die `Scrum.org` populäre Zertifizierungsprüfungen an, darunter auch Einstiegszertifizierungen wie zum Beispiel der Certified Scrum Master (CSM). Anders als bei der `Scrum.org` ist die Voraussetzung für die Teilnahme an der Prüfung das Belegen eines passenden Trainings. Außerdem hält die Scrum Alliance ebenfalls ein umfangreiches Angebot an Informationen (»Resources«) vor. Die von der Scrum Alliance ausgestellten Zertifikate sind jeweils zwei Jahre gültig und bedürfen dann der Erneuerung. Ken Schwaber verließ die Scrum Alliance im Jahr 2009, um `Scrum.org` zu gründen.

`https://www.scrumalliance.org/`

Scrum Inc.

Die *Scrum Inc.* ist im Kern ein Beratungsunternehmen und bietet ebenfalls Trainings und Zertifizierungen im Bereich Scrum an. Diese sind zumindest in Deutschland weniger populär als die der `Scrum.org` und der Scrum Alliance. Teil des Angebots der Scrum Inc. ist das Rahmenwerk »Scrum@Scale« zur skalierten Anwendung von Scrum, das Sie in Kapitel 9 bereits kennengelernt haben und für das ebenfalls ein Leitfaden existiert: der Scrum@Scale Guide.

`https://www.scruminc.com/`

`https://www.scrumatscale.com/`

Literatur

In den letzten gut 20 Jahren sind zahlreiche Veröffentlichungen rund um das Thema Scrum entstanden. Bei der Vielfalt an Büchern ist es oft gar nicht so einfach, sich zurechtzufinden. Aus diesem Grund habe ich mir erlaubt, ein paar Titel zusammenzustellen, die Sie zum weiteren Studium verwenden können, wenn Sie mögen.

Ken Schwaber: Agile Project Management with Scrum

»Agile Project Management with Scrum« von 2004 ist ein echter Klassiker unter den Büchern über Scrum. Anhand zahlreicher Fallstudien erläutert Scrum-Miterfinder Ken Schwaber darin, wie Scrum angewendet werden kann, um komplexe Projekte erfolgreich durchzuführen, ohne dabei auf klassische Projektmanagement-Werkzeuge zurückzugreifen. Auch das Thema Skalierung wird in diesem Buch beschrieben. Ein paar Konzepte sind allerdings etwas in die Jahre gekommen.

Jeff Sutherland, James O. Colien: A Scrum Book. The Spirit of the Game

Das Buch »A Scrum Book. The Spirit of the Game« von 2019 bietet einen Überblick über 94 Komponenten, in diesem Buch als »Patterns« (dt. Muster) beschrieben. Es handelt sich um kurze Abschnitte zu wichtigen Aspekten der Produktentwicklung, die helfen, Scrum erfolgreich zu einzuführen und die dahinterliegenden Prinzipien wie Teamarbeit und Selbstorganisation zu operationalisieren.

Stephanie Ockerman, Simon Reindl: Mastering Professional Scrum

Vielleicht ein Must-have für alle Scrum Master ist das Buch »Mastering Professional Scrum« aus dem Jahr 2020. Es fokussiert auf die Lieferung von Wert in Form eines Increments durch die Anwendung von Scrum. Es widmet sich außerdem der Verbesserung der Anwendung von Scrum in Scrum Teams und in der Gesamtorganisation und hebt die Fähigkeiten hervor, die im Zuge dessen benötigt werden, darunter Facilitation- und Coaching-Fähigkeiten.

Don McGreal, Ralph Jocham: The Professional Product Owner: Leveraging Scrum as a Competitive Advantage

Für (angehende) Product Owner ist das Buch »The Professional Product Owner« aus dem Jahr 2018 ein hilfreiches Werk, um tiefergehende Einblicke in die Arbeit des Product Owners zu erhalten. Der Prozess von der Vision bis zur Wertschöpfung steht dabei im Mittelpunkt. Zahlreiche Praktiken werden vorgestellt, die dem Product Owner ermöglichen, seiner Verantwortung als Wert-Maximierer nachzukommen.

Ryan Ripley, Todd Miller: Fixing your Scrum: Practical Solutions to Common Scrum Problems

Die Lektüre des Buchs »Fixing your Scrum: Practical Solutions to Common Scrum Problems« aus dem Jahr 2020 hat bei mir häufig zu dem Gedanken geführt: »Oh ja, das kenne ich.« Viele Probleme aus der Praxis, die leider häufig durch falsche oder falsch verstandene Anwendung entstehen, werden in diesem Buch aufgegriffen und mit konkreten Lösungsideen versehen, damit Scrum Teams ihre Zusammenarbeit verbessern können.

Christiaan Verwijs u. a.: Zombie Scrum Survival Guide: A Journey to Recovery

Das Buch »Zombie Scrum Survival Guide« von 2020 spricht ein häufiges Problem der Praxis an: Personen schlüpfen in Product-Owner- und Scrum-Master-Rollen, es werden Scrum Events durchgeführt, aber sonst verändert sich eigentlich nichts. In diesem Zombie-Zustand kommen weder Motivation noch Leistungsfähigkeit auf. Das Buch hilft dabei, Zombie-Scrum zu entlarven, und gibt Hinweise, wie man schlechtes Scrum hinter sich lassen kann.

Mike Cohn: Succeeding with Agile: Software Development Using Scrum

»Succeeding with Agile: Software Development Using Scrum«, das 2010 erschienen ist, dreht sich um die Einführung von Scrum in Unternehmen – von Veränderungen auf individueller Ebene über die Teamebene bis zu Veränderungen der Gesamtorganisation. Das Buch gibt zahlreiche praktische Hinweise, insbesondere auch im Umgang mit Stolperfallen und Widerständen. Es gibt auch einen Einblick, was Scrum für die umgebende Organisation bedeutet.

Dominik Maximini, Juliane Pilster: Agile Mastery in der Praxis

Es wäre seltsam, wenn ich an dieser Stelle nicht auch auf mein eigenes Buch aus dem Jahr 2023 verweisen würde. »Agile Mastery in der Praxis« definiert den bislang undefinierten Begriff »Agile Master«, bietet eine umfangreiche Sammlung von agilen Methoden und geht auf Fallstricke in der Praxis sowie die nötige Haltung bei der Umsetzung ein. Es ist ein nützliches Nachschlagewerk für alle, die das Rahmenwerk Scrum verwenden und (aus)gestalten wollen.

Dominik Maximini: Scrum – Einführung in der Unternehmenspraxis

Das Buch »Scrum – Einführung in der Unternehmenspraxis« von 2018 ist ein nützlicher Begleiter, wenn es darum geht, Scrum in Unternehmen einzuführen und dafür die notwendigen (kulturellen) Veränderungen zu initiieren, Stakeholder einzubinden und den richtigen Startpunkt zu finden. In einer Fallstudie nimmt der Autor Bezug auf seine vorherigen Ausführungen und macht sie dadurch für den Leser greifbar.

Marc C. Layton: Scrum für Dummies

In der »Für Dummies«-Reihe ist 2023 das Buch »Scrum für Dummies« erschienen. Es ist anders als das Buch, das Sie in den Händen halten, nicht fokussiert auf die Zertifizierungen der Scrum.org, sondern beschreibt die Anwendung von Scrum im Allgemeinen. Der Autor geht nicht nur auf die Arbeit mit Scrum in der Softwareentwicklung ein, sondern auf ganz verschiedene Bereiche – sogar auf den privaten Einsatz.

Internet

Das Internet ist voll von Informationen über Scrum, und die wichtigste Seite, auf der Sie etwas über Professional Scrum™ lernen können, habe ich Ihnen schon vorgestellt: https://www.scrum.org/. Darüber hinaus möchte ich Ihnen nur zwei weitere interessante Quellen nennen.

Retromat

Wie Sie in Kapitel 7 *Scrum Master in Aktion* nachlesen können, ist die Sprint Retrospective für den Scrum Master von großer Bedeutung, wenn es darum geht, kontinuierliche Verbesserung zu operationalisieren und dafür zu sorgen, dass das Scrum Team Lern-Chancen im Hinblick auf Effektivität und Qualität nutzt. Die Sprint Retrospective sollte immer fokussiert und zweckgerichtet sein. Nichtsdestotrotz ist es manchmal hilfreich, die Sache etwas aufzulockern. Der Retromat bietet dafür zahlreiche Ideen und sollte deshalb in der Favoritenliste des Scrum Masters einen festen Platz haben.

```
https://retromat.org/
```

ValueRise eAcademy

Im deutschsprachigen Raum hält die ValueRise eAcademy eine wachsende Sammlung an Lernressourcen zum Thema Professional Scrum™ vor. Dazu gehören Artikel, Videos und Blogbeiträge. Auch Zertifizierungsprüfungen in deutscher Sprache sind Teil des Angebots. Wenn Sie das Buch, das Sie gerade in den Händen halten, gelesen und verstanden haben, dann sollten auch diese Prüfungen kein Problem für Sie darstellen.

```
https://valuerise-eacademy.de/
```

IN DIESEM KAPITEL

Beispielhafte Prüfungsfragen zum Üben

Lösungen und Erläuterungen

Kapitel 12
Prüfungsfragen

In der Prüfung werden aus einem größeren Pool an Fragen per Zufall je Zertifizierung 80 Fragen ausgewählt, die anhand der in Kapitel 10 *Zertifizierung* genannten Fokusgebiete kategorisiert wurden: Im Folgenden finden Sie zu jeder Kategorie sieben Beispielfragen, insgesamt 84 Fragen, die Sie zu Übungszwecken verwenden können. Bitte beachten Sie, dass es sich **nicht** um die Originalfragen der Scrum.org handelt, da diese urheberrechtlich geschützt sind. Wenn Sie die Fragen sicher beantworten können, wird Ihnen die Zertifizierung jedoch leichtfallen. Im letzten Abschnitt des Kapitels finden Sie die richtigen Lösungen und eine kleine Erläuterung dazu.

Empirie

1. Welche Aussagen über Scrum sind richtig?
    a. Scrum basiert auf empirischer Prozesskontrolle.
    b. Scrum ist ein Baukasten, aus dem Komponenten gewählt werden können.
    c. Scrum basiert auf Lean Thinking.
    d. Scrum basiert auf Management by Objectives und Servant Leadership.
    e. Scrum basiert auf dem Agilen Manifest.

2. Die drei Säulen der Empirie lauten:
    a. Selbstorganisation, Empirie, Lean Thinking
    b. Transparenz, Inspektion, Adaption
    c. Planning, Review, Retrospective
    d. Sehen, Verstehen, Verbessern
    e. Verantwortlichkeiten, Events, Artefakte

3. Als Scrum Master eines Scrum Teams bemerken Sie, dass die Kommunikation zwischen den Teammitgliedern schlecht läuft, sodass es immer wieder zu Verzögerungen in der Lieferung von Ergebnissen kommt. Was tun Sie?
    a. Sie organisieren ein Teambuilding-Event und legen in der Agenda den Fokus auf die Verbesserung der Kommunikation.

b. Sie nutzen die Sprint Retrospective, um Ursachen für die mangelnde Kommunikation zu finden und um an entsprechenden Verbesserungsmaßnahmen zu arbeiten.
c. Sie erarbeiten, welche Methoden Sie zukünftig für die Kommunikation verwenden wollen, beispielsweise Liberating Structures, und präsentieren Ihre Ideen dem Team.
d. Sie schlagen vor, zusätzlich zum Daily Scrum morgens ein Check-in und abends ein Check-out einzuführen, um die Fortschritte im Team zu überprüfen.
e. Sie werben bei den Stakeholdern um Verständnis für verspätete Lieferungen und halten das Team an, sich zu beeilen.

4. Als Scrum Master eines Scrum Teams bemerken Sie, dass die Stakeholder nicht zufrieden sind, weil sich das Produkt nicht schnell genug entwickelt. Gegen die Qualität des Produkts ist nichts einzuwenden, ganz im Gegenteil: Das Produkt ist qualitativ sehr hochwertig. Wie gehen Sie vor?
    a. Sie arrangieren ein Gespräch zwischen dem Product Owner und den Stakeholdern, damit diese ihre Erwartungshaltung korrigieren.
    b. Sie erinnern das Team daran, dass es selbst für das »Was« und das »Wie« verantwortlich ist, die Stakeholder an dieser Stelle also nichts zu sagen haben.
    c. Sie schlagen dem Team vor, für ein paar Wochen Überstunden zu machen, um die fehlenden Funktionen aufzuholen.
    d. Sie nutzen die nächste Sprint Retrospective, um den Arbeitsprozess im Hinblick auf Arbeitsgeschwindigkeit zu optimieren, ohne dabei die Qualität zu verschlechtern.
    e. Sie erstellen eine Präsentation für das Management, in der Sie die Gründe für die mangelhafte Geschwindigkeit erklären.

5. Als Scrum Master eines Scrum Teams bemerken Sie, dass die Sprint Reviews ziemlich sinnlos erscheinen. Beispielsweise nehmen keine Stakeholder an dem Event teil, sodass es kein echtes Feedback gibt. Wie greifen Sie ein?
    a. Sie erinnern das Team an die Wichtigkeit des Sprint Reviews zur Einholung von Feedback und nutzen die Sprint Retrospective, um Ursachen und Lösungen für die fehlende Anwesenheit der Stakeholder zu finden.
    b. Sie laden die Stakeholder gemeinsam mit dem Product Owner zu einem Termin ein, den Sie nutzen, um ihnen die Wichtigkeit ihres Feedbacks noch einmal zu erläutern, und fragen nach besseren Terminen.
    c. Sie erstellen eine Präsentation für das Management, in der Sie aufzeigen, welche Stakeholder zum Sprint Review erscheinen und welche nicht, sodass das Problem auf Managementebene gelöst werden kann.
    d. Sie machen das Sprint Review zu einer Pflichtveranstaltung. Bei Nichterscheinen werden die gewünschten Product Backlog Items niedriger priorisiert, sodass sich die Umsetzung entsprechend verzögert.
    e. Sie schlagen dem Team vor, das Sprint Review abzuschaffen, weil es ohne Stakeholder sinnlos ist. Sobald sich interessierte Stakeholder wieder melden, kann ein neuer Termin gefunden werden.

6. Als Scrum Master eines Scrum Teams bemerken Sie, dass die Sprint Retrospective zu einer Session verkommen ist, in der alle Teilnehmenden nur ihr Leid klagen und wenig lösungsorientiert bei der Sache sind. Das reduziert die Effektivität und den Nutzen des Events. Wie reagieren Sie?

a. Sie hängen einen Briefkasten auf, sodass alle Teammitglieder ihre Probleme und Beschwerden auf diese Weise loswerden können.
   b. Sie organisieren eine Teambuildingmaßnahme, weil Sie wissen, dass eine gute Stimmung im Team viele negative Themen überstrahlt.
   c. Sie nutzen die Sprint Retrospective, um das Event selbst zu inspizieren und zu adaptieren, sodass es zukünftig wieder wertstiftend ist.
   d. Sie schlagen dem Team vor, die Sprint Retrospective abzuschaffen und die Gespräche über Probleme und Beschwerden in die Kaffeeküche zu verlagern.
   e. Sie etablieren eine Kummersprechstunde, zu der Sie die Teammitglieder einladen, um über deren Probleme und Beschwerden zu sprechen.

7. Als Scrum Master eines Scrum Teams hören Sie im Anschluss an das Daily Scrum von einem Impediment. Die Developer haben festgestellt, dass sie ihr Sprint-Ziel mit der aktuellen Technologie nicht erreichen können. Die Diskussion hat sich in die Länge gezogen und ist ergebnislos verlaufen. Es scheint keine optimale Lösung zu geben. Welches Vorgehen wählen Sie?
   a. Sie fragen den Lead-Architekten um Rat, damit dieser dem Team eine technologische Lösung vorgeben kann.
   b. Sie bieten den Developern an, spontan einen kleinen Workshop zu diesem Thema zu moderieren, um ein Experiment zu definieren und der Lösung näherzukommen.
   c. Sie erklären den Developern, dass diese für die Umsetzung und damit für die Technologie verantwortlich sind und dass es in ihrer Hand liegt, diese anzupassen.
   d. Sie vermitteln die nötigen Kompetenzen, damit die Developer in Zukunft im Daily Scrum selbstständig Wege zur Inspektion und Adaption erarbeiten können.
   e. Sie erkundigen sich beim IT-Leiter, welche technologische Lösung er statt der bisherigen bevorzugt.

Scrum-Werte

8. Welche Werte sind Scrum-Werte?
   a. Effektivität
   b. Respekt
   c. Selbstorganisation
   d. Transparenz
   e. Fokus

9. Wie sollte ein Team mit den Scrum-Werten im Alltag umgehen?
   a. Der Umgang mit den Scrum-Werten ist nicht definiert.
   b. Die Scrum-Werte sind fester Tagesordnungspunkt in der Retrospektive.
   c. Das Scrum Team kann aus den Scrum-Werten auswählen, welche es verwenden möchte und welche nicht.
   d. Es wird empfohlen, dass Scrum Teams sich die Bedeutung der Scrum-Werte für ihren Kontext regelmäßig vergegenwärtigen.
   e. Verstöße gegen Scrum-Werte werden im Daily Scrum als Impediments transparent gemacht.

10. Welche Bedeutung haben die Scrum-Werte für den Erfolg von Scrum?
    a. Die Scrum-Werte sind nur ein Vorschlag. Scrum Teams können auch andere Werte definieren, solange sie welche haben.
    b. Durch das Leben der Scrum-Werte entstehn psychologische Sicherheit und ein gesundes Miteinander.
    c. Ohne die Scrum-Werte mit Leben zu füllen, funktioniert Scrum nicht.
    d. Die Scrum-Werte dienen als Kompass in Entscheidungssituationen.
    e. Solange die Lieferung des Produkts nicht in Gefahr ist, soll sich ein Scrum Team an die Scrum-Werte halten.

11. Als Scrum Master eines Scrum Teams bemerken Sie, dass eines der Teammitglieder im Sprint Planning nicht zu Wort kommt. Wertvolle Beiträge gehen verloren. Was tun Sie?
    a. Sie ermutigen das Teammitglied, sich an den Diskussionen mit mehr Nachdruck zu beteiligen.
    b. Sie schlagen dem Team vor, dass jedes Teammitglied die gleiche Redezeit erhält.
    c. Sie teilen dem Team mit, dass Sie das Event zukünftig moderieren, und sprechen das Teammitglied aktiv an, sodass es sich beteiligen kann.
    d. Sie sprechen Ihre Beobachtung in der nächsten Sprint Retrospective unter Wahrung des Respekts an und thematisieren die Bedeutung einer wertschätzenden Kultur.
    e. Sie etablieren einen Gegenstand, der das Sprechen erlaubt. Sorgen Sie dafür, dass in Diskussionen jede Person die Möglichkeit hat, diesen Gegenstand an sich zu nehmen.

12. Als Scrum Master eines Scrum Teams bemerken Sie, dass sich eines der Teammitglieder während der Sprint Retrospective den anderen gegenüber mehrfach im Ton vergreift. Wie reagieren Sie?
    a. Sie sprechen im Anschluss an das Event mit den anderen Teammitgliedern und schlagen vor, dass diese dem Teammitglied Feedback geben.
    b. Sie organisieren einen Workshop für das Team zum Thema »Wertschätzende Kommunikation«.
    c. Sie sprechen das Teammitglied direkt während des Events auf seinen schlechten Umgangston an.
    d. Sie machen Ihre Beobachtungen transparent und besprechen mit allen Beteiligten, ob sie das auch so empfinden und wie sie damit umgehen möchten.
    e. Sie wenden sich im Anschluss an das Event an die disziplinarische Führungskraft des Teammitglieds und bitten um entsprechende Intervention.

13. Als Scrum Master eines Scrum Teams bemerken Sie, dass von den Developern während des Sprints aufkommende Probleme zurückgehalten werden, sodass der Product Owner den Fortschritt falsch einschätzt. Wie verhalten Sie sich?
    a. Sie weisen das Scrum Team an, den fehlenden Fortschritt sofort transparent zu machen, damit der Product Owner dies gegenüber dem Management berichten kann.

b. Sie schlagen dem Scrum Team vor, eine Präsentation für das Sprint Review vorzubereiten, um zu erklären, warum der Fortschritt geringer ausfällt als erwartet.

c. Sie informieren den Product Owner über seine Fehleinschätzung und informieren ihn über ihre Einblicke zu den Problemen, mit denen die Developer konfrontiert sind.

d. Sie ermutigen die Developer, dem Product Owner die Probleme und den daraus folgenden Einfluss auf den Fortschritt transparent zu machen.

e. Sie nutzen das Daily Scrum, um dem Product Owner und den Developern Ihre Beobachtung zu schildern, und bitten um schnelle Lösungsfindung.

14. Als Scrum Master eines Scrum Teams bemerken Sie, dass viele Ergebnisse des Sprints im Sprint Review keine Erwähnung finden, weil die Developer befürchten, dass die Stakeholder kleine Schritte nicht würdigen. Stattdessen werden nur große abgeschlossene Funktionsblöcke gezeigt, die über mehrere Sprints entwickelt wurden. Was tun Sie?

a. Sie empfehlen dem Product Owner, sicherzustellen, dass beim nächsten Sprint Review alle Ergebnisse gezeigt werden, um die komplette Leistung der Developer zu zeigen.

b. Sie thematisieren ihre Beobachtung mit den disziplinarischen Führungskräften der Developer, damit diese Maßnahmen ergreifen können.

c. Sie ermutigen die Developer, Transparenz über alle Ergebnisse zu schaffen, und erläutern in diesem Zusammenhang die Bedeutung von frühem Feedback.

d. Sie schlagen den Developern vor, ein zweites Review als »Sneak Preview« für kleine Fortschritte zu organisieren.

e. Sie organisieren ein Meeting mit den Stakeholdern, um sie über die weiteren Fortschritte zu informieren. Dazu laden Sie auch den Product Owner ein.

Scrum Team

15. Ein Scrum Team besteht aus:
    a. Scrum Master
    b. Entwicklern
    c. Projektmanager
    d. Stakeholdern
    e. Product Owner

16. Welche Eigenschaften sollte ein Scrum Team haben?
    a. Es sollte einen guten Zugang zum Top-Management haben.
    b. Es sollte alle Fähigkeiten haben, die es benötigt, um ein Produkt abzuliefern.
    c. Es sollte die Prozesse und Methoden der Organisation kennen und anwenden.
    d. Es sollte jedes Teammitglied jedes andere vertreten können.
    e. Alle Antworten sind richtig.

17. Welche Aussagen über Product Owner sind richtig?
    a. Er wird auch »Wert-Maximierer« genannt.
    b. Die Verantwortlichkeit darf von mehreren Personen gemeinsam übernommen werden.
    c. Die Rolle wird automatisch aus den Reihen der ehemaligen Projektmanager besetzt.
    d. Er darf gleichzeitig auch als Entwickler tätig sein.
    e. Alle Antworten sind richtig.

18. Wie groß darf ein Scrum Team sein?
    a. 7+/−2 Personen
    b. Klein genug, um flink zu bleiben, und groß genug, um innerhalb eines Sprints wertvolle Arbeit fertigzustellen
    c. 3 bis 11 Personen
    d. 5 bis 7 Personen plus Scrum Master und Product Owner
    e. Es gibt keine vorgeschriebene Größe.

19. Wie stabil muss ein Entwicklungsteam im Hinblick auf seine Zusammensetzung sein?
    a. Stabilität ist nicht erforderlich. Die Organisation profitiert vom Wissensaustausch, wenn man die Mitarbeiter oft zwischen Teams rotieren lässt.
    b. Zu viel Stabilität kann die Agilität der Organisation behindern. Schließlich muss man neuen Ideen auch mit neuen Teams begegnen.
    c. Stabilität ist wichtig. Die Veränderung des Teams ist in Scrum nicht erlaubt.
    d. Stabilität ist wichtig. Nur der Product Owner darf die Teamzusammenstellung ändern.
    e. Scrum sagt zur Stabilität nichts. Es ist also erlaubt, Teams zum Ende eines Sprints neu zusammenzustellen.

20. Wie oft sollte ein Scrum Team sich anpassen?
    a. Jeden Sprint, auf Basis der Sprint Retrospective.
    b. Jede Sprint Retrospective.
    c. So selten wie möglich, um beständig weiterarbeiten zu können.
    d. Sobald es etwas Neues lernt.
    e. So häufig wie möglich. Kontinuität bedeutet Stillstand.

21. Was passiert, wenn ein Teammitglied eines Scrum Teams ersetzt wird?
    a. Nichts, sofern die Fähigkeiten des neuen Teammitglieds denen des alten entsprechen; dann kann es die Aufgaben direkt übernehmen.
    b. Die Produktivität könnte mit dem neuen Teammitglied für eine gewisse Zeit geringer ausfallen als in der alten Konstellation.
    c. Mitglieder eines Scrum Teams werden nie ausgetauscht; falls ein Teammitglied wegfällt, werden Teams neu zusammengesetzt.
    d. Nichts, sofern die Personalabteilung das Onboarding zusammen mit der Führungskraft vernünftig vorbereitet hat.
    e. Nichts, sofern das Team dem neuen Mitglied mit den Scrum-Werten Respekt und Offenheit beggnet, kann dieses von Anfang an produktiv sein.

Scrum Events

22. Welche Events gehören zu Scrum?

    a. Sprint
    b. Daily Standup
    c. Sprint Planning
    d. Project Retrospective
    e. Backlog Refinement

23. Worauf sind die Scrum Events ausgerichtet? Wähle die beste Antwort.

    a. Auf die Einhaltung der Timebox.
    b. Auf die Zufriedenstellung aller Stakeholder.
    c. Auf Inspektion und Adaption der Scrum-Artefakte.
    d. Auf den Product Owner.
    e. Auf die Verbesserung des Betriebsklimas.

24. Welche Aussagen über Sprints sind richtig?

    a. Ein Sprint beginnt mit dem Sprint Planning.
    b. Ein Sprint darf abgebrochen werden, sobald die Verfolgung des Sprint-Ziels keinen Sinn mehr ergibt, weil es obsolet wurde; nur der Product Owner hat dieses Recht.
    c. Ein neuer Sprint beginnt unmittelbar nach dem Ende des vorhergehenden Sprints.
    d. Ein Sprint darf maximal einen Kalendermonat andauern.
    e. Sobald alle Aufgaben abgeschlossen wurden, kann der Sprint verkürzt werden.

25. Wie lange darf ein Sprint Planning dauern?

    a. Vier Stunden oder weniger.
    b. Acht Stunden oder weniger.
    c. Zwei Stunden oder weniger.
    d. So lange wie nötig.
    e. Eine Stunde oder weniger.

26. Welche Aussagen über Daily Scrums sind richtig?

    a. Die Timebox für das Daily Scrum beträgt 15 Minuten.
    b. Das Daily Scrum kann täglich stattfinden, bestenfalls zur gleichen Zeit und am gleichen Ort.
    c. Der Scrum Master oder ein Vertreter moderiert das Daily Scrum.
    d. Im Daily Scrum werden drei Fragen beantwortet: Was habe ich geschafft? Was werde ich schaffen? Was behindert mich?
    e. Im Daily Scrum entsteht der Plan für die nächsten 24 Stunden.

27. Welche Aussagen über Sprint Reviews sind richtig?

    a. Es müssen alle Stakeholder am Sprint Review teilnehmen, sonst ist es wertlos.
    b. Das Sprint Review dauert maximal vier Stunden.
    c. Das Sprint Review ist ein Arbeitstermin, in dem die Ergebnisse des Sprints inspiziert werden.

d. Im Sprint Review kann das Sprint Backlog für den nächsten Sprint vorbefüllt werden.

e. Das Sprint Review dient dazu, künftige Anpassungen festzulegen und die Fortschritte in Richtung Sprint-Ziel zu besprechen.

28. Welche Aussagen über Sprint Retrospectives sind richtig?

    a. Die Sprint Retrospective dient der Erhöhung von Qualität des Entwicklungsprozesses und der Effektivität des Scrum Teams.

    b. Themen der Sprint Retrospective sind: Individuen, Interaktionen, Prozesse, Werkzeuge, Definition of Done.

    c. Die Sprint Retrospective findet im Verlauf des Sprints statt, das Team legt von Sprint zu Sprint den genauen Tag und Zeitpunkt fest.

    d. Die Sprint Retrospective dauert in der Regel drei Stunden, kann je nach Problemlage aber auch länger oder kürzer sein.

    e. An der Retrospektive nimmt das gesamte Scrum Team teil.

Artefakte

29. Wie häufig wird ein Increment in Scrum erstellt?

    a. Mehrmals pro Sprint.
    b. Am Ende jedes Sprints.
    c. So oft wie nötig und mindestens einmal pro Sprint.
    d. Am Ende eines jeden Releases.
    e. Das ist abhängig vom Produkt.

30. Was ist der Zweck des Sprint-Ziels?

    a. Die Kommunikation zu den Stakeholdern erleichtern.
    b. Dem Scrum Team Fokus geben und es zur Zusammenarbeit ermutigen.
    c. Die Kontrolle des Teams erleichtern (Soll-/Ist-Abgleich).
    d. Jedem Developer sein persönliches Ziel geben, an dem er arbeiten kann.
    e. Dem Jahresbericht eine Struktur geben.

31. Wozu dienen die Commitments zu Sprint Backlog, Product Backlog und dem Increment?

    a. Sie helfen dem Scrum Team dabei, den Fokus zu erhöhen.
    b. Sie sind das Versprechen, den jeweiligen kompletten Umfang umzusetzen.
    c. Sie dienen dazu, dem Management mehr Kontrolle zu ermöglichen.
    d. In der Softwareentwicklung committet man nun einmal häufig. Das spiegelt Scrum in den Begrifflichkeiten wider.
    e. Sie helfen dem Scrum Team dabei, den Fokus zu erhöhen.

32. In welcher Form müssen die Artefakte dokumentiert sein?

    a. Als Dokument.
    b. Schriftlich.

c. In Form von Code.
   d. Das ist durch Scrum nicht definiert und somit freigestellt.
   e. Gar nicht.

33. Welche der folgenden Aussagen beschreiben das Product Backlog am besten?
   a. Das Product Backlog ist eine geordnete Liste aller bekannten Anforderungen, um das Produkt weiterzuentwickeln und instand zu halten.
   b. Der Scrum Master ist dafür verantwortlich, dass der Product Owner und die Developer die richtigen Anforderungen in das Product Backlog eintragen.
   c. Das Product Backlog ist dynamisch und entwickelt sich kontinuierlich weiter, indem neue Erkenntnisse für Anpassungsbedarf sorgen.
   d. Das Product Backlog wird zu Beginn eines Projekts erstellt. Es ist das Äquivalent zu einem Lastenheft in klassischen Projekten.
   e. Es ist eine Checkliste, die transparent macht, was noch zu tun ist, um ein wertvolles Produkt am Markt platzieren zu können.

34. Woher kommt die Arbeit, die das Scrum Team erledigen soll?
   a. Das ist sehr individuell und von Organisation zu Organisation unterschiedlich.
   b. Das Product Backlog ist die einzige Quelle von Arbeit für das Scrum Team.
   c. Aus der klassischen Führungsebene.
   d. Von den Stakeholdern.
   e. Von Kunden und Nutzern.

35. Welche Backlogs gibt es in Scrum?
   a. Es gibt ein Product Backlog pro Produkt.
   b. Es gibt ein Impediment Backlog für die Verbesserungsaktivitäten.
   c. Es gibt ein Technical Backlog für technische Anforderungen.
   d. Es gibt ein Bug Backlog für Fehler im Produkt.
   e. Es gibt ein Sprint Backlog je Team und Sprint.

»Done«

36. Was bedeutet »Done« im Kontext von Scrum?
   a. Eine Aufgabe wurde bearbeitet und ist aus Sicht der Entwickler abgeschlossen.
   b. Ein Entwickler hat einen Product-Backlog-Eintrag in die »Done«-Spalte verschoben.
   c. Der Lenkungskreis hat beschlossen, dass eine Aufgabe fertiggestellt wurde.
   d. Alle Programmiertätigkeiten wurden vollständig erledigt.
   e. Ein Product-Backlog-Eintrag erfüllt alle Kriterien der »Definition of Done«.

37. Wann entsteht ein Increment?
   a. In dem Moment, in dem ein Product-Backlog-Eintrag die Definition of Done erfüllt.
   b. In dem Moment, in dem das Scrum Team es an die Stakeholder releaset.

c. In dem Moment, in dem der Product Owner dies entscheidet.
d. In dem Moment, in dem der zuständige Developer dies sagt.
e. In dem Moment, in dem die Abnahme durch den Kunden erfolgt ist.

38. Wodurch zeichnet sich eine gute »Definition of Done« aus, wenn sie vom Scrum Team erstellt wird?
    a. Sie wird von den Senior-Entwicklern des Scrum Teams erstellt.
    b. Sie wird von allen Mitgliedern des Scrum Teams gemeinsam erstellt und getragen.
    c. Sie besteht aus relevanten Einträgen, sie muss keine Selbstverständlichkeiten regeln.
    d. Sie enthält Anforderungen, die – wenn überhaupt – kaum erreicht werden können.
    e. Sie ist allen Teammitgliedern bekannt; jeder verwendet sie.

39. Wer hat die Verantwortung für die Erstellung der »Definition of Done«?
    a. Product Owner
    b. Scrum Master
    c. Scrum Team
    d. Developer
    e. Projektmanager

40. Welche Definition of Done gilt, wenn mehrere Scrum Teams am gleichen Produkt arbeiten?
    a. Die des Teams, das zuerst eine erstellt hat.
    b. Die des Teams, das zuletzt eine erstellt hat.
    c. Alle Scrum Teams müssen zusammen eine gemeinsame Definition of Done erstellen.
    d. Die Scrum Master der Teams entscheiden über die Definition of Done.
    e. Dazu sagt Scrum nichts. Entsprechend liegt es in der Entscheidungshoheit der jeweiligen Organisation.

41. Müssen die Developer sich an die Definition of Done halten?
    a. Nein, sie ist eher eine Orientierungshilfe.
    b. Ja, solange keine außergewöhnlichen Termine, wie z. B. eine wichtige Messe, anstehen.
    c. Ja, solange der Product Owner nichts anderes entscheidet.
    d. Ja, solange der Developer sie für ausreichend hält.
    e. Ja, immer.

42. Wie flexibel ist Qualität in Scrum während eines Sprints?
    a. Der Product Owner hat das letzte Wort hinsichtlich der Qualität. Er entscheidet, ob ein fertiggestellter Product-Backlog-Eintrag seinen Ansprüchen genügt.
    b. Die Qualität kann den Erfordernissen, insbesondere bei dringend erforderlicher Lieferung von Inhalten, angepasst werden.
    c. Die Qualität ist in der Definition of Done festgeschrieben und darf während eines Sprints nicht reduziert werden.

d. Die Lieferung von Wert ist wichtiger als die Lieferung von Qualität und wird daher im Zweifel priorisiert.
e. Es gibt keine Qualitätsdefinition in Scrum, daher können die Standards für jeden Product-Backlog-Eintrag beliebig festgelegt werden.

Self-Managing Teams

43. Welche Aufgabe hat das Management, wenn Scrum verwendet wird?
    a. Das Management wird durch Scrum abgeschafft.
    b. Das Management unterstützt das Scrum Team, beispielsweise mit Informationen.
    c. Das Management ist Teil des Scrum Teams, in das es einen Vertreter entsendet.
    d. Das Management überwacht den Fortschritt und kümmert sich um Ressourcen.
    e. Das Management ist zuständig für das Personalmanagement.

44. Wer entscheidet, wie das Increment erstellt wird?
    a. Das Scrum Team.
    b. Der Architekt.
    c. Die Developer.
    d. Der Scrum Master.
    e. Der Product Owner.

45. Durch welche Verhaltensweisen zeichnet sich ein Scrum Teams aus, das als »self-managing« bezeichnet wird?
    a. Der Scrum Master trifft alle Entscheidungen für das Team und verteilt die Aufgaben an die Teammitglieder.
    b. Das Team plant gemeinsam die Aufgaben für den nächsten Sprint. Diese entnimmt es aus dem Product Backlog.
    c. Das Team erstellt und pflegt ein gemeinsames Task Board, auf dem der tägliche Fortschritt getrackt wird. Die Aktualisierung passiert spätestens im Daily Scrum.
    d. Der Product Owner überwacht die tägliche Arbeit jedes Teammitglieds und kontrolliert so den Fortschritt des Teams.
    e. Das Team führt regelmäßige Sprint Retrospectives durch, um Verbesserungen zu identifizieren.

46. Wie können Sie als Scrum Master am besten das Selbstmanagement und die Eigenverantwortung des Scrum Teams fördern?
    a. Sie stellen sicher, dass das Team alle Aufgaben genau nach Ihren Anweisungen ausführt.
    b. Sie ermutigen das Team, eigene Entscheidungen zu treffen und Verantwortung für die Ergebnisse zu übernehmen.
    c. Sie treffen alle Entscheidungen selbst, um sicherzustellen, dass das Team auf Kurs bleibt.

d. Sie kontrollieren regelmäßig die Arbeitsergebnisse der Teammitglieder und geben Hinweise zur Anpassung der Arbeitsweise.
e. Sie übernehmen die Aufgabenverteilung im Team und überwachen den täglichen Fortschritt im Daily Scrum.

47. Im Rahmen einer Sprint Retrospective deckt das Team auf, dass die Qualität der vom Product Owner erstellten Product Backlog Items zu niedrig ist, was in der Folge unnötige Fehler der Entwickler verursacht. Sie sind Scrum Master. Wie gehen Sie vor?
    a. Sie ignorieren das Problem, da es als Scrum Master nicht Ihre Aufgabe ist, sich in die Belange des Product Owners einzumischen.
    b. Sie moderieren eine Diskussion zwischen Entwicklern und Product Owner, um das Problem direkt zu besprechen und gemeinsam Lösungen zu finden.
    c. Sie entwerfen einen Leitfaden (»Definition of Ready«), der die Qualität von Einträgen im Product Backlog regelt, und stellen ihn Product Owner und Entwicklern vor.
    d. Sie fordern den Product Owner auf, die Anforderungen besser zu dokumentieren. Mehr Details sorgen für ein besseres Verständnis bei den Developern.
    e. Sie übernehmen zukünftig die Erstellung der Product Backlog Items, um sicherzustellen, dass sie von hoher Qualität sind.

48. Als Scrum Master eines Scrum Teams bemerken Sie, dass ein Teammitglied sowohl in Fragen der Umsetzung des Produkts als auch in Bezug auf Teamaktivitäten dauerhaft außen vor ist. Dies ist einerseits auf seine mangelhafte Leistung und andererseits auf offensichtliches Desinteresse an der Teamarbeit zurückzuführen. Welche Schritte unternehmen Sie?
    a. Sie organisieren einen Teambuilding-Workshop und versuchen, das Teammitglied doch noch zu integrieren.
    b. Sie kontaktieren die disziplinarische Führungskraft, damit diese sich um das Problem kümmern und mit der Person ins Gespräch gehen kann.
    c. Sie kontaktieren die Personalabteilung, damit es dem Teammitglied passende Schulungen vorschlagen kann, die zu einer Leistungssteigerung führen.
    d. Sie fordern die anderen Teammitglieder auf, der Person ein 360-Grad-Feedback zu ihrem Verhalten zu geben.
    e. Sie besprechen ihre Beobachtungen mit dem Teammitglied, um Hintergründe zu verstehen und um ein gemeinsames Vorgehen zur Verbesserung zu vereinbaren.

49. Sie sind Scrum Master eines Scrum Teams. Ein Entwickler verhält sich wiederholt unangemessen. Mehrere Gespräche mit diesem Teammitglied allein und im Team haben zu keiner Verhaltensänderung geführt. Es ist offensichtlich, dass diese Person das Team verlassen muss. Wie gehen Sie vor?
    a. Sie klären die notwendigen Schritte mit dem disziplinarischen Vorgesetzten und der Personalabteilung. Dann überreichen Sie dem Teammitglied seine Kündigung.
    b. Sie führen ein weiteres Gespräch mit dem Teammitglied, um doch noch eine Verhaltensänderung zu erzielen.
    c. Sie teilen dem Teammitglied Sonderaufgaben zu, die es ohne Zusammenarbeit mit dem restlichen Team erledigen kann.

d. Sie verdeutlichen dem Team, dass »self-managing« auch die Verantwortung für die Teamzusammensetzung umfasst und es ermächtigt ist, diese zu ändern.
   e. Sie kümmern sich nicht um das Thema. Das Problem liegt außerhalb von Scrum und somit nicht in Ihrem Verantwortungsbereich.

Facilitation und Coaching

50. Als Scrum Master eines Scrum Teams fällt Ihnen auf, dass die Arbeit eines Teammitglieds kaum bemerkt und daher nicht wertgeschätzt wird. Was tun Sie?
    a. Sie schlagen dem Teammitglied vor, schneller zu arbeiten, damit das Team die Ergebnisse aufgrund ihrer Menge nicht übersehen kann.
    b. Sie fördern eine Diskussion über die Wichtigkeit individueller Beiträge zur Gesamtleistung des Teams und fördern somit die Wertschätzung für alle Beiträge.
    c. Sie weisen die anderen Teammitglieder auf ihr unmögliches Verhalten hin und kündigen die Eskalation an die disziplinarischen Vorgesetzten an.
    d. Beim nächsten Event nutzen Sie die Gelegenheit, die Leistungen des Teammitglieds vor dem gesamten Team zu loben.
    e. Sie schlagen dem disziplinarischen Vorgesetzten des Teammitglied vor, dieses in ein anderes Team zu versetzen, in dem es die Chance hat, sichtbarer zu sein.

51. Als Scrum Master eines Scrum Teams bemerken Sie, dass die Stakeholder Ihr Team ständig ablenken, beispielsweise durch endlose Besprechungen und immer neue Anforderungen. Daraus ergibt sich nicht nur ein mangelhafter Fokus auf die aktuellen Aufgaben, sondern auch die Zeit wird knapp. Welches Vorgehen wählen Sie?
    a. Sie schlagen vor, mehr Zeit in den Sprints für Besprechungen mit den Stakeholdern zu reservieren.
    b. Sie gehen auf die Stakeholder zu, um ihnen zu sagen, dass sie die Teammitglieder in Ruhe ihre Arbeit machen lassen sollen.
    c. Sie arrangieren eine Diskussion zwischen Scrum Team und Stakeholdern, um die Zusammenarbeit unter Berücksichtigung der Produktivität des Teams und dem Gesprächsbedarf der Stakeholder zu gestalten.
    d. Sie empfehlen dem Team, die Stakeholder zu ignorieren und sich stattdessen auf ihre Arbeit zu fokussieren.
    e. Sie nehmen an den Gesprächen mit den Stakeholdern teil und achten auf die Einhaltung der Timebox.

52. Als Scrum Master eines Scrum Teams bemerken Sie, dass ein Teammitglied sehr zurückgezogen, beinahe in sich gekehrt ist. Gleichzeitig wissen Sie, dass diese Person voller Ideen ist, die sie in der Diskussion jedoch so gut wie nie einbringt. Wie reagieren Sie?
    a. Sie greifen die Ideen derer auf, die in der Lage sind, diese auch in großer Runde auszusprechen. In einem Scrum Team muss das möglich sein.
    b. Sie schaffen Möglichkeiten, dass zurückhaltende Personen Ideen einbringen können, zum Beispiel ein Ideenbriefkasten, in dem Ideen schriftlich hinterlegt werden können.

c. Sie teilen dem Teammitglied Aufgaben zu, die es isoliert bearbeiten kann, sodass für diese kein Austausch erforderlich ist.

d. Sie schlagen vor, dass Kommunikation zukünftig ausschließlich in schriftlicher Form erfolgen darf.

e. Sie suchen das Gespräch mit dem Teammitglied und gegebenenfalls mit dem gesamten Team, um Ursachen zu erforschen und Maßnahmen zu entwickeln.

53. Sie sind Scrum Master eines Scrum Teams, und das Management fordert Sie auf, das Daily Scrum zu moderieren. Einige Entwickler hätten sich beschwert, dass Sie Ihrer Aufgabe nicht nachkämen. Wie reagieren Sie?

    a. Sie entsprechen dem Wunsch des Managements und moderieren ab sofort die Daily Scrums für die Entwickler.

    b. Sie ignorieren die Vorkommnisse, um Konflikte zu vermeiden, und setzen Ihre Arbeit in der bisherigen Art und Weise fort.

    c. Sie besprechen mit dem Management, dass es in Ihrer Verantwortung liegt, dass das Daily Scrum durchgeführt wird, aber nicht, es zu moderieren.

    d. Sie thematisieren die Beschwerden mit dem Team, erläutern den Zweck des Daily Scrums und ihre Rolle und erforschen, wie Sie bestmöglich unterstützen können.

    e. Sie beschweren sich bei den Entwicklern, dass diese Sie beim Management verpetzt haben, ohne vorher mit Ihnen gesprochen zu haben.

54. Als Scrum Master eines Scrum Teams bemerken Sie, dass sich das Team häufig verschätzt, wenn es darum geht, die Product-Backlog-Einträge im Sprint Review zu bewerten. Dadurch kommt es regelmäßig zu Verzögerungen. Wie gehen Sie damit um?

    a. Sie schlagen vor, Zeiten mithilfe eines Tabellenkalkulationsprogramms genau nachzuverfolgen und aus diesen Daten zu lernen.

    b. Sie laden zu einem Workshop ein, der dazu dient, die Definition of Done zu vereinfachen, sodass der Prozess des Schätzens einfacher wird.

    c. Sie arrangieren eine Refinement-Session, um die Product-Backlog-Einträge in kleinere Einträge zu zerlegen.

    d. Sie ermutigen das Team, sich mit Methoden des relativen Schätzens auseinanderzusetzen, um der Komplexität von Produkt und Umfeld zu begegnen.

    e. Sie fragen die Stakeholder, die in Ihrer Organisation als fachliche Experten gelten, nach ihrer Einschätzung.

55. Als Scrum Master eines Scrum Teams bemerken Sie, dass die Stakeholder in der Zusammenarbeit mit Ihrem Product Owner unzufrieden sind. Sie fühlen sich zu wenig eingebunden und sehen ihre Anforderungen nicht im Product Backlog repräsentiert. Was tun Sie?

    a. Sie verweisen auf die »Definition of Ready« und sorgen dafür, dass die Stakeholder ihre Anforderungen gemäß der DoR formulieren.

    b. Sie raten dem Product Owner, sich von den Beschwerden der Stakeholder nicht beeindrucken zu lassen; immerhin liegt das Product Backlog in seiner Verantwortung.

    c. Sie empfehlen dem Product Owner, mit den Stakeholdern ins Gespräch zu gehen, und bieten dafür Ihre Unterstützung an.

d. Sie stellen den Stakeholdern den Prozess rund um das Pflichtenheft und mit Änderungen verbundene Change Requests vor.
e. Sie bieten den Stakeholdern an, an der nächsten Sprint Retrospective teilzunehmen und ihrem Ärger direkt Luft zu machen.

56. Als Scrum Master eines Scrum Teams bemerken Sie, dass die Teammitglieder im Sprint Planning immer wieder den Aufwand überschätzen, sodass alle Einträge des Sprint Backlogs vor Ablauf der Timebox fertiggestellt werden. Wie gehen Sie damit um?
    a. Sie teilen den Teammitgliedern weitere Aufgaben zu, insbesondere im Hinblick auf kontinuierliche Verbesserung der Arbeitsprozesse.
    b. Sie coachen das Scrum Team im Hinblick auf die Reflexion des Schätzprozesses und die Verbesserung von Schätzmethoden.
    c. Sie schlagen dem Product Owner vor, die Sprints vorzeitig zu beenden oder die Sprint-Länge grundsätzlich zu kürzen.
    d. Sie legen fest, dass die Teammitglieder die verbleibende Zeit zunächst für Product Backlog Refinement und dann für die persönliche Weiterbildung nutzen.
    e. Sie bitten den Product Owner, in Abstimmung mit den Stakeholdern während des Sprints weitere Product Backlog Items in das Sprint Backlog zu verschieben.

Forecasting und Release-Planung

57. Welche Aussagen über Velocity sind richtig?
    a. Velocity ist die Anzahl der Stunden, die das Scrum Team in einem Sprint pro Tag durchschnittlich gearbeitet hat.
    b. Velocity ist die Menge an Arbeit, die ein Scrum Team innerhalb eines Sprints erledigt.
    c. Velocity misst die Geschwindigkeit, mit der ein Entwickler seine Aufgaben während des Sprints erledigt.
    d. Velocity ist ein Maß für die Produktivität eines Scrum Teams, gemessen in Aufgaben pro Stunde.
    e. Velocity hilft dem Team, die zukünftige Abarbeitungsgeschwindigkeit und die Lieferfähigkeit zu prognostizieren.

58. Wie kann ein Scrum Team seine Velocity bestimmen?
    a. Die Velocity ergibt sich aus den Stunden, die von den einzelnen Teammitgliedern auf die Projekte gebucht werden.
    b. Die Velocity entspricht der Anzahl der Stunden, die das Scrum Team während eines Sprints gearbeitet hat.
    c. Die Velocity entspricht immer der Anzahl der Story Points, die das Scrum Team während eines Sprints abgearbeitet hat.
    d. Die Velocity wird berechnet, indem die Menge an Arbeit gemessen wird, die je Sprint erledigt wurde.
    e. Die Velocity ergibt sich aus dem Verhältnis aus Arbeitsmenge und eingesetzten Stunden.

59. Wie wird in Scrum die Vorhersagbarkeit von Ergebnissen optimiert?
    a. Indem die Sprint-Länge verkürzt wird.
    b. In Scrum sind Vorhersagen generell nicht möglich.
    c. Durch einen vorhersagenden (prädiktiven) Ansatz.
    d. Durch Planning Poker im Sprint Planning.
    e. Durch einen iterativen, inkrementellen Ansatz.

60. Sie sind Scrum Master eines Scrum Teams, das Schwierigkeiten mit dem Forecasting hat. Welche Techniken empfehlen Sie, um eine Verbesserung zu erreichen?
    a. Kompetenzmatrix in Kombination mit Entwicklungsplänen.
    b. Objectives and Key Results (OKRs) in Kombination mit Performance-Prämien.
    c. Relatives Schätzen in Kombination mit Burndown-Charts.
    d. Planning Poker in Kombination mit Wall Estimation.
    e. Velocity-Tracking in Kombination mit Schätzgenauigkeitskoeffizient.

61. Wie weit voraus plant man in Scrum?
    a. Einen Sprint.
    b. So weit im Voraus wie nötig und so wenig wie möglich.
    c. Die nächsten drei Sprints.
    d. Wie es dem Scrum Team am besten passt.
    e. Das legt der Product Owner fest.

62. Welche Aussagen über Release-Planung sind richtig?
    a. Sie dient der Transparenz gegenüber und der Kommunikation mit den Stakeholdern.
    b. Sie dient als Grundlage für systematische Adaption.
    c. Sie liegt in der Verantwortung des Product Owners.
    d. Sie gibt dem Scrum Team Orientierung.
    e. Sie ist ein fixer Plan, den es vom Scrum Team abzuarbeiten gilt.

63. Sie sind Scrum Master eines Scrum Teams. Bisher hatte das Team eine Velocity von 42 Story Points pro Sprint. Ein Stakeholder erkundigt sich, wann das Team mit bestimmten Product-Backlog-Einträgen fertig werden wird, die insgesamt einen Umfang von 144 Story Points haben. Der Product Owner bittet Sie um Hilfe, wie er die Frage beantworten soll. Welchen Hinweis geben Sie ihm?
    a. Dazu lässt sich keine Aussage treffen.
    b. Nach vier Sprints.
    c. Die Fertigstellung erfolgt, wann immer der Stakeholder es wünscht.
    d. Nach dreieinhalb Sprints.
    e. Rechnerisch nach vier Sprints, allerdings können Unsicherheiten für Abweichungen sorgen.

Produkt-Vision und -Wert

64. Welche Aussagen über eine Produkt-Vision sind richtig?
    a. Eine klare Produkt-Vision kann die Motivation des Teams steigern.
    b. Die Produkt-Vision beschreibt die technischen Spezifikationen des Produkts.
    c. Zwischen Product Owner und Entwicklern spielt die Produkt-Vision keine Rolle.
    d. Die Produkt-Vision gehört nicht zu Scrum und sollte daher nicht eingesetzt werden.
    e. Ein Scrum Team wird durch sie von der wirklich wichtigen Arbeit abgelenkt.

65. Wie hilft die Produkt-Vision dem Scrum Team und den Stakeholdern?
    a. Die Produkt-Vision dient als Basis für die Ausarbeitung des Projektplans; für den weiteren Verlauf sind nur noch die Produkt-Ziele relevant.
    b. Eine Produkt-Vision hilft dem Scrum Team dabei, Entscheidungen zu treffen, die mit den langfristigen Zielen des Produkts übereinstimmen.
    c. Die Produkt-Vision bildet eine gute Grundlage für den Austausch und das gemeinsame Verständnis zwischen dem Scrum Team und den Stakeholdern.
    d. Der Begriff »Produkt-Vision« ist gleichbedeutend mit dem Begriff »Produkt-Ziel« und wird daher in der Regel synonym verwendet.
    e. Der Begriff »Product Vision« wurde von Ken Schwaber und Jeff Sutherland erfunden und 1996 auf der OOPSLA-Konferenz vorgestellt.

66. Was versteht man unter dem Produkt-Wert in Scrum?
    a. Features, die ein Produkt in Summe enthält.
    b. Gewinn, der durch den Verkauf des Produkts erzielt wird.
    c. Nutzen, den ein Produkt für seine Anwender liefert.
    d. Aufwand, der für die Erstellung angefallen ist.
    e. Preis, für den das Produkt verkauft wird.

67. Wodurch kann der Product Owner den Produkt-Wert maximieren?
    a. Durch kontinuierliches Product Backlog Refinement.
    b. Durch Erhöhung der Anzahl der Sprints pro Projekt.
    c. Durch ständige Einbindung des Stakeholder-Feedbacks.
    d. Durch Reduzierung der Teamgröße, um die Effizienz zu steigern.
    e. Durch aktive Beobachtung des Markts, um aktuelle Trends frühzeitig zu erkennen.

68. Wie kann der aktuelle Produkt-Wert gemessen werden?
    a. Nutzung bzw. Nicht-Nutzung von Produkt-Features analysieren.
    b. Nur Umsatz und Gewinn sind bei der Bestimmung des Produkt-Werts relevant.
    c. Interne Stakeholder können den Produkt-Wert am besten abschätzen.
    d. Anwender in möglichst kurzer zeitlicher Distanz zur Nutzung befragen.
    e. Anzahl der geschriebenen Programmzeilen (Lines of Code) pro Monat.

69. In welcher Reihenfolge stehen die Product-Backlog-Einträge im Product Backlog?
    a. Nach Wichtigkeit in Abhängigkeit des Stakeholders, der sie eingebracht hat.
    b. Die wertvollsten Einträge stehen oben und sind mit den meisten Details versehen.
    c. Neue Einträge werden unten an die Liste angehängt.
    d. Unklare Einträge stehen ganz oben, damit der Product Owner sie bald ausarbeitet.
    e. Alphabetisch.

70. Was passiert, wenn der Produkt-Wert nicht definiert ist?
    a. Es entsteht Chaos im Product Backlog.
    b. Die Flexibilität in der Priorisierung steigt.
    c. Das Scrum Team verliert den Fokus.
    d. Die Anwender sind unzufrieden.
    e. Wert muss nicht definiert werden, solange die Vision stimmt.

Product-Backlog-Management

71. Was umfasst ein effektives Product-Backlog-Management?
    a. Definition des Sprint-Ziels.
    b. Entwicklung und explizite Kommunikation des Produkt-Ziels.
    c. Erstellung und Kommunikation der Product-Backlog-Einträge.
    d. Schätzung der Aufwände zur Umsetzung der Product-Backlog-Einträge.
    e. Festlegung der Reihenfolge der Product-Backlog-Einträge.

72. Wann wird das Product Backlog verfeinert (*refined*)?
    a. Ständig, auch während eines laufenden Sprints.
    b. Nur in sogenannten »Refinement-Meetings«.
    c. Einmal im Monat.
    d. Das Product Backlog wird nicht »verfeinert«, sondern gefüllt.
    e. Durch das Refinement erhalten Product-Backlog-Einträge weitere Details.

73. Welchen Anteil hat das Refinement des Product Backlogs in der Regel bezogen auf die Gesamtarbeitszeit der Entwickler?
    a. So viel wie nötig, beispielsweise zehn Prozent.
    b. Die Entwickler beschäftigen sich etwa in der Hälfte ihrer Zeit mit Refinement.
    c. Mit dem Refinement haben Developer nichts zu tun, das macht der Product Owner.
    d. Dazu gibt es keine pauschale Aussage; das ist abhängig vom Product Owner.
    e. Bis zu 25 Prozent.

74. Was passiert am Ende eines Sprints mit einem Product-Backlog-Eintrag, der zwar umgesetzt wurde, bei dem die Definition of Done jedoch noch nicht erfüllt ist?
    a. Er wird im Sprint Review vorgestellt, aber noch nicht releaset.
    b. Er wird im Sprint Review vorgestellt und releaset.
    c. Er wird nicht im Sprint Review vorgestellt und wird in den nächsten Sprint übernommen.

d. Er wird weder im Sprint Review vorgestellt noch releaset und wandert zurück ins Product Backlog.
e. Er wird gelöscht.

75. Wie werden Stakeholder in den Prozess des Product-Backlog-Managements eingebunden?
   a. Stakeholder nehmen an den Sprint Reviews teil, um das Increment zu inspizieren und Feedback zu geben, damit das Product Backlog entsprechend adaptiert werden kann.
   b. Stakeholder erstellen eigenständig User Stories und andere Product Backlog Items und fügen sie als neue Einträge dem Product Backlog hinzu.
   c. Anforderungen der Stakeholder werden anhand ihrer Werthaltigkeit vom Product Owner priorisiert und in das Product Backlog eingeordnet.
   d. Stakeholder entscheiden in Abstimmung mit dem Product Owner über die Sprint-Ziele, damit ihre Anforderungen auf jeden Fall repräsentiert werden.
   e. Widersprüchliche Anforderungen werden ignoriert; die Stakeholder müssen ihre Konflikte zunächst untereinander lösen.

76. Wodurch zeichnet sich ein Product-Backlog-Management aus, das auf empirischer Prozesskontrolle basiert?
   a. Das Product Backlog wird auf der Basis aller Erfahrungen aus Vorprojekten erstellt und dann abgearbeitet.
   b. Das Product Backlog stellt nicht nur die einzige Quelle für die Arbeit des Scrum Teams dar, sondern auch eine transparente Informationsbasis.
   c. Kontinuierliches Backlog Refinement führt dazu, dass das Product Backlog aktuelle und relevante Einträge enthält.
   d. Regelmäßiges Feedback der Stakeholder führt dazu, dass neue Einträge zum Product Backlog hinzugefügt, bestehende überarbeitet und veraltete gelöscht werden.
   e. Die Einträge im Product Backlog werden grob priorisiert, sodass anhand der Erfahrungen aus dem vorherigen Sprint flexibel ausgewählt werden kann.

77. Wie dienen die einzelnen Scrum Events dem Product-Backlog-Management?
   a. In der Sprint Retrospective werden die Einträge, die anhand des Stakeholder-Feedbacks im letzten Sprint dazugekommen sind, betrachtet und entsprechend angepasst.
   b. Das Backlog Refinement Meeting dient der kontinuierlichen Weiterentwicklung und Aktualisierung des Product Backlogs.
   c. Durch das Entnehmen von Einträgen aus dem Product Backlog wird dieses im Rahmen des Sprint Plannings aktualisiert.
   d. Im Daily Scrum werden neue Erkenntnisse aus den vergangenen 24 Stunden für die Pflege des Product Backlogs herangezogen.
   e. Die Stakeholder inspizieren im Sprint Review das Increment und geben dazu Feedback. Auf dieser Basis kann das Product Backlog adaptiert werden.

Stakeholder und Kunden

78. Wer wird in Scrum als Stakeholder angesehen?
    a. Ausschließlich interne Stakeholder wie Vertreter des Produktmanagements.
    b. Unternehmen, mit denen aufgrund des Produkts eine Geschäftsbeziehung besteht.
    c. Management und Führungskräfte innerhalb des Unternehmens.
    d. Kunden, die das Produkt (potenziell) kaufen.
    e. Hersteller von Konkurrenzprodukten.

79. Welche Elemente in Scrum dienen der Interaktion mit den Stakeholdern?
    a. Product Backlog.
    b. Sprint Backlog.
    c. Sprint Retrospective.
    d. Definition of Done.
    e. Sprint Review.

80. Sie sind neu in der Rolle des Product Owners. Wie agieren Sie gegenüber den Stakeholdern Ihres Produkts?
    a. Sie nehmen die Anforderungen der Stakeholder im Lastenheft des Produkts auf.
    b. Sie involvieren die Stakeholder nur bei Bedarf, sobald Sie auf Unklarheiten stoßen.
    c. Sie fungieren als Repräsentant der Stakeholder gegenüber ihrem Scrum Team.
    d. Sie lassen das Management entscheiden, welche Stakeholder Inputgeber sein sollen.
    e. Sie sprechen ausschließlich mit den wichtigsten drei Stakeholdern.

81. Als Scrum Master eines Scrum Teams bemerken Sie, dass der Product Owner zwischen den Wünschen von zwei Stakeholdern hin- und hergerissen ist. Beide haben eine klare Ergebnisvorstellung, allerdings stehen die Ziele im Konflikt zueinander. Was raten Sie dem Product Owner?
    a. Sie halten den Product Owner an, die Vorgaben des Stakeholders zu verfolgen, der die meiste Macht innerhalb des Unternehmens hat.
    b. Sie schlagen vor, gemeinsam mit Stakeholdern und Scrum Team den Wert für den Kunden zu definieren und auf dieser Basis die Alternativen zu bewerten.
    c. Sie initiieren eine Konfliktklärung mit den beiden Stakeholder-Parteien, die der Product Owner moderieren soll.
    d. Sie fragen die Entwickler, welche Alternative mehr Spaß machen wird, und geben das Resultat dem Product Owner mit.
    e. Sie bitten den Lenkungsausschuss des Projekts darum, eine Entscheidung bezüglich der beiden Alternativen zu treffen.

82. Als Scrum Master eines Scrum Teams bemerken Sie, dass der Product Owner unschlüssig im Umgang mit neuen Anforderungen ist, die seitens eines Kunden während des Sprints an ihn herangetragen werden; die Anforderungen klingen dringend. Was raten Sie dem Product Owner?
    a. Der Product Owner sollte die Anforderungen am nächsten Tag im Daily Scrum den Entwicklern präsentieren.
    b. Der Product Owner sollte die Anforderungen direkt dem Sprint Backlog hinzufügen, um den Kunden nicht zu enttäuschen.

c. Der Product Owner sollte das Management fragen, wie es die Anforderung und insbesondere die Wichtigkeit des Kunden bewertet und entsprechend handeln.
d. Der Product Owner sollte die Anforderungen dem Product Backlog hinzufügen und in seiner Sortierung für das nächste Sprint Planning berücksichtigen.
e. Der Product Owner sollte im Dialog mit den Entwicklern ermitteln, ob sich die Anforderungen (teilweise) ohne Gefährdung des Sprint-Ziels umsetzen lassen.

83. Das Management erhält Beschwerden seitens der Kunden, die sich über eine verschlechterte Qualität wundern. Welche Reaktion sollte folgen?
    a. Product Owner und/oder Scrum Master werden sofort ausgetauscht, um ein deutliches Zeichen gegenüber den Kunden zu setzen.
    b. Die disziplinarischen Vorgesetzten der Mitglieder des Scrum Teams werden informiert und gebeten, eine Lösung zu erarbeiten.
    c. Das Management leitet die Beschwerde an das Scrum Team weiter und bittet es, gemeinschaftlich und gegebenenfalls mit dem Kunden eine Lösung zu erarbeiten.
    d. Mithilfe eines KPI-Reports soll das Scrum Team aufklären, wie es zur Unzufriedenheit des Kunden kommen konnte.
    e. Das Scrum Team wird um einen Projektmanager ergänzt, der zukünftig die Schnittstelle mit dem Kunden bearbeitet.

84. Was beinhaltet die Geschäftsstrategie?
    a. Marktanalyse und Kundengruppen.
    b. Vision und Mission eines Unternehmens.
    c. Maßnahmen aus Befragungen von Mitarbeitenden.
    d. Detaillierte technische Spezifikationen.
    e. Produktportfolio und Produktstrategien.

Lösungen und Erläuterungen

Im Folgenden finden Sie die Fragen mitsamt den Antwortmöglichkeiten. Richtige Antworten sind jetzt fett gesetzt. Außerdem finden Sie eine kurze Erläuterung, und ich habe entweder die konkrete Textpassage aus dem Scrum Guide oder zumindest die Stelle angegeben, die jeweils die Lösung belegt. Manche Antworten können Sie direkt dem Scrum Guide entnehmen. Bei anderen müssen verschiedene Stellen kombiniert und interpretiert werden, um zur richtigen Lösung zu gelangen. Selten wird auf allgemeines Wissen zurückgegriffen. Tiefergehende Ausführungen zu den einzelnen Themen finden Sie in den entsprechenden Kapiteln des Buchs.

Empirie

1. Welche Aussagen über Scrum sind richtig?
    a. **Scrum basiert auf empirischer Prozesskontrolle.**
    b. Scrum ist ein Baukasten, aus dem Komponenten gewählt werden können.
    c. **Scrum basiert auf Lean Thinking.**
    d. Scrum basiert auf Management by Objectives und Servant Leadership.
    e. Scrum basiert auf dem Agilen Manifest.

Scrum basiert auf empirischer Prozesskontrolle. Das bedeutet, das eigene Vorgehen wird ständig beobachtet, gemessen und auf dieser Basis wieder angepasst (Transparenz, Inspektion, Adaption), um Prozesse zu verbessern. Neben Empirie liegt Scrum Lean Thinking zugrunde, also das Streben nach kontinuierlicher Verbesserung durch Minimierung von Verschwendung.

»Scrum basiert auf Empirie und Lean Thinking. Empirie bedeutet, dass Wissen aus Erfahrung gewonnen wird und Entscheidungen auf der Grundlage von Beobachtungen getroffen werden. Lean Thinking reduziert Verschwendung und fokussiert auf das Wesentliche.« (Scrum Guide 2020, S. 3)

»Scrum kombiniert vier formale Events zur Überprüfung und Anpassung innerhalb eines umspannenden Events, des Sprints. Diese Events funktionieren, weil sie die empirischen Scrum-Säulen Transparenz, Überprüfung und Anpassung implementieren.« (Scrum Guide 2020, S. 3)

2. Die drei Säulen der Empirie lauten:
    a. Selbstorganisation, Empirie, Lean Thinking
    b. **Transparenz, Inspektion, Adaption**
    c. Planning, Review, Retrospective
    d. Sehen, Verstehen, Verbessern
    e. Verantwortlichkeiten, Events, Artefakte

Die drei Säulen der Empirie lauten Transparenz, Inspektion und Adaption. Wissen entsteht demnach auf der Basis von Erfahrung. Entscheidungen werden vor dem Hintergrund von Ergebnissen und Erkenntnissen aus Experimenten getroffen.

»Scrum kombiniert vier formale Events zur Überprüfung und Anpassung innerhalb eines umspannenden Events, des Sprints. Diese Events funktionieren, weil sie die empirischen Scrum-Säulen Transparenz, Überprüfung und Anpassung implementieren.« (Scrum Guide 2020, S. 3)

3. Als Scrum Master eines Scrum Teams bemerken Sie, dass die Kommunikation zwischen den Teammitgliedern schlecht läuft, sodass es immer wieder zu Verzögerungen in der Lieferung von Ergebnissen kommt. Was tun Sie?
    a. Sie organisieren ein Teambuilding-Event und legen in der Agenda den Fokus auf die Verbesserung der Kommunikation.
    b. **Sie nutzen die Sprint Retrospective, um Ursachen für die mangelnde Kommunikation zu finden und um an entsprechenden Verbesserungsmaßnahmen zu arbeiten.**
    c. Sie erarbeiten, welche Methoden Sie zukünftig für die Kommunikation verwenden wollen, beispielsweise Liberating Structures, und präsentieren Ihre Ideen dem Team.
    d. Sie schlagen vor, zusätzlich zum Daily Scrum morgens ein Check-in und abends ein Check-out einzuführen, um die Fortschritte im Team zu überprüfen.
    e. Sie werben bei den Stakeholdern um Verständnis für verspätete Lieferungen und halten das Team an, sich zu beeilen.

Als Scrum Master ist es Ihre Aufgabe, das Team zum Selbstmanagement zu befähigen. Dazu gehört auch eine gute Kommunikation. Aus diesem Grund sollten Sie im Falle einer schlechten Kommunikation das Team anleiten, die Ursachen herausfinden und Lösungsstrategien erarbeiten. Auf diese Weise befähigen Sie das Team, mithilfe der Empirie einen eigenen Weg einzuschlagen. Methodische Vorschläge Ihrerseits werden nicht so nachhaltig sein.

»Der Scrum Master dient dem Scrum Team auf unterschiedliche Weise, unter anderem dadurch,

✔ die Teammitglieder in Selbstmanagement und interdisziplinärer Zusammenarbeit zu coachen; (...).« (Scrum Guide 2020, S. 7)

4. Als Scrum Master eines Scrum Teams bemerken Sie, dass die Stakeholder nicht zufrieden sind, weil sich das Produkt nicht schnell genug entwickelt. Gegen die Qualität des Produkts ist nichts einzuwenden, ganz im Gegenteil: Das Produkt ist qualitativ sehr hochwertig. Wie gehen Sie vor?
   a. Sie arrangieren ein Gespräch zwischen dem Product Owner und den Stakeholdern, damit diese ihre Erwartungshaltung korrigieren.
   b. Sie erinnern das Team daran, dass es selbst für das »Was« und das »Wie« verantwortlich ist, die Stakeholder an dieser Stelle also nichts zu sagen haben.
   c. Sie schlagen dem Team vor, für ein paar Wochen Überstunden zu machen, um die fehlenden Funktionen aufzuholen.
   d. **Sie nutzen die nächste Sprint Retrospective, um den Arbeitsprozess im Hinblick auf Arbeitsgeschwindigkeit zu optimieren, ohne dabei die Qualität zu verschlechtern.**
   e. Sie erstellen eine Präsentation für das Management, in der Sie die Gründe für die mangelhafte Geschwindigkeit erklären.

Als Scrum Master ist es Ihre Aufgabe, das Team anzuleiten, auf der Basis der Empirie den eigenen Arbeitsprozess kontinuierlich zu verbessern. Das Feedback der Stakeholder ist dabei eine relevante Quelle für die Fokussierung auf einen bestimmten Aspekt. Transparenz, Inspektion und Adaption, die drei Säulen der Empirie, dienen dann der Ursachenfindung und der Entwicklung von Verbesserungsmaßnahmen. Qualität ist in Scrum allerdings nicht verhandelbar und wird geschützt.

»Der Scrum Master dient dem Product Owner auf unterschiedliche Weise, unter anderem dadurch,

✔ bei der Etablierung einer empirischen Produktplanung für ein komplexes Umfeld zu helfen; und

✔ die Zusammenarbeit mit Stakeholdern nach Wunsch oder Bedarf zu fördern (facilitate).« (Scrum Guide 2020, S. 7)

5. Als Scrum Master eines Scrum Teams bemerken Sie, dass die Sprint Reviews ziemlich sinnlos erscheinen. Beispielsweise nehmen keine Stakeholder an dem Event teil, sodass es kein echtes Feedback gibt. Wie greifen Sie ein?
   a. **Sie erinnern das Team an die Wichtigkeit des Sprint Reviews zur Einholung von Feedback und nutzen die Sprint Retrospective, um Ursachen und Lösungen für die fehlende Anwesenheit der Stakeholder zu finden.**

b. Sie laden die Stakeholder gemeinsam mit dem Product Owner zu einem Termin ein, den Sie nutzen, um ihnen die Wichtigkeit ihres Feedbacks noch einmal zu erläutern, und fragen nach besseren Terminen.
c. Sie erstellen eine Präsentation für das Management, in der Sie aufzeigen, welche Stakeholder zum Sprint Review erscheinen und welche nicht, sodass das Problem auf Managementebene gelöst werden kann.
d. Sie machen das Sprint Review zu einer Pflichtveranstaltung. Bei Nichterscheinen werden die gewünschten Product Backlog Items niedriger priorisiert, sodass sich die Umsetzung entsprechend verzögert.
e. Sie schlagen dem Team vor, das Sprint Review abzuschaffen, weil es ohne Stakeholder sinnlos ist. Sobald sich interessierte Stakeholder wieder melden, kann ein neuer Termin gefunden werden.

Als Scrum Master ist es Ihre Aufgabe, dem Team zu vermitteln, dass Scrum von Transparenz, Inspektion und Adaption, den drei Säulen der Empirie, lebt. Daher ist auch das Sprint Review ein wesentliches Event, weil es genau dafür die Gelegenheit bietet. Für die Verbesserung der Situation müssen Sie mit ihrem Team die Ursachen finden und verstehen, damit Sie geeignete Maßnahmen ergreifen können.

»Zweck des Sprint Reviews ist es, das Ergebnis des Sprints zu überprüfen und künftige Anpassungen festzulegen. Das Scrum Team stellt die Ergebnisse seiner Arbeit den wichtigsten Stakeholdern vor, und die Fortschritte in Richtung des Produkt-Ziels werden diskutiert.

Während des Events überprüfen das Scrum Team und die Stakeholder, was im Sprint erreicht wurde und was sich in ihrem Umfeld verändert hat. Auf der Grundlage dieser Informationen arbeiten die Teilnehmenden gemeinsam daran, was als Nächstes zu tun ist.« (Scrum Guide 2020, S. 10)

6. Als Scrum Master eines Scrum Teams bemerken Sie, dass die Sprint Retrospective zu einer Session verkommen ist, in der alle Teilnehmenden nur ihr Leid klagen und wenig lösungsorientiert bei der Sache sind. Das reduziert die Effektivität und den Nutzen des Events. Wie reagieren Sie?
    a. Sie hängen einen Briefkasten auf, sodass alle Teammitglieder ihre Probleme und Beschwerden auf diese Weise loswerden können.
    b. Sie organisieren eine Teambuildingmaßnahme, weil Sie wissen, dass eine gute Stimmung im Team viele negative Themen überstrahlt.
    c. **Sie nutzen die Sprint Retrospective, um das Event selbst zu inspizieren und zu adaptieren, sodass es zukünftig wieder wertstiftend ist.**
    d. Sie schlagen dem Team vor, die Sprint Retrospective abzuschaffen und die Gespräche über Probleme und Beschwerden in die Kaffeeküche zu verlagern.
    e. Sie etablieren eine Kummersprechstunde, zu der Sie die Teammitglieder einladen, um über deren Probleme und Beschwerden zu sprechen.

Als Scrum Master ist es Ihre Aufgabe, Scrum erfolgreich zu implementieren, und damit auch, die Events Nutzen stiftend zu gestalten. Auf der Basis der drei Säulen der Empirie, Transparenz, Inspektion und Adaption, können Sie gemeinsam mit dem Team die Ursachen für fehlende Effektivität ermitteln und Verbesserungsvorschläge ableiten.

»Der Scrum Master ist ergebnisverantwortlich für die Einführung von Scrum, wie es im Scrum Guide definiert ist.« (Scrum Guide 2020, S. 7)

7. Als Scrum Master eines Scrum Teams hören Sie im Anschluss an das Daily Scrum von einem Impediment. Die Developer haben festgestellt, dass sie ihr Sprint-Ziel mit der aktuellen Technologie nicht erreichen können. Die Diskussion hat sich in die Länge gezogen und ist ergebnislos verlaufen. Es scheint keine optimale Lösung zu geben. Welches Vorgehen wählen Sie?
   a. Sie fragen den Lead-Architekten um Rat, damit dieser dem Team eine technologische Lösung vorgeben kann.
   b. **Sie bieten den Developern an, spontan einen kleinen Workshop zu diesem Thema zu moderieren, um ein Experiment zu definieren und der Lösung näherzukommen.**
   c. **Sie erklären den Developern, dass diese für die Umsetzung und damit für die Technologie verantwortlich sind und dass es in ihrer Hand liegt, diese anzupassen.**
   d. **Sie vermitteln die nötigen Kompetenzen, damit die Developer in Zukunft im Daily Scrum selbstständig Wege zur Inspektion und Adaption erarbeiten können.**
   e. Sie erkundigen sich beim IT-Leiter, welche technologische Lösung er statt der bisherigen bevorzugt.

Als Scrum Master müssen Sie nicht zwangsläufig am Daily Scrum teilnehmen, sondern das Team befähigen, dieses so durchzuführen, wie es im Scrum Guide beschrieben ist. Gleichzeitig müssen Sie sicherstellen, dass Sie möglicherweise auftretende Impediments auch erreichen. Machen Sie sich und dem Team immer klar, wer die Verantwortung für die Lösung eines Problems hat – in diesem Fall geht es um die technische Umsetzung, die bei den Developern liegt. Leiten Sie das Team außerdem an, empirisch vorzugehen und Experimente durchzuführen, die es der Lösung näherbringt. Auf diese Weise können langwierige und ergebnislose Diskussionen im Daily Scrum vermieden werden. Stattdessen werden bei auftretenden Schwierigkeiten Lösungswege definiert und angegangen.

»Das Daily Scrum ist (…) für die Developer des Scrum Teams.« (Scrum Guide 2020, S. 10)

Scrum-Werte

8. Welche Werte sind Scrum-Werte?
   a. Effektivität
   b. **Respekt**
   c. Selbstorganisation
   d. Transparenz
   e. **Fokus**

Die fünf Scrum-Werte lauten: Commitment, Fokus, Mut, Offenheit und Respekt.

»Die erfolgreiche Anwendung von Scrum hängt davon ab, dass die Menschen immer besser in der Lage sind, fünf Werte zu leben: Commitment, Fokus, Offenheit, Respekt und Mut.« (Scrum Guide 2020, S. 4)

9. Wie sollte ein Team mit den Scrum-Werten im Alltag umgehen?
    a. **Der Umgang mit den Scrum-Werten ist nicht definiert.**
    b. Die Scrum-Werte sind fester Tagesordnungspunkt in der Retrospektive.
    c. Das Scrum Team kann aus den Scrum-Werten auswählen, welche es verwenden möchte und welche nicht.
    d. **Es wird empfohlen, dass Scrum Teams sich die Bedeutung der Scrum-Werte für ihren Kontext regelmäßig vergegenwärtigen.**
    e. Verstöße gegen Scrum-Werte werden im Daily Scrum als Impediments transparent gemacht.

Im Scrum Guide ist der Umgang mit den Scrum-Werten nicht definiert. Es ist jedoch essenziell für den Erfolg von Scrum, dass sie für Scrum Teams handlungsleitend sind. Daher sollten Scrum Teams sich regelmäßig mit den Scrum-Werten auseinandersetzen, um ein gemeinsames Verständnis über den Einfluss auf die tägliche Arbeit zu erzeugen und zu bewahren.

»Diese Werte geben dem Scrum Team die Richtung vor, was seine Arbeit, seine Handlungen und sein Verhalten betrifft. Die Entscheidungen, die getroffen werden, die Schritte, die unternommen werden, und die Art und Weise, wie Scrum angewendet wird, sollten diese Werte stärken und nicht schmälern oder untergraben. Die Mitglieder des Scrum Teams lernen und erforschen die Werte, während sie in den Events und mit den Artefakten von Scrum arbeiten.« (Scrum Guide 2020, S. 5)

10. Welche Bedeutung haben die Scrum-Werte für den Erfolg von Scrum?
    a. Die Scrum-Werte sind nur ein Vorschlag. Scrum Teams können auch andere Werte definieren, solange sie welche haben.
    b. **Durch das Leben der Scrum-Werte entstehen psychologische Sicherheit und ein gesundes Miteinander.**
    c. **Ohne die Scrum-Werte mit Leben zu füllen, funktioniert Scrum nicht.**
    d. **Die Scrum-Werte dienen als Kompass in Entscheidungssituationen.**
    e. Solange die Lieferung des Produkts nicht in Gefahr ist, soll sich ein Scrum Team an die Scrum-Werte halten.

Die Scrum-Werte sind essenziell für den Erfolg von Scrum. Sie führen zu einem sicheren Umfeld und können herangezogen werden, um in Entscheidungssituationen die beste Wahl zu treffen.

»Die erfolgreiche Anwendung von Scrum hängt davon ab, dass die Menschen immer besser in der Lage sind, fünf Werte zu leben.« (Scrum Guide 2020, S. 4)

11. Als Scrum Master eines Scrum Teams bemerken Sie, dass eines der Teammitglieder im Sprint Planning nicht zu Wort kommt. Wertvolle Beiträge gehen verloren. Was tun Sie?
    a. Sie ermutigen das Teammitglied, sich an den Diskussionen mit mehr Nachdruck zu beteiligen.
    b. Sie schlagen dem Team vor, dass jedes Teammitglied die gleiche Redezeit erhält.
    c. Sie teilen dem Team mit, dass Sie das Event zukünftig moderieren, und sprechen das Teammitglied aktiv an, sodass es sich beteiligen kann.
    d. **Sie sprechen Ihre Beobachtung in der nächsten Sprint Retrospective unter Wahrung des Respekts an und thematisieren die Bedeutung einer wertschätzenden Kultur.**
    e. Sie etablieren einen Gegenstand, der das Sprechen erlaubt. Sorgen Sie dafür, dass in Diskussionen jede Person die Möglichkeit hat, diesen Gegenstand an sich zu nehmen.

Als Scrum Master ist es Ihre Aufgabe, eine wertschätzende Kultur zu fördern, die durch ein inklusives Miteinander und einen respektvollen Umgang geprägt ist. Daher müssen Sie ein Verhalten, das dem entgegensteht, offen ansprechen. Maßnahmen, die lediglich die Kommunikation verändern, gehen möglicherweise am eigentlichen Problem vorbei.

»Der Scrum Master dient dem Scrum Team auf unterschiedliche Weise, unter anderem dadurch, (…)

✔ sicherzustellen, dass alle Events von Scrum (…) positiv und produktiv sind (…).« (Scrum Guide 2020, S. 7)

12. Als Scrum Master eines Scrum Teams bemerken Sie, dass eines der Teammitglieder sich während der Sprint Retrospective den anderen gegenüber mehrfach im Ton vergreift. Wie reagieren Sie?
    a. Sie sprechen im Anschluss an das Event mit den anderen Teammitgliedern und schlagen vor, dass diese dem Teammitglied Feedback geben.
    b. Sie organisieren einen Workshop für das Team zum Thema »Wertschätzende Kommunikation«.
    c. Sie sprechen das Teammitglied direkt während des Events auf seinen schlechten Umgangston an.
    d. **Sie machen Ihre Beobachtungen transparent und besprechen mit allen Beteiligten, ob sie das auch so empfinden und wie sie damit umgehen möchten.**
    e. Sie wenden sich im Anschluss an das Event an die disziplinarische Führungskraft des Teammitglieds und bitten um entsprechende Intervention.

Als Scrum Master ist es Ihre Aufgabe, einzugreifen, sobald Respekt nicht gegeben ist und somit die Scrum-Werte verletzt werden. Ebenso respektvoll sollte Ihr Umgang mit der Situation sein. Bedenken Sie, dass Sie sofort handeln müssen, um die Ursache herauszufinden, jedoch ohne eine Person bloßzustellen.

»Die Mitglieder des Scrum Teams respektieren sich gegenseitig als fähige, unabhängige Personen und werden als solche auch von den Menschen, mit denen sie zusammenarbeiten, respektiert.« (Scrum Guide 2020, S. 5)

13. Als Scrum Master eines Scrum Teams bemerken Sie, dass von den Developern während des Sprints aufkommende Probleme zurückgehalten werden, sodass der Product Owner den Fortschritt falsch einschätzt. Wie verhalten Sie sich?
    a. Sie weisen das Scrum Team an, den fehlenden Fortschritt sofort transparent zu machen, damit der Product Owner dies gegenüber dem Management berichten kann.
    b. Sie schlagen dem Scrum Team vor, eine Präsentation für das Sprint Review vorzubereiten, um zu erklären, warum der Fortschritt geringer ausfällt als erwartet.
    c. Sie informieren den Product Owner über seine Fehleinschätzung und informieren ihn über ihre Einblicke zu den Problemen, mit denen die Developer konfrontiert sind.
    d. **Sie ermutigen die Developer, dem Product Owner die Probleme und den daraus folgenden Einfluss auf den Fortschritt transparent zu machen.**
    e. Sie nutzen das Daily Scrum, um dem Product Owner und den Developern Ihre Beobachtung zu schildern, und bitten um schnelle Lösungsfindung.

Als Scrum Master ist es Ihre Aufgabe, im Scrum Team die Scrum-Werte vorzuleben. Daher ist es angebracht, fehlende Transparenz aufzulösen, indem Sie für Offenheit werben. Das gemeinsame Verständnis über die aktuelle Situation und das Finden einer gemeinsamen Lösung sorgt für Vertrauen. Allein die Transparenz herzustellen, wäre unzureichend, da die restlichen Teammitglieder dadurch nicht in die Lage versetzt werden, ebenfalls entlang der Scrum-Werte zu agieren.

»Das Scrum Team und dessen Stakeholder sind offen in Bezug auf die Arbeit und die Herausforderungen.« (Scrum Guide 2020, S. 5)

14. Als Scrum Master eines Scrum Teams bemerken Sie, dass viele Ergebnisse des Sprints im Sprint Review keine Erwähnung finden, weil die Developer befürchten, dass die Stakeholder kleine Schritte nicht würdigen. Stattdessen werden nur große abgeschlossene Funktionsblöcke gezeigt, die über mehrere Sprints entwickelt wurden. Was tun Sie?
    a. Sie empfehlen dem Product Owner, sicherzustellen, dass beim nächsten Sprint Review alle Ergebnisse gezeigt werden, um die komplette Leistung der Developer zu zeigen.
    b. Sie thematisieren ihre Beobachtung mit den disziplinarischen Führungskräften der Developer, damit diese Maßnahmen ergreifen können.
    c. **Sie ermutigen die Developer, Transparenz über alle Ergebnisse zu schaffen, und erläutern in diesem Zusammenhang die Bedeutung von frühem Feedback.**
    d. Sie schlagen den Developern vor, ein zweites Review als »Sneak Preview« für kleine Fortschritte zu organisieren.
    e. Sie organisieren ein Meeting mit den Stakeholdern, um sie über die weiteren Fortschritte zu informieren. Dazu laden Sie auch den Product Owner ein.

Als Scrum Master ist es Ihre Aufgabe, vor dem Hintergrund der Scrum-Werte, in diesem Fall vor allem Mut und Offenheit, dafür zu sorgen, alle Arbeitsergebnisse zu verwenden, um wertvolles Feedback seitens der Stakeholder zu bekommen. Dafür ist es wichtig, gemeinsam an einer entsprechenden Kultur zu arbeiten und nicht über Machtpositionen Druck auszuüben.

»Das Scrum Team und dessen Stakeholder sind offen in Bezug auf die Arbeit und die Herausforderungen. (…) Die Mitglieder des Scrum Teams haben den Mut, das Richtige zu tun: an schwierigen Problemen zu arbeiten.« (Scrum Guide 2020, S. 5)

»Der Scrum Master dient der Organisation auf unterschiedliche Weise, unter anderem dadurch,

✔ Barrieren zwischen Stakeholdern und Scrum Teams zu beseitigen.« (Scrum Guide 2020, S. 5)

Scrum Team

15. Ein Scrum Team besteht aus:
    a. **Scrum Master**
    b. **Entwicklern**
    c. Projektmanager
    d. Stakeholdern
    e. **Product Owner**

Ein Scrum Team besteht aus dem Product Owner, dem Scrum Master und den Entwicklern. Es sind keine Projektmanager oder Stakeholder im Scrum Team vertreten. Funktionen wie beispielsweise Business-Analysten, Tester oder UX-Spezialisten gelten in Scrum als »Developer« und sind als solche Teil des Scrum Teams.

»Der zentrale Bestandteil von Scrum ist ein kleines Team von Menschen, ein Scrum Team. Das Scrum Team besteht aus einem Scrum Master, einem Product Owner und Developern.« (Scrum Guide 2020, S. 5)

16. Welche Eigenschaften sollte ein Scrum Team haben?
    a. Es sollte einen guten Zugang zum Top-Management haben.
    b. **Es sollte alle Fähigkeiten haben, die es benötigt, um ein Produkt abzuliefern.**
    c. Es sollte die Prozesse und Methoden der Organisation kennen und anwenden.
    d. Es sollte jedes Teammitglied jedes andere vertreten können.
    e. Alle Antworten sind richtig.

Ein Scrum Team ist ein kleines, interdisziplinäres Team, das sich dem Produkt-Ziel verschrieben hat. Interdisziplinär heißt, dass es alle Fähigkeiten besitzt, die benötigt werden, um ein Increment zu erschaffen. Damit ist nicht gemeint, dass jeder alles kann, sondern dass mindestens eine Person die jeweilige relevante Fähigkeit besitzt. Es gibt keine Teil-Teams oder Hierarchien innerhalb eines Scrum Teams. Ein Scrum Team ist außerdem selbstmanagend. Das bedeutet, es steuert seine Arbeit in den Dimensionen »Was«, »Wann«, »Wie« und »Wer« selbst.

»Scrum Teams sind interdisziplinär, das heißt, die Mitglieder verfügen über alle Fähigkeiten, die erforderlich sind, um in jedem Sprint Wert zu schaffen. Sie managen sich außerdem selbst, das heißt, sie entscheiden intern, wer was wann und wie macht.« (Scrum Guide 2020, S. 5)

17. Welche Eigenschaften hat ein Product Owner?
    a. **Er wird auch »Wert-Maximierer« genannt.**
    b. Die Verantwortlichkeit darf von mehreren Personen gemeinsam übernommen werden.
    c. Die Rolle wird automatisch aus den Reihen der ehemaligen Projektmanager besetzt.
    d. **Er darf gleichzeitig auch als Entwickler tätig sein.**
    e. Alle Antworten sind richtig.

Der Produkt Owner ist für die Wert-Maximierung des Produkts ergebnisverantwortlich. Er ist immer eine einzelne Person, niemals eine Gruppe, ein Team oder ein Gremium. Sonst ließe sich die Entscheidungshoheit für die finale Reihenfolge des Product Backlogs kaum umsetzen. Der Scrum Guide verbietet nicht, auch andere Rollen, beispielsweise als Entwickler, wahrzunehmen. Aus der Aufgabenvielfalt des Product Owners ergibt sich jedoch, dass sein Erfolg auch von seiner zeitlichen Verfügbarkeit abhängt. Zur Besetzung trifft der Scrum Guide keine Aussage.

»Der Product Owner ist ergebnisverantwortlich für die Maximierung des Werts des Produkts, der sich aus der Arbeit des Scrum Teams ergibt. (…)

Der Product Owner ist eine Person, kein Gremium.« (Scrum Guide 2020, S. 6)

»Falls der Product Owner oder der Scrum Master aktiv an Einträgen des Sprint Backlogs arbeitet, nimmt er als Developer [am Daily Scrum] teil.« (Scrum Guide 2020, S. 10)

18. Wie groß darf ein Scrum Team sein?
    a. 7+/−2 Personen.
    b. **Klein genug, um flink zu bleiben, und groß genug, um innerhalb eines Sprints wertvolle Arbeit fertigzustellen.**
    c. 3 bis 11 Personen.
    d. 5 bis 7 Personen plus Scrum Master und Product Owner.
    e. **Es gibt keine vorgeschriebene Größe.**

Für die Größe des Scrum Teams ist seine Beweglichkeit das wichtigste Kriterium. Daher darf es nur so groß sein, dass es durch die Anzahl der Teammitglieder keinen Geschwindigkeitsverlust erleidet und trotzdem alle Fähigkeiten vertreten sind, die nötig sind. Üblicherweise bestehen Scrum Teams aus zehn oder weniger Personen.

Diese Größe hat sich für die Erstellung eines wertvollen Increments bewährt, stellt aber kein hartes Kriterium in Scrum dar. Sobald ein Verlust von Produktivität oder eine Verschlechterung der Kommunikation auftritt, sollte ein Scrum Team eine Reorganisation in mehrere kleinere Scrum Teams erwägen, die gemeinsam an einem Produkt arbeiten.

»Das Scrum Team ist klein genug, um flink zu bleiben, und groß genug, um innerhalb eines Sprints bedeutsame Arbeit fertigzustellen (…).« (Scrum Guide 2020, S. 5)

19. Wie stabil muss ein Entwicklungsteam im Hinblick auf seine Zusammensetzung sein?
    a. Stabilität ist nicht erforderlich. Die Organisation profitiert vom Wissensaustausch, wenn man die Mitarbeiter oft zwischen Teams rotieren lässt.
    b. Zu viel Stabilität kann die Agilität der Organisation behindern. Schließlich muss man neuen Ideen auch mit neuen Teams begegnen.
    c. Stabilität ist wichtig. Die Veränderung des Teams ist in Scrum nicht erlaubt.
    d. Stabilität ist wichtig. Nur der Product Owner darf die Teamzusammenstellung ändern.
    e. **Scrum sagt zur Stabilität nichts. Es ist also erlaubt, Teams zum Ende eines Sprints neu zusammenzustellen.**

Im Scrum Guide gibt es keine Vorschriften im Hinblick auf Stabilität. Allerdings zeigen Wissenschaft und Erfahrung, dass Organisationen von Stabilität profitieren, wenn diese über viele Monate anhält.

Alles zum Scrum Team und seiner Zusammensetzung und Größe finden Sie im Scrum Guide auf Seite 5.

20. Wie oft sollte ein Scrum Team sich anpassen?
    a. Jeden Sprint, auf Basis der Sprint Retrospective.
    b. Jede Sprint Retrospective.
    c. So selten wie möglich, um beständig weiterarbeiten zu können.
    d. **Sobald es etwas Neues lernt.**
    e. So häufig wie möglich. Kontinuität bedeutet Stillstand.

Es hat sich gezeigt, dass eine gewisse Stabilität vorteilhaft ist. Sobald neues Wissen, neue Erkenntnisse oder neue Erfahrungen eine Anpassung erforderlich machen, sollte diese jedoch vorgenommen werden – wohlwissend, dass es zu einer kurzzeitigen Verringerung der Produktivität kommen kann. Die Retrospektive bietet eine regelmäßige Möglichkeit zur Optimierung, sollte die Verbesserung des Teams aber nicht limitieren.

»Wenn Scrum Teams zu groß werden, sollten sie in Erwägung ziehen, sich in mehrere zusammengehörende Scrum Teams zu reorganisieren, die sich alle auf dasselbe Produkt konzentrieren.« (Scrum Guide 2020, S. 5)

21. Was passiert, wenn ein Teammitglied eines Scrum Teams ersetzt wird?
    a. Nichts, sofern die Fähigkeiten des neuen Teammitglieds denen des alten entsprechen; dann kann es die Aufgaben direkt übernehmen.
    b. **Die Produktivität könnte mit dem neuen Teammitglied für eine gewisse Zeit geringer ausfallen als in der alten Konstellation.**
    c. Mitglieder eines Scrum Teams werden nie ausgetauscht; falls ein Teammitglied wegfällt, werden Teams neu zusammengesetzt.
    d. Nichts, sofern die Personalabteilung das Onboarding zusammen mit der Führungskraft vernünftig vorbereitet hat.
    e. Nichts, sofern das Team dem neuen Mitglied mit den Scrum-Werten Respekt und Offenheit begegnet, kann dieses von Anfang an produktiv sein.

Die Veränderung einer Teamkonstellation geht niemals spurlos an einem Team vorüber. Nichtsdestotrotz lässt es sich manchmal nicht verhindern, dass Teammitglieder kommen und gehen. Eine Verringerung der Produktivität muss dabei allerdings in Kauf genommen werden. Neue Teammitglieder müssen sich beispielsweise erst in vorhandene Abläufe einfinden und bringen wahrscheinlich ein anderes Wissen mit, als das bisherige Teammitglied besaß. Änderungen in der Zusammensetzung eines Teams können auch dazu führen, dass Rollen und Verantwortlichkeiten sich verschieben, sodass die Effizienz unter einer gewissen Unklarheit leidet. Nicht zuletzt sind Kommunikation und Teamdynamik wesentliche Faktoren, die sich erst einmal wieder einspielen müssen.

Alles zum Scrum Team und seiner Zusammensetzung und Größe finden Sie im Scrum Guide auf Seite 5.

Scrum Events

22. Welche Events gehören zu Scrum?
    a. **Sprint**
    b. Daily Standup
    c. **Sprint Planning**
    d. Project Retrospective
    e. Backlog Refinement

Die Events in Scrum heißen Sprint, Sprint Planning, Daily Scrum, Sprint Review und Sprint Retrospective. Eine Project Retrospective gibt es in Scrum nicht, möglicherweise wird der Begriff jedoch in Unternehmen verwendet, in denen die Retrospective als Praktik ins Projektmanagement aufgenommen wurde. Das Backlog Refinement hingegen ist zwar kein offizielles Scrum Event, auf das Refinement als Tätigkeit wird jedoch sehr wohl im Scrum Guide referenziert. Das Daily Scrum darf zwar im Stehen durchgeführt werden, hierzu gibt es aber keine Pflicht. In der Methode »eXtreme Programming« gibt es das »Daily Standup«, nicht aber in Scrum.

Alles zu den Scrum Events finden Sie im Scrum Guide auf den Seiten 7 bis 10.

23. Worauf sind die Scrum Events ausgerichtet? Wähle die beste Antwort.
    a. Auf die Einhaltung der Timebox.
    b. Auf die Zufriedenstellung aller Stakeholder.
    c. **Auf Inspektion und Adaption der Scrum-Artefakte.**
    d. Auf den Product Owner.
    e. Auf die Verbesserung des Betriebsklimas.

Die Scrum Events Sprint, Sprint Planning, Daily Scrum, Sprint Review und Sprint Retrospective sind dafür da, die Scrum-Artefakte Product Backlog, Sprint Backlog und Increment zu inspizieren und zu adaptieren.

»Der Sprint ist ein Container für alle anderen Events. Jedes Event in Scrum ist eine formelle Gelegenheit, Scrum-Artefakte zu überprüfen und anzupassen. Diese Events sind speziell darauf ausgelegt, die erforderliche Transparenz zu

24. Welche Aussagen über Sprints sind richtig?
    a. **Ein Sprint beginnt mit dem Sprint Planning.**
    b. **Ein Sprint darf abgebrochen werden, sobald die Verfolgung des Sprint-Ziels keinen Sinn mehr ergibt, weil es obsolet wurde; nur der Product Owner hat dieses Recht.**
    c. **Ein neuer Sprint beginnt unmittelbar nach dem Ende des vorhergehenden Sprints.**
    d. **Ein Sprint darf maximal einen Kalendermonat andauern.**
    e. Sobald alle Aufgaben abgeschlossen wurden, kann der Sprint verkürzt werden.

Ein Sprint beginnt immer mit dem Sprint Planning unmittelbar im Anschluss an die Sprint Retrospective des vorherigen Sprints. Eine Zeit oder Aufgaben dazwischen gibt es nicht. Das Ende des Sprints ist durch die Timebox vorgegeben, die maximal einen Kalendermonat lang sein darf. Die Länge richtet sich insbesondere nach der Volatilität des Umfelds, die Häufigkeit neuer Erkenntnisse und das Entstehen von Risiken – je volatiler, desto kürzer. Werden alle Aufgaben vor Ablauf der Timebox fertiggestellt, empfiehlt es sich, Aufgaben aus dem Product Backlog nachzuziehen. Der Product Owner ist die einzige Person, die einen Sprint abbrechen kann, sofern das Sprint-Ziel obsolet geworden ist.

»Es sind Events mit fester Länge von einem Monat oder weniger, um Konsistenz zu schaffen. Ein neuer Sprint beginnt unmittelbar nach dem Abschluss des vorherigen Sprints. (…) Ein Sprint könnte abgebrochen werden, wenn das Sprint-Ziel obsolet wird. (…)

Das Sprint Planning initiiert den Sprint, indem es die für den Sprint auszuführenden Arbeiten darlegt.« (Scrum Guide 2020, S. 8)

25. Wie lange darf ein Sprint Planning dauern?
    a. Vier Stunden oder weniger.
    b. **Acht Stunden oder weniger.**
    c. Zwei Stunden oder weniger.
    d. So lange wie nötig.
    e. Eine Stunde oder weniger.

Die Timebox für einen Sprint, der einen Monat dauert, beträgt acht Stunden. Sofern der Sprint kürzer ist, verringert sich die Länge des Sprint Plannings üblicherweise entsprechend. Früher fertig zu sein, ist natürlich auch erlaubt.

»Das Sprint Planning ist zeitlich beschränkt auf maximal acht Stunden für einen einmonatigen Sprint. Bei kürzeren Sprints ist das Event in der Regel kürzer.« (Scrum Guide 2020, S. 9)

26. Welche Aussagen über Daily Scrums sind richtig?
    a. **Die Timebox für das Daily Scrum beträgt 15 Minuten.**
    b. Das Daily Scrum kann täglich stattfinden, bestenfalls zur gleichen Zeit und am gleichen Ort.
    c. Der Scrum Master oder ein Vertreter moderiert das Daily Scrum.
    d. Im Daily Scrum werden drei Fragen beantwortet: Was habe ich geschafft? Was werde ich schaffen? Was behindert mich?
    e. **Im Daily Scrum entsteht der Plan für die nächsten 24 Stunden.**

Das Daily Scrum ist das Event der Developer und muss täglich stattfinden. Sie nutzen die Timebox von 15 Minuten, um ihren Plan bis zum nächsten Daily Scrum zu erstellen. Der Scrum Master muss nicht teilnehmen, sondern sicherstellen, dass das Event innerhalb der Timebox stattfindet. Auch der Product Owner spielt keine Rolle im Daily Scrum, kann bei Fragen aber jederzeit konsultiert werden. Die zu stellenden Fragen sind nicht durch den Scrum Guide definiert, die Fragen der Option d) sind aber ein »Antipattern«, weil sie zu individuellem Reporting und Rechtfertigung führen.

»Der Zweck des Daily Scrums besteht darin, (…) das Sprint Backlog bei Bedarf anzupassen, um die bevorstehende geplante Arbeit zu justieren.

Das Daily Scrum ist ein 15-minütiges Event für die Developer des Scrum Teams.« (Scrum Guide 2020, S. 9–10)

27. Welche Aussagen über Sprint Reviews sind richtig?
    a. Es müssen alle Stakeholder am Sprint Review teilnehmen, sonst ist es wertlos.
    b. **Das Sprint Review dauert maximal vier Stunden.**
    c. **Das Sprint Review ist ein Arbeitstermin, in dem die Ergebnisse des Sprints inspiziert werden.**
    d. Im Sprint Review kann das Sprint Backlog für den nächsten Sprint vorbefüllt werden.
    e. Das Sprint Review dient dazu, künftige Anpassungen festzulegen und die Fortschritte in Richtung Sprint-Ziel zu besprechen.

Das Sprint Review dient der Inspektion des Increments sowie der Adaption des Product Backlogs. Es schafft Transparenz über den Fortschritt im Hinblick auf das Produkt-Ziel. Neben dem Scrum Team nehmen mindestens die wichtigsten Stakeholder am Sprint Review teil, wobei sich die Wichtigkeit über die Zeit verschieben kann. Das Sprint Review ist ein Arbeitstermin, in dem auch das Product Backlog angepasst werden kann. Das Sprint Backlog des folgenden Sprints bleibt davon zunächst unberührt. Für einen Sprint, der einen Monat dauert, beträgt die Timebox vier Stunden. Sofern der Sprint kürzer ist, verringert sich die Länge des Sprint Reviews üblicherweise entsprechend. Früher fertig zu sein, ist natürlich auch erlaubt.

»Das Sprint Review ist ein Arbeitstermin, und das Scrum Team sollte vermeiden, es auf eine Präsentation zu beschränken.

Das Sprint Review ist das vorletzte Event des Sprints und ist für einen einmonatigen Sprint auf maximal vier Stunden zeitlich beschränkt. Bei kürzeren Sprints ist das Event in der Regel kürzer.« (Scrum Guide 2020, S. 10)

28. Welche Aussagen über Sprint Retrospectives sind richtig?
    a. **Die Sprint Retrospective dient der Erhöhung von Qualität des Entwicklungsprozesses und der Effektivität des Scrum Teams.**
    b. **Themen der Sprint Retrospective sind: Individuen, Interaktionen, Prozesse, Werkzeuge, Definition of Done.**
    c. Die Sprint Retrospective findet im Verlauf des Sprints statt, das Team legt von Sprint zu Sprint den genauen Tag und Zeitpunkt fest.
    d. Die Sprint Retrospective dauert in der Regel drei Stunden, kann je nach Problemlage aber auch länger oder kürzer sein.
    e. **An der Retrospektive nimmt das gesamte Scrum Team teil.**

Die Sprint Retrospective ist das letzte Event eines Sprints und schließt ihn ab, bevor direkt im Anschluss der nächste Sprint beginnt. Die Timebox für die Sprint Retrospective beträgt für einen einmonatigen Sprint maximal drei Stunden und verkürzt sich in der Regel bei Sprints mit geringerer Zeitdauer. Das Scrum Team nutzt dieses Event, um Individuen, Interaktionen, Prozesse, Werkzeuge sowie die Definition of Done im Hinblick auf Qualität und Effektivität zu überprüfen und gegebenenfalls anzupassen. Dabei werden sowohl positive als auch negative Aspekte thematisiert, um aus ihnen zu lernen.

»Der Zweck der Sprint Retrospective ist es, Wege zur Steigerung von Qualität und Effektivität zu planen.

Das Scrum Team überprüft, wie der letzte Sprint in Bezug auf Individuen, Interaktionen, Prozesse, Werkzeuge und seine Definition of Done verlief.« (Scrum Guide 2020, S. 10)

Artefakte

29. Wie häufig wird ein Increment in Scrum erstellt?
    a. Mehrmals pro Sprint.
    b. Am Ende jedes Sprints.
    c. **So oft wie nötig und mindestens einmal pro Sprint.**
    d. Am Ende eines jeden Releases.
    e. Das ist abhängig vom Produkt.

Ein Increment ist eine um weitere wertvolle Funktionen erweiterte Produkt-Version. Es umfasst das vorherige Increment. Ein neues Increment entsteht so oft wie nötig, jedoch mindestens einmal pro Sprint, um von den Stakeholdern Feedback zu erhalten.

»Innerhalb eines Sprints kann mehr als ein Increment erstellt werden. Deren Summe wird im Sprint Review vorgestellt, womit Empirie unterstützt wird.« (Scrum Guide 2020, S. 13)

30. Was ist der Zweck des Sprint-Ziels?
    a. Die Kommunikation zu den Stakeholdern erleichtern.
    b. **Dem Scrum Team Fokus geben und es zur Zusammenarbeit ermutigen.**
    c. Die Kontrolle des Teams erleichtern (Soll-/Ist-Abgleich).
    d. Jedem Developer sein persönliches Ziel geben, an dem er arbeiten kann.
    e. Dem Jahresbericht eine Struktur geben.

Das Sprint-Ziel beschreibt das Ergebnis, das während des Sprints erreicht werden soll, in kurzen und prägnanten Worten. Es ist in der Regel aus Sicht des Käufers oder Nutzers formuliert. Die gemeinsame Richtung soll eine motivierende Wirkung auf das Scrum Team hinsichtlich ihrer Zusammenarbeit haben. Gleichzeitig bietet es einen gewissen Spielraum in Bezug auf die konkreten Aufgaben im Sprint, während der Fokus eindeutig auf dem Sprint-Ziel liegt.

»Das Sprint-Ziel ist die einzige Zielsetzung für den Sprint. Obwohl das Sprint-Ziel ein Commitment der Developer ist, bietet es Flexibilität in Bezug auf die genaue Arbeit, die erforderlich ist, um es zu erreichen. Das Sprint-Ziel schafft auch Kohärenz und Fokus und ermutigt somit das Scrum Team, zusammen statt in separaten Initiativen zu arbeiten.« (Scrum Guide 2020, S. 12)

31. Wozu dienen die Commitments zu Sprint Backlog, Product Backlog und dem Increment?
    a. **Sie helfen dem Scrum Team dabei, den Fokus zu erhöhen.**
    b. Sie sind das Versprechen, den jeweiligen kompletten Umfang umzusetzen.
    c. Sie dienen dazu, dem Management mehr Kontrolle zu ermöglichen.
    d. In der Softwareentwicklung committet man nun einmal häufig. Das spiegelt Scrum in den Begrifflichkeiten wider.
    e. Sie helfen dem Scrum Team dabei, den Fokus zu erhöhen.

In Scrum gibt es drei Commitments: Das Produkt-Ziel bezieht sich auf das Product Backlog, das Sprint-Ziel auf das Sprint Backlog und die Definition of Done auf das Increment. Sie sind handlungsleitend für die Arbeit im Scrum Team. Das Sprint-Ziel hilft dem Team, sich während des Sprints zu fokussieren und zusammenzuarbeiten. Das Produkt-Ziel hilft dem Team, sich langfristig zu fokussieren und sicherzustellen, dass die Arbeit am Product Backlog mit der übergeordneten Vision übereinstimmt. Die Definition of Done hilft dem Team, ein gemeinsames Verständnis von »fertig« sowie Konsistenz und Qualität in der Arbeit des Teams zu erzeugen.

»Jedes Artefakt beinhaltet ein Commitment, um sicherzustellen, dass Informationen bereitgestellt werden, welche Transparenz und Fokus verbessern, um den Fortschritt messbar zu machen (…).« (Scrum Guide 2020, S. 11)

32. In welcher Form müssen die Artefakte dokumentiert sein?
    a. Als Dokument.
    b. Schriftlich.
    c. In Form von Code.
    d. **Das ist durch Scrum nicht definiert und somit freigestellt.**
    e. Gar nicht.

Im Scrum Guide ist nicht definiert, in welcher Form Artefakte dokumentiert werden. Da sie als Anhaltspunkte zur Inspektion und Adaption dienen, ist es wichtig, dass sie transparent sind. Dieses Kriterium muss also zwingend erfüllt sein.

Alles zu den Artefakten finden Sie im Scrum Guide auf den Seiten 11 bis 13.

33. Welche der folgenden Aussagen beschreiben das Product Backlog am besten?
    a. **Das Product Backlog ist eine geordnete Liste aller bekannten Anforderungen, um das Produkt weiterzuentwickeln und instand zu halten.**
    b. Der Scrum Master ist dafür verantwortlich, dass der Product Owner und die Developer die richtigen Anforderungen in das Product Backlog eintragen.
    c. **Das Product Backlog ist dynamisch und entwickelt sich kontinuierlich weiter, indem neue Erkenntnisse für Anpassungsbedarf sorgen.**
    d. Das Product Backlog wird zu Beginn eines Projekts erstellt. Es ist das Äquivalent zu einem Lastenheft in klassischen Projekten.
    e. Es ist eine Checkliste, die transparent macht, was noch zu tun ist, um ein wertvolles Produkt am Markt platzieren zu können.

Das Product Backlog bildet die Grundlage für die Arbeit des Scrum Teams. Es ist eine sich ständig verändernde und geordnete Liste von Aufgaben, Anforderungen und Features, die von einem Scrum Team erledigt werden müssen, um das Produkt zu entwickeln und instand zu halten. Es ist der einzige Ort, dem Arbeitsaufträge entnommen werden können. Durch kontinuierliches Refinement verändert sich das Product Backlog über die Zeit, indem das Scrum Team neue Erkenntnisse gewinnt. Es ist also dynamisch und flexibel, sodass neue Einträge hinzugefügt und bestehende Einträge angepasst oder entfernt werden können.

»Das Product Backlog ist eine emergente, geordnete Liste der Dinge, die zur Produktverbesserung benötigt werden.« (Scrum Guide 2020, S. 11)

34. Woher kommt die Arbeit, die das Scrum Team erledigen soll?
    a. Das ist sehr individuell und von Organisation zu Organisation unterschiedlich.
    b. **Das Product Backlog ist die einzige Quelle von Arbeit für das Scrum Team.**
    c. Aus der klassischen Führungsebene.
    d. Von den Stakeholdern.
    e. Von Kunden und Nutzern.

Das Product Backlog dient als zentrale und einzige Quelle für die Arbeit des Scrum Teams. Es gibt keine Aufträge, die das Scrum Team am Product Backlog vorbei annimmt und bearbeitet.

»Das Product Backlog ist (…) die einzige Quelle von Arbeit, die durch das Scrum Team erledigt wird.« (Scrum Guide 2020, S. 11)

35. Welche Backlogs gibt es in Scrum?
    a. **Es gibt ein Product Backlog pro Produkt.**
    b. Es gibt ein Impediment Backlog für die Verbesserungsaktivitäten.
    c. Es gibt ein Technical Backlog für technische Anforderungen.
    d. Es gibt ein Bug Backlog für Fehler im Produkt.
    e. **Es gibt ein Sprint Backlog je Team und Sprint.**

Im Scrum gibt es zwei Backlogs, das Product Backlog und das Sprint Backlog. Wenn mehrere Teams an einem Produkt arbeiten, haben sie ein gemeinsames Product Backlog, aber ihre eigenen Sprint Backlogs.

Alles zu den beiden existierenden Backlogs, Product Backlog und Sprint Backlog, finden Sie im Scrum Guide auf den Seiten 11 und 12.

»Done«

36. Was bedeutet »Done« im Kontext von Scrum?
    a. Eine Aufgabe wurde bearbeitet und ist aus Sicht der Entwickler abgeschlossen.
    b. Ein Entwickler hat einen Product-Backlog-Eintrag in die »Done«-Spalte verschoben.
    c. Der Lenkungskreis hat beschlossen, dass eine Aufgabe fertiggestellt wurde.
    d. Alle Programmiertätigkeiten wurden vollständig erledigt.
    e. **Ein Product-Backlog-Eintrag erfüllt alle Kriterien der »Definition of Done«.**

Die »Definition of Done« ist eine klare Vereinbarung seitens der Organisation oder eines Teams darüber, was es bedeutet, dass ein Arbeitsergebnis als fertig gilt. Sie beinhaltet Kriterien, anhand derer das Arbeitsergebnis objektiv auf Fertigstellung überprüft werden kann. Die Definition of Done sichert die Qualität eines Produkts ab.

»Die Definition of Done schafft Transparenz, indem sie allen ein gemeinsames Verständnis darüber vermittelt, welche Arbeiten als Teil des Increments abgeschlossen wurden.« (Scrum Guide 2020, S. 13)

37. Wann entsteht ein Increment?
    a. **In dem Moment, in dem ein Product-Backlog-Eintrag die Definition of Done erfüllt.**
    b. In dem Moment, in dem das Scrum Team es an die Stakeholder releaset.
    c. In dem Moment, in dem der Product Owner dies entscheidet.
    d. In dem Moment, in dem der zuständige Developer dies sagt.
    e. In dem Moment, in dem die Abnahme durch den Kunden erfolgt ist.

Sobald ein Product-Backlog-Eintrag die »Definition of Done« erfüllt und somit das bisherige Increment ergänzt, entsteht ein neues Increment.

»In dem Moment, in dem ein Product-Backlog-Eintrag die Definition of Done erfüllt, wird ein Increment geboren.« (Scrum Guide 2020, S. 13)

38. Wodurch zeichnet sich eine gute »Definition of Done« aus, wenn sie vom Scrum Team erstellt wird?
    a. Sie wird von den Senior-Entwicklern des Scrum Teams erstellt.
    b. **Sie wird von allen Mitgliedern des Scrum Teams gemeinsam erstellt und getragen.**
    c. **Sie besteht aus relevanten Einträgen, sie muss keine Selbstverständlichkeiten regeln.**
    d. Sie enthält Anforderungen, die – wenn überhaupt – kaum erreicht werden können.
    e. **Sie ist allen Teammitgliedern bekannt; jeder verwendet sie.**

Bei der Erstellung der Definition of Done ist es wichtig, das gesamte Scrum Team einzubeziehen, um die Akzeptanz unter den Teammitgliedern sicherzustellen. Zu lange, zu schwierige, irrelevante oder unbekannte DoDs sind sinnlos.

»Die Definition of Done ist eine formale Beschreibung des Zustands des Increments, wenn es die für das Produkt erforderlichen Qualitätsmaßnahmen erfüllt. (…)

Wenn sie kein Organisationsstandard ist, muss das Scrum Team eine für das Produkt geeignete Definition of Done erstellen.

Die Developer müssen sich an die Definition of Done halten.« (Scrum Guide 2020, S. 13)

39. Wer hat die Verantwortung für die Erstellung der »Definition of Done«?
    a. Product Owner
    b. Scrum Master
    c. **Scrum Team**
    d. Developer
    e. Projektmanager

Das Scrum Team ist dafür verantwortlich, sich auf eine gemeinsame »Definition of Done« zu einigen, um die Qualität ihres Produkts und der entsprechenden Inkremente sicherzustellen. Wenn zwei oder mehrere Scrum Teams an einem Produkt arbeiten, müssen sie sich auf eine DoD einigen. Sofern auf Unternehmensebene bereits eine DoD existiert, findet diese Anwendung und kann durch zusätzliche Maßnahmen ergänzt werden.

»Wenn die Definition of Done für ein Increment Teil der Standards der Organisation ist, müssen alle Scrum Teams diese als Mindestmaß befolgen. Wenn sie kein Organisationsstandard ist, muss das Scrum Team eine für das Produkt geeignete Definition of Done erstellen.« (Scrum Guide 2020, S. 13)

40. Welche Definition of Done gilt, wenn mehrere Scrum Teams am gleichen Produkt arbeiten?
    a. Die des Teams, das zuerst eine erstellt hat.
    b. Die des Teams, das zuletzt eine erstellt hat.
    c. **Alle Scrum Teams müssen zusammen eine gemeinsame Definition of Done erstellen.**

d. Die Scrum Master der Teams entscheiden über die Definition of Done.
e. Dazu sagt Scrum nichts. Entsprechend liegt es in der Entscheidungshoheit der jeweiligen Organisation.

Wenn mehrere Scrum Teams am gleichen Produkt arbeiten, ist es essenziell, dass sie eine gemeinsame Definition of Done zugrunde legen. Dadurch entsteht Konsistenz im Hinblick auf die Qualität des Increments.

»Wenn mehrere Scrum Teams an einem Produkt zusammenarbeiten, müssen sie eine gemeinsame Definition of Done definieren und sich alle daran halten.« (Scrum Guide 2020, S. 13)

41. Müssen die Developer sich an die Definition of Done halten?
    a. Nein, sie ist eher eine Orientierungshilfe.
    b. Ja, solange keine außergewöhnlichen Termine, wie z. B. eine wichtige Messe, anstehen.
    c. Ja, solange der Product Owner nichts anderes entscheidet.
    d. Ja, solange der Developer sie für ausreichend hält.
    e. **Ja, immer.**

Die Developer müssen sich immer an die Definition of Done halten. Sie dient als Commitment in Bezug auf das Increment, auf das sich sowohl das Scrum Team selbst als auch die Stakeholder verlassen können. Durch die Definition of Done wird einerseits eine hohe Qualität sichergestellt. Andererseits dient sie zur Schaffung von Transparenz, ob eine Aufgabe wirklich fertig ist.

»Die Developer müssen sich an die Definition of Done halten.« (Scrum Guide 2020, S. 13)

42. Wie flexibel ist Qualität in Scrum während eines Sprints?
    a. Der Product Owner hat das letzte Wort hinsichtlich der Qualität. Er entscheidet, ob ein fertiggestellter Product-Backlog-Eintrag seinen Ansprüchen genügt.
    b. Die Qualität kann den Erfordernissen, insbesondere bei dringend erforderlicher Lieferung von Inhalten, angepasst werden.
    c. **Die Qualität ist in der Definition of Done festgeschrieben und darf während eines Sprints nicht reduziert werden.**
    d. Die Lieferung von Wert ist wichtiger als die Lieferung von Qualität und wird daher im Zweifel priorisiert.
    e. Es gibt keine Qualitätsdefinition in Scrum, daher können die Standards für jeden Product-Backlog-Eintrag beliebig festgelegt werden.

Die Qualitätsanforderungen werden durch die Definition of Done festgelegt. Solange diese nicht erfüllt wird, gilt ein Product-Backlog-Eintrag nicht als fertig.

»Die Definition of Done ist eine formale Beschreibung des Zustands des Increments, wenn es die für das Produkt erforderlichen Qualitätsmaßnahmen erfüllt.« (Scrum Guide 2020, S. 13)

»Self-Managing« Teams

43. Welche Aufgabe hat das Management, wenn Scrum verwendet wird?
    a. Das Management wird durch Scrum abgeschafft.
    b. **Das Management unterstützt das Scrum Team, beispielsweise mit Informationen.**
    c. Das Management ist Teil des Scrum Teams, in das es einen Vertreter entsendet.
    d. Das Management überwacht den Fortschritt und kümmert sich um Ressourcen.
    e. Das Management ist zuständig für das Personalmanagement.

Das Management hat innerhalb des Scrum-Prozesses keine Aufgabe. Dennoch spielt es eine sehr wichtige Rolle bei der Umfeldgestaltung. Es kann das Team mit Informationen versorgen und bei der Beseitigung von Impediments helfen. Außerdem setzt es häufig den Rahmen für die Produktentwicklung. Die genaue Ausgestaltung ist unternehmensabhängig.

»Scrum macht die relative Wirksamkeit des aktuellen Managements, der Umgebung und der Arbeitstechniken sichtbar, sodass Verbesserungen vorgenommen werden können.« (Scrum Guide 2020, S. 3)

44. Wer entscheidet, wie das Increment erstellt wird?
    a. Das Scrum Team.
    b. Der Architekt.
    c. **Die Developer.**
    d. Der Scrum Master.
    e. Der Product Owner.

Die Entwickler sind ergebnisverantwortlich dafür, einen Plan für den Sprint zu erstellen, das sogenannte Sprint Backlog. Dieses beinhaltet alle zu dem Zeitpunkt bekannten Informationen darüber, wie das Increment erstellt werden soll. Sofern die Entwickler einen neuen Wissensstand erlangen, passen sie das Sprint Backlog an, um ihrer Ergebnisverantwortung weiter gerecht zu werden.

»Developer sind jene Personen im Scrum Team, die sich der Aufgabe verschrieben haben, jeden Sprint jeden Aspekt eines nutzbaren Increments zu schaffen.« (Scrum Guide 2020, S. 6)

45. Durch welche Verhaltensweisen zeichnet sich ein Scrum Teams aus, das als »self-managing« bezeichnet wird?
    a. Der Scrum Master trifft alle Entscheidungen für das Team und verteilt die Aufgaben an die Teammitglieder.
    b. **Das Team plant gemeinsam die Aufgaben für den nächsten Sprint. Diese entnimmt es aus dem Product Backlog.**
    c. Das Team erstellt und pflegt ein gemeinsames Task Board, auf dem der tägliche Fortschritt getrackt wird. Die Aktualisierung passiert spätestens im Daily Scrum.
    d. Der Product Owner überwacht die tägliche Arbeit jedes Teammitglieds und kontrolliert so den Fortschritt des Teams.
    e. **Das Team führt regelmäßige Sprint Retrospectives durch, um Verbesserungen zu identifizieren.**

Scrum Teams sind »self-managing«, das heißt, sie entscheiden selbst, wer was wann wie erledigt. Dazu gehört, dass die Teammitglieder gemeinsam die Aufgaben für den nächsten Sprint planen. In welcher Form sie den Fortschritt überprüfen, bleibt ihnen überlassen. Außerdem führt das Team regelmäßige Sprint Retrospektiven durch, um das eigene Vorgehen kontinuierlich zu verbessern.

»Sie managen sich außerdem selbst, das heißt, sie entscheiden intern, wer was wann und wie macht.« (Scrum Guide 2020, S. 5)

46. Wie können Sie als Scrum Master am besten das Selbstmanagement und die Eigenverantwortung des Scrum Teams fördern?
    a. Sie stellen sicher, dass das Team alle Aufgaben genau nach Ihren Anweisungen ausführt.
    b. **Sie ermutigen das Team, eigene Entscheidungen zu treffen und Verantwortung für die Ergebnisse zu übernehmen.**
    c. Sie treffen alle Entscheidungen selbst, um sicherzustellen, dass das Team auf Kurs bleibt.
    d. Sie kontrollieren regelmäßig die Arbeitsergebnisse der Teammitglieder und geben Hinweise zur Anpassung der Arbeitsweise.
    e. Sie übernehmen die Aufgabenverteilung im Team und überwachen den täglichen Fortschritt im Daily Scrum.

Als Scrum Master besteht Ihre Aufgabe darin, dem Team die Bedeutung von Selbstmanagement zu vermitteln. Dazu gehört die Verantwortung, zu entscheiden, was erledigt werden soll, wie und wann es passieren soll und welche Teammitglieder sich darum kümmern. Ermutigen Sie Ihr Team, eigene Entscheidungen zu treffen und Verantwortung für die Ergebnisse zu übernehmen. Unterstützen Sie das Team, falls es diese Verantwortung noch nicht eigenständig wahrnehmen kann.

Alles zum Thema Selbstmanagement finden Sie im Scrum Guide auf Seite 5.

47. Im Rahmen einer Sprint Retrospective deckt das Team auf, dass die Qualität der vom Product Owner erstellten Product Backlog Items zu niedrig ist, was in der Folge unnötige Fehler der Entwickler verursacht. Sie sind Scrum Master. Wie gehen Sie vor?
    a. Sie ignorieren das Problem, da es als Scrum Master nicht Ihre Aufgabe ist, sich in die Belange des Product Owners einzumischen.
    b. **Sie moderieren eine Diskussion zwischen Entwicklern und Product Owner, um das Problem direkt zu besprechen und gemeinsam Lösungen zu finden.**
    c. Sie entwerfen einen Leitfaden (»Definition of Ready«), der die Qualität von Einträgen im Product Backlog regelt, und stellen ihn Product Owner und Entwicklern vor.
    d. Sie fordern den Product Owner auf, die Anforderungen besser zu dokumentieren. Mehr Details sorgen für ein besseres Verständnis bei den Developern.
    e. Sie übernehmen zukünftig die Erstellung der Product Backlog Items, um sicherzustellen, dass sie von hoher Qualität sind.

Als Scrum Master ist es Ihre Aufgabe, das Team anzuleiten, sich kontinuierlich zu verbessern. Die Sprint Retrospective ist als Event der richtige Zeitpunkt, um entsprechende Maßnahmen abzuleiten, sodass diese im nächsten Sprint bereits Wirkung zeigen können. Das Werkzeug der »Definition of Ready« ist nicht Teil von Scrum und würde in der Realität ohnehin nicht einseitig vorgegeben werden.

»Das Scrum Team bespricht, was während des Sprints gut gelaufen ist, auf welche Probleme es gestoßen ist und wie diese Probleme gelöst wurden (oder auch nicht). Das Scrum Team identifiziert die hilfreichsten Änderungen, um seine Effektivität zu verbessern. Die wirkungsvollsten Verbesserungen werden so schnell wie möglich in Angriff genommen.« (Scrum Guide 2020, S. 10)

48. Als Scrum Master eines Scrum Teams bemerken Sie, dass ein Teammitglied sowohl in Fragen der Umsetzung des Produkts als auch in Bezug auf Teamaktivitäten dauerhaft außen vor ist. Dies ist einerseits auf seine mangelhafte Leistung und andererseits auf offensichtliches Desinteresse an der Teamarbeit zurückzuführen. Welche Schritte können Sie unternehmen?
    a. **Sie organisieren einen Teambuilding-Workshop und versuchen, das Teammitglied doch noch zu integrieren.**
    b. Sie kontaktieren die disziplinarische Führungskraft, damit diese sich um das Problem kümmern und mit der Person ins Gespräch gehen kann.
    c. Sie kontaktieren die Personalabteilung, damit es dem Teammitglied passende Schulungen vorschlagen kann, die zu einer Leistungssteigerung führen.
    d. Sie fordern die anderen Teammitglieder auf, der Person ein 360-Grad-Feedback zu ihrem Verhalten zu geben.
    e. **Sie besprechen ihre Beobachtungen mit dem Teammitglied, um Hintergründe zu verstehen und um ein gemeinsames Vorgehen zur Verbesserung zu vereinbaren.**

Als Scrum Master haben Sie die Aufgabe, zu intervenieren, sobald das Teamgefüge und damit auch die Effektivität des Scrum Teams gestört werden. Dabei ist es wichtig, respektvoll mit den Betroffenen zu arbeiten, statt über sie zu reden, um eine Lösung zu finden. Diese kann entweder Integration oder Trennung bedeuten, das heißt, Ihre Aktivitäten sollten zunächst ergebnisoffen sein, bevor die Lösung feststeht.

»Die Mitglieder des Scrum Teams respektieren sich gegenseitig als fähige, unabhängige Personen und werden als solche auch von den Menschen, mit denen sie zusammenarbeiten, respektiert. (Scrum Guide 2020, S. 4)

Der Scrum Master ist ergebnisverantwortlich für die Effektivität des Scrum Teams.« (Scrum Guide 2020, S. 7)

49. Sie sind Scrum Master eines Scrum Teams. Ein Entwickler verhält sich wiederholt unangemessen. Mehrere Gespräche mit diesem Teammitglied allein und im Team haben zu keiner Verhaltensänderung geführt. Es ist offensichtlich, dass diese Person das Team verlassen muss. Wie gehen Sie vor?
    a. Sie klären die notwendigen Schritte mit dem disziplinarischen Vorgesetzten und der Personalabteilung. Dann überreichen Sie dem Teammitglied seine Kündigung.

b. Sie führen ein weiteres Gespräch mit dem Teammitglied durch, um doch noch eine Verhaltensänderung zu erzielen.
c. Sie teilen dem Teammitglied Sonderaufgaben zu, die es ohne Zusammenarbeit mit dem restlichen Team erledigen kann.
d. **Sie verdeutlichen dem Team, dass »self-managing« auch die Verantwortung für die Teamzusammensetzung umfasst und es ermächtigt ist, diese zu ändern.**
e. Sie kümmern sich nicht um das Thema. Das Problem liegt außerhalb von Scrum und somit nicht in Ihrem Verantwortungsbereich.

Die Effektivität des Scrum Teams wird durch unangemessenes Verhalten eines Teammitglieds regelmäßig beeinträchtigt, daher müssen Sie als Scrum Master eingreifen. Der Scrum Master kann in einer solchen Situation nicht alleiniger Entscheider sein, aber er ist »(…) ergebnisverantwortlich für die Effektivität des Scrum Teams. Er tut dies, indem er das Scrum Team in die Lage versetzt, seine Praktiken innerhalb des Scrum-Rahmenwerks zu verbessern.« Gleichzeitig managt sich das Scrum Team selbst, das heißt, seine Mitglieder »(…) entscheiden intern, wer was wann und wie macht.« (Scrum Guide 2020)

Das »Wer« kann im Extremfall auch den Ausschluss eines Teammitglieds aus dem Team umfassen. Im vorliegenden Fall ist es offensichtlich, dass weitere Maßnahmen kein besseres Ergebnis bringen werden, daher muss das Scrum Team seiner Verantwortung gerecht werden und die Person aus dem Team entfernen. Der Scrum Master muss sie dazu befähigen und unterstützen. In der Praxis laufen diese Prozesse oftmals anders, an dieser Stelle betrachten wir den Fall aus der reinen Scrum-Brille.

 »Sie managen sich außerdem selbst, das heißt, sie entscheiden intern, wer was wann und wie macht.« (Scrum Guide 2020, S. 5)

Facilitation und Coaching

50. Als Scrum Master eines Scrum Teams fällt Ihnen auf, dass die Arbeit eines Teammitglieds kaum bemerkt und daher nicht wertgeschätzt wird. Was tun Sie?
    a. Sie schlagen dem Teammitglied vor, schneller zu arbeiten, damit das Team die Ergebnisse aufgrund ihrer Menge nicht übersehen kann.
    b. **Sie fördern eine Diskussion über die Wichtigkeit individueller Beiträge zur Gesamtleistung des Teams und fördern somit die Wertschätzung für alle Beiträge.**
    c. Sie weisen die anderen Teammitglieder auf ihr unmögliches Verhalten hin und kündigen die Eskalation an die disziplinarischen Vorgesetzten an.
    d. Beim nächsten Event nutzen Sie die Gelegenheit, die Leistungen des Teammitglieds vor dem gesamten Team zu loben.
    e. Sie schlagen dem disziplinarischen Vorgesetzten des Teammitglied vor, dieses in ein anderes Team zu versetzen, in dem es die Chance hat, sichtbarer zu sein.

Als Scrum Master sind Sie dafür verantwortlich, die Ursachen für Unstimmigkeiten im Team zu finden und anzugehen. Dies tun Sie in der Regel, indem Sie Themen transparent machen und dadurch im Bewusstsein der Teammitglieder einen Denkprozess anstoßen. Es hilft nicht, wenn Sie die fehlende Anerkennung aussprechen, da sich dadurch nichts ändert.

»Die Mitglieder des Scrum Teams respektieren sich gegenseitig als fähige, unabhängige Personen und werden als solche auch von den Menschen, mit denen sie zusammenarbeiten, respektiert. (Scrum Guide 2020, S. 4)

Der Scrum Master ist ergebnisverantwortlich für die Effektivität des Scrum Teams.« (Scrum Guide 2020, S. 7)

51. Als Scrum Master eines Scrum Teams bemerken Sie, dass die Stakeholder Ihr Team ständig ablenken, beispielsweise durch endlose Besprechungen und immer neue Anforderungen. Daraus ergibt sich nicht nur ein mangelhafter Fokus auf die aktuellen Aufgaben, sondern auch die Zeit wird knapp. Welches Vorgehen wählen Sie?
    a. Sie schlagen vor, mehr Zeit in den Sprints für Besprechungen mit den Stakeholdern zu reservieren.
    b. Sie gehen auf die Stakeholder zu, um ihnen zu sagen, dass sie die Teammitglieder in Ruhe ihre Arbeit machen lassen sollen.
    c. **Sie arrangieren eine Diskussion zwischen Scrum Team und Stakeholdern, um die Zusammenarbeit unter Berücksichtigung der Produktivität des Teams und dem Gesprächsbedarf der Stakeholder zu gestalten.**
    d. Sie empfehlen dem Team, die Stakeholder zu ignorieren und sich stattdessen auf ihre Arbeit zu fokussieren.
    e. Sie nehmen an den Gesprächen mit den Stakeholdern teil und achten auf die Einhaltung der Timebox.

Als Scrum Master ist es Ihre Aufgabe, zwischen dem Scrum Team und den Stakeholdern zu vermitteln, indem Sie dafür sorgen, dass die betroffenen Personen miteinander ins Gespräch kommen. Bedenken Sie dabei, dass beide Seiten bestimmte Bedürfnisse haben, die es ins Gleichgewicht zu bringen gilt.

»Das Scrum Team ist umsetzungsverantwortlich (responsible) für alle produktbezogenen Aktivitäten: Zusammenarbeit mit den Stakeholdern (…). (Scrum Guide 2020, S. 5)

Der Scrum Master dient dem Scrum Team auf unterschiedliche Weise, unter anderem dadurch, (…)

✔ das Scrum Team bei der Fokussierung auf die Schaffung von hochwertigen Increments zu unterstützen, die der Definition of Done entsprechen;

✔ die Beseitigung von Hindernissen (impediments) für den Fortschritt des Scrum Teams zu bewirken; (…).

Der Scrum Master dient dem Product Owner auf unterschiedliche Weise, unter anderem dadurch, (…)

✔ die Zusammenarbeit mit Stakeholdern nach Wunsch oder Bedarf zu fördern (facilitate).« (Scrum Guide 2020, S. 7)

52. Als Scrum Master eines Scrum Teams bemerken Sie, dass ein Teammitglied sehr zurückgezogen, beinahe in sich gekehrt ist. Gleichzeitig wissen Sie, dass diese Person voller Ideen ist, die sie in der Diskussion jedoch so gut wie nie einbringt. Wie reagieren Sie?
   a. Sie greifen die Ideen derer auf, die in der Lage sind, diese auch in großer Runde auszusprechen. In einem Scrum Team muss das möglich sein.
   b. **Sie schaffen Möglichkeiten, dass zurückhaltende Personen Ideen einbringen können, zum Beispiel ein Ideenbriefkasten, in dem Ideen schriftlich hinterlegt werden können.**
   c. Sie teilen dem Teammitglied Aufgaben zu, die es isoliert bearbeiten kann, sodass für diese kein Austausch erforderlich ist.
   d. Sie schlagen vor, dass Kommunikation zukünftig ausschließlich in schriftlicher Form erfolgen darf.
   e. **Sie suchen das Gespräch mit dem Teammitglied und gegebenenfalls mit dem gesamten Team, um Ursachen zu erforschen und Maßnahmen zu entwickeln.**

Als Scrum Master ist es ihre Aufgabe, die Teilnahme aller Teammitglieder zu fördern und gleichzeitig die Unterschiedlichkeit der Persönlichkeiten zu respektieren. Im selbstorganisierten Umfeld ist es dabei wichtig, weder die Lösung noch den Lösungsweg vorzugeben, sondern gemeinsam mit den Betroffenen zu entwickeln.

»Der Scrum Master dient dem Scrum Team auf unterschiedliche Weise, unter anderem dadurch,

✔ die Teammitglieder in (…) interdisziplinärer Zusammenarbeit zu coachen (…).« (Scrum Guide 2020, S. 7)

53. Sie sind Scrum Master eines Scrum Teams, und das Management fordert Sie auf, das Daily Scrum zu moderieren. Einige Entwickler hätten sich beschwert, dass Sie Ihrer Aufgabe nicht nachkämen. Wie reagieren Sie?
   a. Sie entsprechen dem Wunsch des Managements und moderieren ab sofort die Daily Scrums für die Entwickler.
   b. Sie ignorieren die Vorkommnisse, um Konflikte zu vermeiden, und setzen Ihre Arbeit in der bisherigen Art und Weise fort.
   c. **Sie besprechen mit dem Management, dass es in Ihrer Verantwortung liegt, dass das Daily Scrum durchgeführt wird, aber nicht, es zu moderieren.**
   d. **Sie thematisieren die Beschwerden mit dem Team, erläutern den Zweck des Daily Scrums und ihre Rolle und erforschen, wie Sie bestmöglich unterstützen können.**
   e. Sie beschweren sich bei den Entwicklern, dass diese Sie beim Management verpetzt haben, ohne vorher mit Ihnen gesprochen zu haben.

Als Scrum Master ist es Ihre Aufgabe, dafür zu sorgen, dass Scrum gemäß Scrum Guide angewendet wird. Dazu gehört, die Durchführung des Daily Scrums sicherzustellen; Sie müssen – ebenso wenig wie der Product Owner – nicht zwangsläufig dabei sein, da es sich um das tägliche Planungsevent der Entwickler handelt. Sofern jedoch der Bedarf nach Ihrer

Teilnahme und beispielsweise Ihrer Moderation geäußert wird, müssen Sie sich der Sache annehmen, die Gründe verstehen und entsprechende Maßnahmen ergreifen, wie Sie dem Scrum Team in der Situation am besten helfen können.

»Der Scrum Master dient dem Scrum Team auf unterschiedliche Weise, unter anderem dadurch,

- ✔ das Scrum Team bei der Fokussierung auf die Schaffung von hochwertigen Increments zu unterstützen, die der Definition of Done entsprechen;
- ✔ die Beseitigung von Hindernissen (impediments) für den Fortschritt des Scrum Teams zu bewirken; (…). (Scrum Guide 2020, S. 7)

Das Daily Scrum ist ein 15-minütiges Event für die Developer des Scrum Teams.« (Scrum Guide 2020, S. 10)

54. Als Scrum Master eines Scrum Teams bemerken Sie, dass sich das Team häufig verschätzt, wenn es darum geht, die Product-Backlog-Einträge im Sprint Review zu bewerten. Dadurch kommt es regelmäßig zu Verzögerungen. Wie gehen Sie damit um?
   a. Sie schlagen vor, Zeiten mithilfe eines Tabellenkalkulationsprogramms genau nachzuverfolgen und aus diesen Daten zu lernen.
   b. Sie laden zu einem Workshop ein, der dazu dient, die Definition of Done zu vereinfachen, sodass der Prozess des Schätzens einfacher wird.
   c. Sie arrangieren eine Refinement-Session, um die Product-Backlog-Einträge in kleinere Einträge zu zerlegen.
   d. **Sie ermutigen das Team, sich mit Methoden des relativen Schätzens auseinanderzusetzen, um der Komplexität von Produkt und Umfeld zu begegnen.**
   e. Sie fragen die Stakeholder, die in Ihrer Organisation als fachliche Experten gelten, nach ihrer Einschätzung.

Als Scrum Master ist es Ihre Aufgabe, das Team im Umgang mit Komplexität zu coachen. Relative Schätzungen und insbesondere die damit verbundenen Konversationen erhöhen das Verständnis für Product-Backlog-Einträge, ihre Größe und ihre Komplexität.

»Der Scrum Master dient dem Scrum Team auf unterschiedliche Weise, unter anderem dadurch,

- ✔ die Teammitglieder in Selbstmanagement und interdisziplinärer Zusammenarbeit zu coachen; (…).« (Scrum Guide 2020, S. 7)

55. Als Scrum Master eines Scrum Teams bemerken Sie, dass die Stakeholder in der Zusammenarbeit mit Ihrem Product Owner unzufrieden sind. Sie fühlen sich zu wenig eingebunden und sehen ihre Anforderungen nicht im Product Backlog repräsentiert. Was tun Sie?
   a. Sie verweisen auf die »Definition of Ready« und sorgen dafür, dass die Stakeholder ihre Anforderungen gemäß der DoR formulieren.
   b. Sie raten dem Product Owner, sich von den Beschwerden der Stakeholder nicht beeindrucken zu lassen; immerhin liegt das Product Backlog in seiner Verantwortung.

    c. **Sie empfehlen dem Product Owner, mit den Stakeholdern ins Gespräch zu gehen, und bieten dafür Ihre Unterstützung an.**
    d. Sie stellen den Stakeholdern den Prozess rund um das Pflichtenheft und mit Änderungen verbundene Change Requests vor.
    e. Sie bieten den Stakeholdern an, an der nächsten Sprint Retrospective teilzunehmen und ihrem Ärger direkt Luft zu machen.

Der Kern des Stakeholder-Managements ist Kommunikation. Daher sollten Sie als Scrum Master dem Product Owner dabei helfen, in einen guten Austausch mit den Stakeholdern zu kommen. Dabei können Sie dem Product Owner nicht erklären, wie er seinen Job zu machen hat. Sie können ihn aber durch Coachingfragen zu neuen Erkenntnissen führen.

»Der Scrum Master dient dem Product Owner auf unterschiedliche Weise, unter anderem dadurch,

    ✔ bei der Suche nach Techniken (…) zum Product-Backlog-Management zu helfen; (…)

    ✔ die Zusammenarbeit mit Stakeholdern nach Wunsch oder Bedarf zu fördern (facilitate).« (Scrum Guide 2020, S. 7)

56. Als Scrum Master eines Scrum Teams bemerken Sie, dass die Teammitglieder im Sprint Planning immer wieder den Aufwand überschätzen, sodass alle Einträge des Sprint Backlogs vor Ablauf der Timebox fertiggestellt werden. Wie gehen Sie damit um?
    a. Sie teilen den Teammitgliedern weitere Aufgaben zu, insbesondere im Hinblick auf kontinuierliche Verbesserung der Arbeitsprozesse.
    b. **Sie coachen das Scrum Team im Hinblick auf die Reflexion des Schätzprozesses und die Verbesserung von Schätzmethoden.**
    c. Sie schlagen dem Product Owner vor, die Sprints vorzeitig zu beenden oder die Sprint-Länge grundsätzlich zu kürzen.
    d. Sie legen fest, dass die Teammitglieder die verbleibende Zeit zunächst für Product Backlog Refinement und dann für die persönliche Weiterbildung nutzen.
    e. Sie bitten den Product Owner, in Abstimmung mit den Stakeholdern während des Sprints weitere Product Backlog Items in das Sprint Backlog zu verschieben.

Als Scrum Master ist es Ihre Aufgabe, das Team im Hinblick auf Selbstorganisation und kontinuierliche Verbesserung zu coachen. Daher sollten Sie Ihre Beobachtungen teilen und mit dem Team an seinen Schätzfähigkeiten arbeiten. Eigenmächtige Veränderungen des Sprint Backlogs sind weder vom Product Owner noch von Scrum Master erlaubt. Die Umwidmung der verbleibenden Zeit raubt dem Scrum Team seinen Fokus und ist daher ebenfalls zu unterlassen.

»Der Scrum Master dient dem Scrum Team auf unterschiedliche Weise, unter anderem dadurch,

    ✔ die Teammitglieder in Selbstmanagement (…) zu coachen; (…)« (Scrum Guide 2020, S. 7)

Forecasting und Release-Planung

57. Welche Aussagen über Velocity sind richtig?

a. Velocity ist die Anzahl der Stunden, die das Scrum Team in einem Sprint pro Tag durchschnittlich gearbeitet hat.
b. **Velocity ist die Menge an Arbeit, die ein Scrum Team innerhalb eines Sprints erledigt.**
c. Velocity misst die Geschwindigkeit, mit der ein Entwickler seine Aufgaben während des Sprints erledigt.
d. Velocity ist ein Maß für die Produktivität eines Scrum Teams, gemessen in Aufgaben pro Stunde.
e. **Velocity hilft dem Team, die zukünftige Abarbeitungsgeschwindigkeit und die Lieferfähigkeit zu prognostizieren.**

Die Velocity ist die Abarbeitungsgeschwindigkeit eines Scrum Teams. Sie wird gemessen (nicht geschätzt!) und ergibt sich aus der erledigten Arbeitsmenge je Sprint. Auf der Basis der Velocity kann dann der Liefertermin prognostiziert werden, zum Beispiel mithilfe der »Cone of Uncertainty«. Dabei müssen Sie sich jedoch immer bewusst machen, dass eine genaue Abschätzung in komplexen Umfeldern unmöglich ist.

Die Velocity gehört zu den »Good Practices« und findet im Scrum Guide keine Erwähnung. Sie können sie als Methode des Selbstmanagements betrachten, auf das auf Seite 5 referenziert wird.

»Das Scrum Team ist (…) von der Organisation so aufgebaut und befähigt, dass es seine Arbeit selbst steuert. Das Arbeiten in Sprints mit einer nachhaltigen Geschwindigkeit verbessert den Fokus und die Kontinuität des Scrum Teams.« (Scrum Guide 2020, S. 5)

58. Wie kann ein Scrum Team seine Velocity bestimmen?

a. Die Velocity ergibt sich aus den Stunden, die von den einzelnen Teammitgliedern auf die Projekte gebucht werden.
b. Die Velocity entspricht der Anzahl der Stunden, die das Scrum Team während eines Sprints gearbeitet hat.
c. Die Velocity entspricht immer der Anzahl der Story Points, die das Scrum Team während eines Sprints abgearbeitet hat.
d. **Die Velocity wird berechnet, indem die Menge an Arbeit gemessen wird, die je Sprint erledigt wurde.**
e. Die Velocity ergibt sich aus dem Verhältnis aus Arbeitsmenge und eingesetzten Stunden.

Die Velocity wird bestimmt, indem ein Team die Menge der abgearbeiteten Aufgaben misst, beispielsweise in Story Points. Diese wird für einen bestimmten Zeitraum betrachtet, üblicherweise für die Dauer des Sprints. Achtung: Neben Story Points gibt es zahlreiche andere relative Schätzmetriken, die genutzt werden können. Dazu gehören T-Shirt-Größen, Dinosaurier, Gummibärchen und viele andere. »Story Points« sind also nur eine Möglichkeit von vielen.

Die Velocity gehört zu den »Good Practices« und findet im Scrum Guide keine Erwähnung. Sie können sie als Methode des Selbstmanagements betrachten, auf das auf Seite 5 referenziert wird.

»Das Scrum Team ist (…) von der Organisation so aufgebaut und befähigt, dass es seine Arbeit selbst steuert. Das Arbeiten in Sprints mit einer nachhaltigen Geschwindigkeit verbessert den Fokus und die Kontinuität des Scrum Teams.« (Scrum Guide 2020, S. 5)

59. Wie wird in Scrum die Vorhersagbarkeit von Ergebnissen optimiert?
    a. Indem die Sprint-Länge verkürzt wird.
    b. In Scrum sind Vorhersagen generell nicht möglich.
    c. Durch einen vorhersagenden (prädiktiven) Ansatz.
    d. Durch Planning Poker im Sprint Planning.
    e. **Durch einen iterativen, inkrementellen Ansatz.**

Transparente und damit greifbare Ergebnisse je Iteration ermöglichen die Inspektion des Fortschritts. Durch regelmäßiges Feedback der Stakeholder können Probleme frühzeitig erkannt werden, und wiederholte Zyklen führen zum Aufbau von Erfahrungswissen. Beides hilft, um die Vorhersagbarkeit von Ergebnissen zu verbessern.

»Scrum verwendet einen iterativen, inkrementellen Ansatz zur Optimierung der Vorhersagbarkeit und zur Risikokontrolle.« (Scrum Guide 2020, S. 3)

60. Sie sind Scrum Master eines Scrum Teams, das Schwierigkeiten mit dem Forecasting hat. Welche Techniken empfehlen Sie, um eine Verbesserung zu erreichen?
    a. Kompetenzmatrix in Kombination mit Entwicklungsplänen.
    b. Objectives and Key Results (OKRs) in Kombination mit Performance-Prämien.
    c. **Relatives Schätzen in Kombination mit Burndown-Charts.**
    d. Planning Poker in Kombination mit Wall Estimation.
    e. Velocity-Tracking in Kombination mit Schätzgenauigkeitskoeffizient.

Mithilfe des inkrementellen, iterativen Ansatzes, den Scrum verfolgt, wird versucht, mit der gegebenen Komplexität umzugehen. Auf diese Weise entstehen Vorhersagen, die exakten Zahlen zumindest nahekommen. Relatives Schätzen liefert so eine realistischere Einschätzung des Arbeitsaufwands. Mithilfe eines Burndown-Charts lassen sich auf dieser Basis der Fortschritt verfolgen und Trends identifizieren.

»Es gibt verschiedene Vorgehensweisen, um den Fortschritt vorherzusagen, wie Burndown-Charts, BurnUp-Charts oder Cumulative-Flow-Diagramme.« (Scrum Guide 2020, S. 8)

61. Wie weit voraus plant man in Scrum?
    a. Einen Sprint.
    b. **So weit im Voraus wie nötig und so wenig wie möglich.**
    c. Die nächsten drei Sprints.

d. Wie es dem Scrum Team am besten passt.
   e. **Das legt der Product Owner fest.**

Im Scrum Guide ist nicht definiert, wie weit im Voraus geplant wird. In Abhängigkeit der Rahmenbedingungen und des Produkts wird also nur so weit wie nötig und so wenig wie möglich geplant. In komplexen Situationen muss immer davon ausgegangen werden, dass sich viel verändert und verschwendete Planungszeit nicht wertstiftend ist. Da der Product Owner für das Product-Backlog-Management verantwortlich ist, darf er auch entscheiden, welcher Planungshorizont angemessen ist. Das muss er gegenüber den Stakeholdern vertreten und er muss für eine entsprechende Umsetzung sorgen.

Alles zu den Befugnissen des Product Owners finden Sie im Scrum Guide auf Seite 4.

62. Welche Aussagen über Release-Planung sind richtig?
    a. **Sie dient der Transparenz gegenüber und der Kommunikation mit den Stakeholdern.**
    b. **Sie dient als Grundlage für systematische Adaption.**
    c. **Sie liegt in der Verantwortung des Product Owners.**
    d. **Sie gibt dem Scrum Team Orientierung.**
    e. Sie ist ein fixer Plan, den es vom Scrum Team abzuarbeiten gilt.

Wie Sie mittlerweile wissen, haben langfristige Pläne selten Bestand. Dennoch gibt es bei den Stakeholdern häufig den Bedarf nach einer gewissen Planung, wann welche Ergebnisse zur Verfügung stehen werden. In der Kommunikation mit Stakeholdern kann die Release-Planung herangezogen werden, um zu erläutern, warum gerade welche Schritte angegangen, verändert oder weggelassen werden. Auch die Teammitglieder können sich anhand der Release-Planung orientieren, wie ihr aktuelles Tun auf die Umsetzung der Produkt-Vision einzahlt.

Die Release-Planung wird im Scrum Guide nicht explizit behandelt, ergibt sich jedoch aus den Verantwortlichkeiten und Aufgaben des Product Owners auf Seite 4.

63. Sie sind Scrum Master eines Scrum Teams. Bisher hatte das Team eine Velocity von 42 Story Points pro Sprint. Ein Stakeholder erkundigt sich, wann das Team mit bestimmten Product-Backlog-Einträgen fertig werden wird, die insgesamt einen Umfang von 144 Story Points haben. Der Product Owner bittet Sie um Hilfe, wie er die Frage beantworten soll. Welchen Hinweis geben Sie ihm?
    a. Dazu lässt sich keine Aussage treffen.
    b. Nach vier Sprints.
    c. Die Fertigstellung erfolgt, wann immer der Stakeholder es wünscht.
    d. Nach dreieinhalb Sprints.
    e. **Rechnerisch nach vier Sprints, allerdings können Unsicherheiten für Abweichungen sorgen.**

Auf der Basis der historischen Werte können Annahmen für die Zukunft abgeleitet werden. Eine bisher konstante Velocity verleitet schnell dazu, sich zu konkreten Aussagen hinreißen zu lassen. In einem komplexen Umfeld treten jedoch ständig ungeplante Ereignisse ein, die sich auch auf die Velocity und andere Rahmenbedingungen auswirken können. Daher sollte man sich nie allein auf Schätzungen verlassen.

Die Velocity gehört zu den »Good Practices« und findet im Scrum Guide keine Erwähnung. Sie können sie als Methode des Selbstmanagements betrachten, auf das auf Seite 5 referenziert wird.

»Der Product Owner ist auch für ein effektives Product-Backlog-Management ergebnisverantwortlich, das Folgendes umfasst: (…)

✔ sicherzustellen, dass das Product Backlog transparent, sichtbar und verstanden ist.« (Scrum Guide 2020, S. 6)

Produkt-Vision und -Wert

64. Welche Aussagen über eine Produkt-Vision sind richtig?
    a. **Eine klare Produkt-Vision kann die Motivation des Teams steigern.**
    b. Die Produkt-Vision beschreibt die technischen Spezifikationen des Produkts.
    c. Zwischen Product Owner und Entwicklern spielt die Produkt-Vision keine Rolle.
    d. Die Produkt-Vision gehört nicht zu Scrum und sollte daher nicht eingesetzt werden.
    e. Ein Scrum Team wird durch sie von der wirklich wichtigen Arbeit abgelenkt.

Die Produkt-Vision dient dem Scrum Team als Nordstern. Damit gibt sie Orientierung und gilt als sinnstiftend, wodurch wiederum Motivation innerhalb des Scrum Teams entsteht. Jedes Teammitglied weiß, wohin die Reise gehen soll, und kann dementsprechend auch selbstbestimmt und eigenverantwortlich in diesem Sinne agieren.

Die Produkt-Vision wird im Scrum Guide zwar nicht explizit erwähnt, jedoch trotzdem als wesentlicher Bestandteil von Scrum angesehen. Der Product Owner als Wert-Maximierer kann aus der Produkt-Vision das Produkt-Ziel und entsprechende Product-Backlog-Einträge entwickeln.

»Der Product Owner ist auch für ein effektives Product-Backlog-Management ergebnisverantwortlich, das Folgendes umfasst:

✔ das Produkt-Ziel zu entwickeln (…);

✔ die Product-Backlog-Einträge zu erstellen (…)« (Scrum Guide 2020, S. 6)

65. Wie hilft die Produkt-Vision dem Scrum Team und den Stakeholdern?
    a. Die Produkt-Vision dient als Basis für die Ausarbeitung des Projektplans; für den weiteren Verlauf sind nur noch die Produkt-Ziele relevant.
    b. **Eine Produkt-Vision hilft dem Scrum Team dabei, Entscheidungen zu treffen, die mit den langfristigen Zielen des Produkts übereinstimmen.**
    c. **Die Produkt-Vision bildet eine gute Grundlage für den Austausch und das gemeinsame Verständnis zwischen dem Scrum Team und den Stakeholdern.**
    d. Der Begriff »Produkt-Vision« ist gleichbedeutend mit dem Begriff »Produkt-Ziel« und wird daher in der Regel synonym verwendet.
    e. Der Begriff »Product Vision« wurde von Ken Schwaber und Jeff Sutherland erfunden und 1996 auf der OOPSLA-Konferenz vorgestellt.

Die Produkt-Vision wird im Scrum Guide zwar nicht explizit erwähnt, spielt jedoch auch in der Zusammenarbeit zwischen dem Scrum Team, insbesondere dem Product Owner und den Stakeholdern, eine wichtige Rolle. Sie ist ein geeignetes Mittel, um Transparenz zu schaffen, und dient als Basis, um ein gemeinsames Verständnis über die strategische Ausrichtung des Produkts zu erlangen. Gleichzeitig kann das gesamte Scrum Team entlang der Produkt-Vision Entscheidungen treffen, die der Produkt-Vision und damit der langfristigen Produktstrategie dienen.

66. Was versteht man unter dem Produkt-Wert in Scrum?
    a. Features, die ein Produkt in Summe enthält.
    b. Gewinn, der durch den Verkauf des Produkts erzielt wird.
    c. **Nutzen, den ein Produkt für seine Anwender liefert.**
    d. Aufwand, der für die Erstellung angefallen ist.
    e. Preis, für den das Produkt verkauft wird.

Der Produkt-Wert entsteht dadurch, dass Anwender des Produkts durch dessen Nutzung zufriedener sind. Was Zufriedenheit im Einzelnen bedeutet, kann sowohl von Produkt zu Produkt als auch von Anwender zu Anwender stark variieren. Zufriedene Kunden sorgen für Umsatz. So ergibt sich auch ein positiver Effekt auf das langfristige Bestehen des produzierenden Unternehmens, beispielsweise durch die Positionierung des Unternehmens im Markt.

»Der Product Owner schlägt vor, wie das Produkt (…) seinen (…) Nutzen steigern könnte.« (Scrum Guide 2020, S. 9)

67. Wodurch kann der Product Owner den Produkt-Wert maximieren?
    a. **Durch kontinuierliches Product Backlog Refinement.**
    b. Durch Erhöhung der Anzahl der Sprints pro Projekt.
    c. **Durch ständige Einbindung des Stakeholder-Feedbacks.**
    d. Durch Reduzierung der Teamgröße, um die Effizienz zu steigern.
    e. **Durch aktive Beobachtung des Markts, um aktuelle Trends frühzeitig zu erkennen.**

Es liegt in der Verantwortung des Product Owners, den Wert des Produkts zu maximieren. Dies erledigt er auf zwei Wegen: Product-Backlog-Management und Stakeholder-Management. Daraus ergibt sich ein kontinuierliches Product Backlog Refinement, was die aktuelle Sortierung des Product Backlogs einschließt. Die Voraussetzung für ein gutes Refinement ist die Kenntnis des Markts. Darüber hinaus hilft Stakeholder-Management dabei, zusätzliche Erkenntnisse, Meinungen und Feedback der Stakeholder einzuholen und ins Refinement einfließen zu lassen.

»Der Product Owner ist auch für ein effektives Product-Backlog-Management ergebnisverantwortlich, das Folgendes umfasst:

✔ das Produkt-Ziel zu entwickeln und explizit zu kommunizieren;

✔ die Product-Backlog-Einträge zu erstellen und klar zu kommunizieren;

✔ die Reihenfolge der Product-Backlog-Einträge festzulegen; und

✔ sicherzustellen, dass das Product Backlog transparent, sichtbar und verstanden ist.

(…) Der Product Owner kann die Bedürfnisse vieler Stakeholder im Product Backlog berücksichtigen.« (Scrum Guide 2020, S. 6)

»Während des [Sprint Reviews] überprüfen das Scrum Team und die Stakeholder, (…) was sich in ihrem Umfeld verändert hat.« (Scrum Guide 2020, S. 10)

68. Wie kann der aktuelle Produkt-Wert gemessen werden?
   a. **Nutzung bzw. Nicht-Nutzung von Produkt-Features analysieren.**
   b. Nur Umsatz und Gewinn sind bei der Bestimmung des Produkt-Werts relevant.
   c. Interne Stakeholder können den Produkt-Wert am besten abschätzen.
   d. **Anwender in möglichst kurzer zeitlicher Distanz zur Nutzung befragen.**
   e. Anzahl der geschriebenen Programmzeilen (Lines of Code) pro Monat.

Wie die Messung von Wert erfolgen soll, ist im Scrum Guide nicht beschrieben. Die Erhebung von Kennzahlen wie Kundenzufriedenheit (zum Beispiel durch Umfragen wie Net Promoter Score (NPS) oder Kundenbewertungen), Umsatz und Gewinn, Marktanteil oder Nutzungshäufigkeit helfen jedoch, den aktuellen Wert des Produkts zu erfassen. Das alleinige Fokussieren auf eine dieser Kennzahlen ist aber auf jeden Fall falsch. Bei der Auswahl der Kennzahlen ist vor allem der Kontext des Produkts zu beachten, da die Bestimmung des Produktwerts spezifisch ist; eine allgemeine Formel gibt es nicht.

»Um einen Mehrwert zu erzielen, muss das Increment verwendbar sein.« (Scrum Guide 2020, S. 12)

69. In welcher Reihenfolge stehen die Product-Backlog-Einträge im Product Backlog?
   a. Nach Wichtigkeit in Abhängigkeit des Stakeholders, der sie eingebracht hat.
   b. **Die wertvollsten Einträge stehen oben und sind mit den meisten Details versehen.**
   c. Neue Einträge werden unten an die Liste angehängt.
   d. Unklare Einträge stehen ganz oben, damit der Product Owner sie bald ausarbeitet.
   e. Alphabetisch.

Der Product Owner ist verantwortlich für die Reihenfolge der Product-Backlog-Einträge. Damit die wertvollsten und dringendsten Einträge so früh wie möglich bearbeitet werden, stehen sie ganz oben im Product Backlog und haben bereits ein intensives Refinement hinter sich. Die Reihenfolge der Product-Backlog-Einträge ist eindeutig, sodass niemals eine Platzierung in der Prioritätenliste doppelt oder sogar mehrfach vergeben werden kann.

»Der Product Owner ist auch für ein effektives Product-Backlog-Management ergebnisverantwortlich, das Folgendes umfasst: (…)

die Reihenfolge der Product-Backlog-Einträge festzulegen; (…).« (Scrum Guide 2020, S. 6)

70. Was passiert, wenn der Produkt-Wert nicht definiert ist?
    a. **Es entsteht Chaos im Product Backlog.**
    b. Die Flexibilität in der Priorisierung steigt.
    c. **Das Scrum Team verliert den Fokus.**
    d. **Die Anwender sind unzufrieden.**
    e. Wert muss nicht definiert werden, solange die Vision stimmt.

Gemäß Scrum Guide ergibt sich der Produkt-Wert daraus, dass in jedem Sprint ein wertvolles, nutzbares Increment durch die Umsetzung von Product-Backlog-Einträgen geliefert wird. Durch eine unzureichende Definition des Produkt-Werts entsteht Chaos im Product Backlog und eine sinnvolle, erklärbare Sortierung wird unmöglich. Dies wiederum führt zum Fokusverlust des Teams und die Motivation der Entwickler sinkt. Zufällige Treffer im Hinblick auf den Nutzen der Anwender werden nicht ausreichend sein, um sie zufriedenzustellen. Auch das Vorhandensein einer Vision ist nicht ausreichend, weil sie aufgrund ihres fehlenden Detailgrads zu wenig Fokus auf der Ebene des Sprint Plannings und der Product-Backlog-Einträge gibt.

Product-Backlog-Management

71. Was umfasst ein effektives Product-Backlog-Management?
    a. Definition des Sprint-Ziels.
    b. **Entwicklung und explizite Kommunikation des Produkt-Ziels.**
    c. **Erstellung und Kommunikation der Product-Backlog-Einträge.**
    d. Schätzung der Aufwände zur Umsetzung der Product-Backlog-Einträge.
    e. **Festlegung der Reihenfolge der Product-Backlog-Einträge.**

Der Product Owner ist für ein effektives Product-Backlog-Management ergebnisverantwortlich (accountable). Dieses besteht darin, das Produkt-Ziel zu entwickeln und explizit zu kommunizieren sowie Transparenz und das Verständnis des Product Backlogs sicherzustellen. Außerdem umfasst es die Erstellung und Kommunikation sowie die Festlegung der Reihenfolge der Product-Backlog-Einträge.

»Der Product Owner ist auch für ein effektives Product-Backlog-Management ergebnisverantwortlich, das Folgendes umfasst:

✔ das Produkt-Ziel zu entwickeln und explizit zu kommunizieren;

✔ die Product-Backlog-Einträge zu erstellen und klar zu kommunizieren;

✔ die Reihenfolge der Product-Backlog-Einträge festzulegen; und

✔ sicherzustellen, dass das Product Backlog transparent, sichtbar und verstanden ist.« (Scrum Guide 2020, S. 6)

72. Wann wird das Product Backlog verfeinert (*refined*)?
    a. **Ständig, auch während eines laufenden Sprints.**
    b. Nur in sogenannten »Refinement-Meetings«.
    c. Einmal im Monat.

d. Das Product Backlog wird nicht »verfeinert«, sondern gefüllt.
e. **Durch das Refinement erhalten Product-Backlog-Einträge weitere Details.**

Das Refinement des Product Backlog ist eine kontinuierliche Aktivität, die während eines Sprints ständig erfolgt. Im Scrum Guide ist daher kein eigenes Event vorgesehen. In der Unternehmenspraxis werden jedoch häufig Refinement-Meetings etabliert, in denen diese Aktivität dann gebündelt erfolgt.

»Diesen Transparenzgrad erlangen [Produrct-Backlog-Einträge] in der Regel durch Refinement-Aktivitäten. Das Refinement des Product Backlogs ist der Vorgang, durch den Product-Backlog-Einträge in kleinere, präzisere Elemente zerlegt und weiter definiert werden. Dies ist eine kontinuierliche Aktivität, wodurch weitere Details wie Beschreibung, Reihenfolge und Größe ergänzt werden. Die Attribute variieren oft je nach Arbeitsumfeld.« (Scrum Guide 2020, S. 11)

73. Welchen Anteil hat das Refinement des Product Backlogs in der Regel bezogen auf die Gesamtarbeitszeit der Entwickler?
    a. **So viel wie nötig, beispielsweise zehn Prozent.**
    b. Die Entwickler beschäftigen sich etwa in der Hälfte ihrer Zeit mit Refinement.
    c. Mit dem Refinement haben Developer nichts zu tun, das macht der Product Owner.
    d. Dazu gibt es keine pauschale Aussage; das ist abhängig vom Product Owner.
    e. Bis zu 25 Prozent.

Die Developer investieren in der Regel nicht mehr als zehn Prozent ihrer Zeit ins Refinement des Product Backlogs, da sich diese Größe bewährt hat. Im Scrum Guide ist dazu jedoch keine Aussage zu finden.

Alle Informationen zu Refinement-Aktivitäten finden Sie im Scrum Guide auf Seite 11.

74. Was passiert am Ende eines Sprints mit einem Product-Backlog-Eintrag, der zwar umgesetzt wurde, bei dem die Definition of Done jedoch noch nicht erfüllt ist?
    a. Er wird im Sprint Review vorgestellt, aber noch nicht releaset.
    b. Er wird im Sprint Review vorgestellt und releaset.
    c. Er wird nicht im Sprint Review vorgestellt und wird in den nächsten Sprint übernommen.
    d. **Er wird weder im Sprint Review vorgestellt noch releaset und wird zurück ins Product Backlog geschoben.**
    e. Er wird gelöscht.

Ein Product-Backlog-Eintrag, der umgesetzt wurde, gilt erst als fertig, sobald er die Definition of Done erfüllt. Vorher darf er weder im Sprint Review vorgestellt noch in das nächste Release eingebunden werden. Er wird ins Product Backlog zurückgeschoben und wird dann – auch auf der Basis der Ergebnisse aus dem Sprint Review – neu priorisiert.

»Wenn ein Product-Backlog-Eintrag nicht der Definition of Done entspricht, kann es weder released noch beim Sprint Review präsentiert werden. Stattdessen wandert es zur zukünftigen Berücksichtigung in das Product Backlog zurück.« (Scrum Guide 2020, S. 13)

75. Wie werden Stakeholder in den Prozess des Product-Backlog-Managements eingebunden?
    a. **Stakeholder nehmen an den Sprint Reviews teil, um das Increment zu inspizieren und Feedback zu geben, damit das Product Backlog entsprechend adaptiert werden kann.**
    b. Stakeholder erstellen eigenständig User Stories und andere Product Backlog Items und fügen sie als neue Einträge dem Product Backlog hinzu.
    c. **Anforderungen der Stakeholder werden anhand ihrer Werthaltigkeit vom Product Owner priorisiert und in das Product Backlog eingeordnet.**
    d. Stakeholder entscheiden in Abstimmung mit dem Product Owner über die Sprint-Ziele, damit ihre Anforderungen auf jeden Fall repräsentiert werden.
    e. Widersprüchliche Anforderungen werden ignoriert; die Stakeholder müssen ihre Konflikte zunächst untereinander lösen.

Stakeholder nehmen regelmäßig an den Sprint Reviews teil, um den Fortschritt des Increments zu inspizieren und Feedback zu geben. Dabei wird auch das Product Backlog adaptiert, wobei der Product Owner die finale Entscheidungshoheit innehat. Der Product Owner hat nicht den Anspruch, alle Wünsche von Stakeholdern zu erfüllen oder zwischen ihnen zu vermitteln. Vielmehr liegt es in seiner Verantwortung, die Anforderungen anhand ihrer Werthaltigkeit zu sortieren und entsprechend in das Product Backlog einzuordnen.

»Der Product Owner kann die Bedürfnisse vieler Stakeholder im Product Backlog berücksichtigen.« (Scrum Guide 2020, S. 6)

»Während des [Sprint Reviews] überprüfen das Scrum Team und die Stakeholder, was im Sprint erreicht wurde und was sich in ihrem Umfeld verändert hat. Auf der Grundlage dieser Informationen arbeiten die Teilnehmenden gemeinsam daran, was als Nächstes zu tun ist. Auch kann das Product Backlog angepasst werden, um neue Möglichkeiten wahrzunehmen.« (Scrum Guide 2020, S. 10)

76. Wodurch zeichnet sich ein Product-Backlog-Management aus, das auf empirischer Prozesskontrolle basiert?
    a. Das Product Backlog wird auf der Basis aller Erfahrungen aus Vorprojekten erstellt und dann abgearbeitet.
    b. **Das Product Backlog stellt nicht nur die einzige Quelle für die Arbeit des Scrum Teams dar, sondern auch eine transparente Informationsbasis.**
    c. **Kontinuierliches Backlog Refinement führt dazu, dass das Product Backlog aktuelle und relevante Einträge enthält.**
    d. **Regelmäßiges Feedback der Stakeholder führt dazu, dass neue Einträge zum Product Backlog hinzugefügt, bestehende überarbeitet und veraltete gelöscht werden.**
    e. Die Einträge im Product Backlog werden grob priorisiert, sodass anhand der Erfahrungen aus dem vorherigen Sprint flexibel ausgewählt werden kann.

Das Product Backlog ist nicht nur eine sortierte, sondern auch eine dynamische Liste der Anforderungen an das Produkt. Das bedeutet, dass es einer ständigen Überarbeitung unterliegt. Immer dann, wenn Stakeholder-Feedback oder neue Erkenntnisse innerhalb des

Teams zu Anpassungsbedarf führt, werden unmittelbar Ergänzungen, Änderungen und Löschungen vorgenommen.

»Der Product Owner kann die Bedürfnisse vieler Stakeholder im Product Backlog berücksichtigen.« (Scrum Guide 2020, S. 6)

»Das Product Backlog ist eine emergente, geordnete Liste der Dinge, die zur Produktverbesserung benötigt werden. Es ist die einzige Quelle von Arbeit, die durch das Scrum Team erledigt wird. Product-Backlog-Einträge, die durch das Scrum Team innerhalb eines Sprints abgeschlossen (Done) werden können, gelten als bereit für die Auswahl in einem Sprint-Planning-Event. Diesen Transparenzgrad erlangen sie in der Regel durch Refinement-Aktivitäten.« (Scrum Guide 2020, S. 11)

77. Wie dienen die einzelnen Scrum Events dem Product-Backlog-Management?
    a. In der Sprint Retrospective werden die Einträge, die anhand des Stakeholder-Feedbacks im letzten Sprint dazugekommen sind, betrachtet und entsprechend angepasst.
    b. Das Backlog Refinement Meeting dient der kontinuierlichen Weiterentwicklung und Aktualisierung des Product Backlogs.
    c. Durch das Entnehmen von Einträgen aus dem Product Backlog wird dieses im Rahmen des Sprint Plannings aktualisiert.
    d. Im Daily Scrum werden neue Erkenntnisse aus den vergangenen 24 Stunden für die Pflege des Product Backlogs herangezogen.
    e. **Die Stakeholder inspizieren im Sprint Review das Increment und geben dazu Feedback. Auf dieser Basis kann das Product Backlog adaptiert werden.**

Das Product-Backlog-Management umfasst die Pflege des Product Backlogs hinsichtlich der Abbildung bekannter Anforderungen, ihrer Sortierung sowie der Vorbereitung von ausreichend Einträgen für das nächste Sprint Planning. Das wichtigste Event hierfür ist das Sprint Review, in dem die Stakeholder ihr Feedback zum aktuellen Increment geben. Darüber hinaus sollte der Product Owner in regelmäßigem Austausch mit den Stakeholdern stehen. Achtung: Insbesondere das Backlog Refinement dient zwar auch der Weiterentwicklung und Aktualisierung des Product Backlogs, ist jedoch kein offizielles Scrum Event, sondern vielmehr eine kontinuierliche Aktivität.

»Zweck des Sprint Reviews ist es, das Ergebnis des Sprints zu überprüfen und künftige Anpassungen festzulegen. (…) Auch kann das Product Backlog angepasst werden, um neue Möglichkeiten wahrzunehmen.« (Scrum Guide 2020, S. 10)

Stakeholder und Kunden

78. Wer wird in Scrum als Stakeholder angesehen?
    a. Ausschließlich interne Stakeholder wie Vertreter des Produktmanagements.
    b. **Unternehmen, mit denen aufgrund des Produkts eine Geschäftsbeziehung besteht.**
    c. **Management und Führungskräfte innerhalb des Unternehmens.**

d. **Kunden, die das Produkt (potenziell) kaufen.**
e. Hersteller von Konkurrenzprodukten.

Stakeholder sind alle, die ein berechtigtes Interesse am Produkt vorweisen können, also direkt davon profitieren oder aus dessen Erfolg einen Nutzen für sich ziehen können. Dazu gehören Kunden, andere externe Geschäftspartner wie Lieferanten und alle internen Bereiche mit Kontaktpunkten sowie das Management. Der Begriff wird im Scrum Guide zwar verwendet, seine Bedeutung jedoch vorausgesetzt.

79. Welche Elemente in Scrum dienen der Interaktion mit den Stakeholdern?
    a. **Product Backlog.**
    b. Sprint Backlog.
    c. Sprint Retrospective.
    d. Definition of Done.
    e. **Sprint Review.**

Das Product Backlog stellt eine wesentliche Grundlage für den Austausch mit den Stakeholdern dar, um ein gemeinsames Verständnis von offenen Anforderungen und deren Werthaltigkeit zu schaffen. Im Sprint Review können die Stakeholder mit dem Scrum Team ins Gespräch kommen, indem sie Feedback zum Increment und zum Product Backlog geben.

»Während des Events überprüfen das Scrum Team und die Stakeholder, was im Sprint erreicht wurde und was sich in ihrem Umfeld verändert hat.« (Scrum Guide 2020, S. 10)

»Ein Produkt (…) hat klare Grenzen, bekannte Stakeholder, eindeutig definierte Benutzer oder Kunden.« (Scrum Guide 2020, S. 12)

»Das Product Backlog ist eine emergente, geordnete Liste der Dinge, die zur Produktverbesserung benötigt werden.« (Scrum Guide 2020, S. 10)

80. Sie sind neu in der Rolle des Product Owners. Wie agieren Sie gegenüber den Stakeholdern Ihres Produkts?
    a. Sie nehmen die Anforderungen der Stakeholder im Lastenheft des Produkts auf.
    b. Sie involvieren die Stakeholder nur bei Bedarf, sobald Sie auf Unklarheiten stoßen.
    c. **Sie fungieren als Repräsentant der Stakeholder gegenüber ihrem Scrum Team.**
    d. Sie lassen das Management entscheiden, welche Stakeholder Inputgeber sein sollen.
    e. Sie sprechen ausschließlich mit den wichtigsten drei Stakeholdern.

Als Product Owner sind Sie in einem kontinuierlichen und aktiven Austausch mit den Stakeholdern, um deren Anforderungen und Feedback in das Product Backlog einzuarbeiten. Auf diese Weise repräsentieren Sie die Stakeholder gegenüber dem Scrum Team. Selbstverständlich sind Sie als Product Owner dafür verantwortlich, die richtigen Stakeholder auszuwählen.

»Der Product Owner kann die Bedürfnisse vieler Stakeholder im Product Backlog berücksichtigen.« (Scrum Guide 2020, S. 6)

81. Als Scrum Master eines Scrum Teams bemerken Sie, dass der Product Owner zwischen den Wünschen von zwei Stakeholdern hin- und hergerissen ist. Beide haben eine klare Ergebnisvorstellung, allerdings stehen die Ziele im Konflikt zueinander. Was raten Sie dem Product Owner?
    a. Sie halten den Product Owner an, die Vorgaben des Stakeholders zu verfolgen, der die meiste Macht innerhalb des Unternehmens hat.
    b. **Sie schlagen vor, gemeinsam mit Stakeholdern und Scrum Team den Wert für den Kunden zu definieren und auf dieser Basis die Alternativen zu bewerten.**
    c. Sie initiieren eine Konfliktklärung mit den beiden Stakeholder-Parteien, die der Product Owner moderieren soll.
    d. Sie fragen die Entwickler, welche Alternative mehr Spaß machen wird, und geben das Resultat dem Product Owner mit.
    e. Sie bitten den Lenkungsausschuss des Projekts darum, eine Entscheidung bezüglich der beiden Alternativen zu treffen.

Stakeholder haben selten die gleichen Vorstellungen, wenn es um den weiteren Fortgang der Produktentwicklung geht. Aus diesem Grund müssen Product Owner im Rahmen des Stakeholder-Managements Transparenz darüber schaffen, wie Entscheidungen getroffen wurden, um sie für die Stakeholder anschlussfähig zu machen – insbesondere dann, wenn Vorschläge und Anforderungen zurückgewiesen werden. Der Produkt-Wert, der sich aus dem Nutzen des Produkts für seine Anwender ergibt, ist das entscheidende Kriterium.

»Der Scrum Master dient dem Product Owner auf unterschiedliche Weise, unter anderem dadurch, (…)

✔ die Zusammenarbeit mit Stakeholdern nach Wunsch oder Bedarf zu fördern (facilitate).« (Scrum Guide 2020, S. 7)

82. Als Scrum Master eines Scrum Teams bemerken Sie, dass der Product Owner unschlüssig im Umgang mit neuen Anforderungen ist, die seitens eines Kunden während des Sprints an ihn herangetragen werden; die Anforderungen klingen dringend. Was raten Sie dem Product Owner?
    a. Der Product Owner sollte die Anforderungen am nächsten Tag im Daily Scrum den Entwicklern präsentieren.
    b. Der Product Owner sollte die Anforderungen direkt dem Sprint Backlog hinzufügen, um den Kunden nicht zu enttäuschen.
    c. Der Product Owner sollte das Management fragen, wie es die Anforderung und insbesondere die Wichtigkeit des Kunden bewertet und entsprechend handeln.
    d. **Der Product Owner sollte die Anforderungen dem Product Backlog hinzufügen und in seiner Sortierung für das nächste Sprint Planning berücksichtigen.**
    e. **Der Product Owner sollte im Dialog mit den Entwicklern ermitteln, ob sich die Anforderungen (teilweise) ohne Gefährdung des Sprint-Ziels umsetzen lassen.**

Der Product Owner sollte neue Anforderungen stets dem Product Backlog hinzufügen, sobald sie ihm bekannt werden. Im Rahmen des Product Backlog Refinements und anderer Tätigkeiten rund um das Product-Backlog-Management kann er sich um die Konkretisierung und Einsortierung kümmern. Darüber hinaus ist es immer möglich, mit den Entwicklern zu beraten, ob neue Anforderungen während des aktuellen Sprints bereits in die Umsetzung kommen können. Die Maßgabe dabei ist die Aufrechterhaltung des Sprint-Ziels; dieses darf nicht gefährdet werden.

»Der Scrum Master dient dem Scrum Team auf unterschiedliche Weise, unter anderem dadurch,

✔ die Teammitglieder in Selbstmanagement und interdisziplinärer Zusammenarbeit zu coachen; (…)

Der Scrum Master dient dem Product Owner auf unterschiedliche Weise, unter anderem dadurch,

✔ bei der Suche nach Techniken (…) zum Product-Backlog-Management zu helfen;

✔ bei der Etablierung einer empirischen Produktplanung für ein komplexes Umfeld zu helfen; und

✔ die Zusammenarbeit mit Stakeholdern nach Wunsch oder Bedarf zu fördern (facilitate).« (Scrum Guide 2020, S. 7)

83. Das Management erhält Beschwerden seitens der Kunden, die sich über eine verschlechterte Qualität wundern. Welche Reaktion sollte folgen?
   a. Product Owner und/oder Scrum Master werden sofort ausgetauscht, um ein deutliches Zeichen gegenüber den Kunden zu setzen.
   b. Die disziplinarischen Vorgesetzten der Mitglieder des Scrum Teams werden informiert und gebeten, eine Lösung zu erarbeiten.
   c. **Das Management leitet die Beschwerde an das Scrum Team weiter und bittet es, gemeinschaftlich und gegebenenfalls mit dem Kunden eine Lösung zu erarbeiten.**
   d. Mithilfe eines KPI-Reports soll das Scrum Team aufklären, wie es zur Unzufriedenheit des Kunden kommen konnte.
   e. Das Scrum Team wird um einen Projektmanager ergänzt, der zukünftig die Schnittstelle mit dem Kunden bearbeitet.

Es kann immer passieren, dass unzufriedene Kunden sich beschweren. Wichtig ist, dass das Scrum Team selbst involviert ist, wenn es darum geht, diesen Zustand zu ändern. Häufig sind fehlende Transparenz und schlechte Kommunikation die Ursache, die es zu beheben gilt. Dabei sollte das Scrum Team auf jeden Fall von seiner Eigenschaft des Selbstmanagements Gebrauch machen und im Zweifelsfall auch direkt auf den Kunden, der die Beschwerde geäußert hat, zugehen, um das gemeinsame Verständnis zu maximieren.

»Scrum Teams (…) managen sich außerdem selbst, das heißt, sie entscheiden intern, wer was wann und wie macht. (…)

Das Scrum Team ist umsetzungsverantwortlich (responsible) für alle produktbezogenen Aktivitäten: Zusammenarbeit mit den Stakeholdern (…). (Scrum Guide 2020, S. 5)

84. Was beinhaltet die Geschäftsstrategie?
    a. **Marktanalyse und Kundengruppen.**
    b. Vision und Mission eines Unternehmens.
    c. Maßnahmen aus Befragungen von Mitarbeitenden.
    d. Detaillierte technische Spezifikationen.
    e. **Produktportfolio und Produktstrategien.**

In der Geschäftsstrategie sind üblicherweise das Produktportfolio und entsprechende Produktstrategien enthalten. Außerdem gehören produktspezifische Information dazu, beispielsweise Zielmärkte- und -kunden. Aus der Geschäftsstrategie leiten sich die einzelnen Produkt-Visionen ab.

Es wird davon ausgegangen, dass es sich hierbei um allgemeines Wissen handelt. Im Scrum Guide wird die Geschäftsstrategie nicht behandelt.

Teil V
Der Top-Ten-Teil

Besuchen Sie uns auf https://www.instagram.com/furdummies/!

IN DIESEM TEIL ...

Wenn Sie ein erfahrener Leser der »Für Dummies«-Reihe sind, dann wissen Sie, dass am Ende eines Buchs der Top-Ten-Teil nicht fehlen darf. Ich nutze ihn für eine Zusammenfassung der wichtigsten Inhalte dieses Buchs, damit Sie Ihre Zertifizierungsprüfung(en) zum Professional Scrum Product Owner™ I oder zum Professional Scrum Master™ I auch garantiert bestehen. Hier finden Sie zehn wichtige Fakten, zehn Aspekte der richtigen Haltung, zehn Fallstricke und zehn Änderungen im Scrum Guide, die Sie kennen sollten.

IN DIESEM KAPITEL

Bedeutung des Scrum Guides

Wichtigste Fakten aus dem Scrum Guide im Überblick

Kapitel 13
Die zehn wichtigsten Fakten aus dem Scrum Guide zum Merken

Der Scrum Guide ist das Regelwerk, das jeder Product Owner und jeder Scrum Master so gut kennen sollte wie seine Westentasche. Mit seiner Hilfe lassen sich auch im täglichen Scrum-Leben fast alle Fragen beantworten, was ihn zu einem nützlichen Begleiter macht. Für die Prüfung sollten Sie sich vor allem die folgenden zehn Fakten merken.

Leichtgewichtigkeit vs. Komplexität

»Scrum ist ein leichtgewichtiges Rahmenwerk, das Menschen, Teams und Organisationen hilft, Wert durch adaptive Lösungen für komplexe Probleme zu generieren.« (Scrum Guide 2020)

Im ersten Satz des Scrum Guides stecken schon viele wichtige Worte, die Ihnen möglicherweise auch in der Zertifizierungsprüfung wieder begegnen werden:

✔ »**leichtgewichtiges Rahmenwerk**« – keine Methode oder sonst irgendwas Absolutes

✔ »**Wert** (...) zu generieren« – die Schaffung von Wert steht immer im Mittelpunkt

✔ »**adaptive Lösungen**« – denken Sie immer an die Empirie mit ihren Säulen Transparenz, Inspektion, Adaption

✔ »**komplexe Probleme**« – Scrum wurde für komplexe Probleme entwickelt, nicht für einfache oder komplizierte Fragestellungen

Leichtgewichtigkeit und Komplexität sind also keine Gegensätze, sondern gehen in Scrum Hand in Hand.

Empirie und ihre Säulen

»Empirie bedeutet, dass Wissen aus Erfahrung gewonnen wird und Entscheidungen auf der Grundlage von Beobachtungen getroffen werden.« (Scrum Guide 2020)

Empirie und *Lean Thinking* bilden die Basis für Scrum. Empirisches Vorgehen ersetzt in komplexen Umfeldern Prädiktion (lt. praedicare, vorausbestimmen), also den Versuch Ereignisse, Zustände oder Entwicklungen der Zukunft vorherzusagen. Veränderliche Rahmenbedingungen machen dies nämlich unmöglich. Scrum hält Mechanismen bereit, die die *drei Säulen der Empirie (Transparenz, Inspektion und Adaption)* operationalisieren.

Scrum basiert auf fünf Scrum-Werten

»Die erfolgreiche Anwendung von Scrum hängt davon ab, dass die Menschen immer besser in der Lage sind, fünf Werte zu leben:

Commitment, Fokus, Offenheit, Respekt und Mut« (Scrum Guide 2020)

Eine weitere Basis für den erfolgreichen Einsatz von Scrum bilden die fünf Scrum-Werte *Commitment, Fokus, Offenheit, Respekt* und *Mut*. Sie sind für das Scrum Team handlungsleitend, das heißt, alle Aktivitäten, die das Scrum Team unternimmt, sollten diese Werte fördern und nicht stören. Das Leben der Scrum-Werte innerhalb und im direkten Umfeld des Scrum Teams führt dazu, dass Vertrauen aufgebaut wird. Scrum funktioniert nur, wenn die Werte auch gelebt werden.

Ein Scrum Team besteht aus Verantwortlichkeiten

»Der zentrale Bestandteil von Scrum ist ein kleines Team von Menschen, ein Scrum Team. Das Scrum Team besteht aus einem Scrum Master, einem Product Owner und Developern.« (Scrum Guide 2020)

Ein Scrum Team besteht aus *einem Product Owner, einem Scrum Master* und den *Entwicklern*. Es handelt sich dabei um sogenannte Ergebnisverantwortlichkeiten. Das Scrum Team als Ganzes ist ergebnisverantwortlich (*accountable*) für die Erstellung eines wertvollen, nützlichen Increments je Sprint. Seine Umsetzungsverantwortung (*responsible*) besteht in der Erfüllung aller produktbezogenen Aufgaben. Ein Scrum Team ist außerdem selbstmanagend, interdisziplinär und hierarchielos.

Scrum Team – klein und groß genug zugleich

»Das Scrum Team ist klein genug, um flink zu bleiben, und groß genug, um innerhalb eines Sprints bedeutsame Arbeit fertigzustellen, üblicherweise 10 oder weniger Personen.« (Scrum Guide 2020)

Es gibt keine Vorgabe für die Anzahl der Teammitglieder eines Scrum Teams. Die Größe darf seiner Wendigkeit nur nicht entgegenstehen, sodass am Ende eines jeden Sprints ein signifikanter Fortschritt erzielt werden kann. Nimmt man Einschränkungen in der Kommunikation oder in der Produktivität des Scrum Teams wahr, sollte eine Aufteilung in mehrere verbundene Scrum Teams diskutiert und gegebenenfalls umgesetzt werden.

Fünf Scrum Events

»Der Sprint ist ein Container für alle anderen Events. Jedes Event in Scrum ist eine formelle Gelegenheit, Scrum-Artefakte zu überprüfen und anzupassen. Diese Events sind speziell darauf ausgelegt, die erforderliche Transparenz zu ermöglichen.« (Scrum Guide 2020)

In Scrum gibt es fünf sogenannte Events, wobei der Sprint einen Container für die anderen vier (Sprint Planning, Daily Scrum, Sprint Review und Sprint Retrospective) darstellt. Alle Scrum Events sind mit einer Timebox versehen. Das heißt, dass sie eine maximale Dauer haben. Bei kürzeren Sprints dauern die anderen Events üblicherweise auch weniger lang.

- **Sprint:** ein Monat oder weniger
- **Sprint Planning:** acht Stunden oder weniger
- **Daily Scrum:** 15 Minuten oder weniger
- **Sprint Review:** vier Stunden oder weniger
- **Sprint Retrospective:** drei Stunden oder weniger

Events sind zweckgerichtet

»Jedes Event in Scrum ist eine formelle Gelegenheit, Scrum-Artefakte zu überprüfen und anzupassen. Diese Events sind speziell darauf ausgelegt, die erforderliche Transparenz zu ermöglichen. Wenn ein Event nicht wie vorgeschrieben durchgeführt wird, verpasst man die Gelegenheit, zu überprüfen und anzupassen. (…) Optimalerweise werden alle Events zur selben Zeit und am selben Ort abgehalten, um die Komplexität zu reduzieren.«

Die Scrum Events dienen grundsätzlich der Inspektion und Adaption. Jedes für sich verfolgt noch einmal einen speziellen Zweck:

✔ **Sprint:** Lieferung eines wertvollen, nützlichen Increments, das der Definition of Done entspricht

✔ **Sprint Planning:** Auswahl der Product-Backlog-Einträge (*Was*), Erstellung eines Plans zur Umsetzung (*Wie*) und Klärung, warum der Sprint wertvoll sein wird (*Warum*)

✔ **Daily Scrum:** Überprüfung des Fortschritts im Hinblick auf das Sprint-Ziel und Erstellung eines Plans für die nächsten 24 Stunden

✔ **Sprint Review:** Überprüfung des Increments im Hinblick auf das Produkt-Ziel, Erhebung von Stakeholder-Feedback und Anpassung des Product Backlogs

✔ **Sprint Retrospective:** Erarbeitung von Maßnahmen zur Verbesserung der Lieferqualität sowie der Effektivität des Scrum Teams

Drei Artefakte

»Die Artefakte von Scrum repräsentieren Arbeit oder Wert.« (Scrum Guide 2020)

Die Artefakte sind *Product Backlog, Sprint Backlog* und *Increment*. Sie dienen in Scrum der Schaffung von Transparenz. Anhand der Artefakte erfolgt die Inspektion, damit Adaption folgen kann. Jedes der Artefakte ist mit einem sogenannten Commitment versehen, das jeweils dazu geeignet ist, den Fokus zu erhöhen und Fortschritt sichtbar zu machen (vgl. Tabelle 13.1).

Artefakt	Commitment
Product Backlog	Produkt-Ziel
Sprint Backlog	Sprint-Ziel
Increment	Definition of Done

Tabelle 13.1: Übersicht über die drei Artefakte und die dazugehörigen Commitments

Qualität ist nicht verhandelbar

»Die Definition of Done ist eine formale Beschreibung des Zustands des Increments, wenn es die für das Produkt erforderlichen Qualitätsmaßnahmen erfüllt.« (Scrum Guide 2020)

Eines der Commitments in Scrum ist die sogenannte »Definition of Done«. Sie beschreibt die Qualitätskriterien, die erfüllt werden müssen, damit ein Arbeitsergebnis zum fertigen Increment wird. Die Definition of Done wird entweder von der Organisation vorgegeben oder – falls keine vorhanden ist – vom Scrum Team erarbeitet und festgelegt. Sie ist immer allgemeingültig und nicht verhandelbar, auch nicht für einzelne Product-Backlog-Einträge. Ein Scrum Team darf eine zusätzliche Definition of Done erstellen, sofern diese über die von der Organisation vorgegebene hinausgeht.

Keine Auslieferung ohne »Done«

»Arbeit kann nicht als Teil eines Increments betrachtet werden, solange sie nicht der Definition of Done entspricht.«

Ein Increment als Arbeitsergebnis eines Sprints kann nur dann werthaltig sein, wenn es benutzt werden kann. Es umfasst neben den aktuellen Arbeitsergebnissen auch alle vorherigen, sodass die Integration ebenfalls funktionsfähig sein muss. Ein Increment kann nur dann im Sprint Review vorgestellt, Teil eines Releases und als solches ausgeliefert werden, wenn es der Definition of Done entspricht.

> **IN DIESEM KAPITEL**
>
> Bedeutung der Haltung
>
> Wichtigste Haltungsaspekte im Überblick

Kapitel 14
Zehn grundlegende Fragen der Haltung zum Beherzigen

Die Anwendung von Scrum hat viel mit Haltung, oder neudeutsch »Mindset«, zu tun. Es reicht nicht, mechanistisch die Scrum Events durchzuführen, dabei Personen Product Owner, Scrum Master oder Entwickler zu nennen und etwas zu erzeugen, was auf den ersten Blick wie Artefakte aussieht. Vielmehr geht es darum, die grundlegenden Prinzipien, die Scrum zu operationalisieren versucht, zu verstehen und zum Leben zu erwecken.

Scrum ist keine Methode

Scrum ist ein Rahmenwerk und keine Methode. Wenn Sie also ein ausgeklügeltes Methodenhandbuch erwarten, wenn Sie den Scrum Guide aufschlagen: Fehlanzeige! Mit nur 13 Seiten in der englischen und 19 Seiten inklusive Glossars zur Übersetzung von Begriffen in der deutschen Version ist der Scrum Guide schlank und kompakt. Er enthält lediglich die Essenz von Scrum: drei Verantwortlichkeiten, fünf Scrum Events und drei Artefakte sowie die Regeln zur Verbindung dieser Elemente. Anwender von Scrum sind also dazu aufgerufen, das Rahmenwerk eigenständig zu füllen. Dazu ist alles geeignet, was die Lieferung von Wert unterstützt und den Regeln von Scrum entspricht. Methoden, Werkzeuge und Praktiken, die innerhalb von Scrum Anwendung finden sollen, müssen also vorher dahingehend geprüft werden.

Pull statt Push

Die Unterscheidung von »Push« und »Pull« stammt aus der Produktion: Wo von einer zentralen Produktionssteuerung Materialen und Teile, Baugruppen sowie fertige Produkte durch das Produktionssystem »gedrückt« (engl. push) werden, sind Überproduktion und mangelnde Flexibilität häufig das Ergebnis. In einem Pull-System werden hingegen bedarfsgesteuert Produkte erstellt, Bestände und Verschwendung minimiert und die Flexibilität erhöht.

Diese Ideen aus dem Bereich »Lean Production« wurden mittlerweile auf viele andere Bereiche, darunter die Softwareentwicklung übertragen. Die Entwickler »ziehen« (engl. pull) sich Arbeit aus dem Product Backlog. Niemand teilt sie ihnen zu. Der Product Owner definiert also lediglich, in welcher Reihenfolge das Product Backlog abgearbeitet werden soll, er kann die Entwickler aber nicht zwingen, eine bestimmte Arbeitsmenge in einem bestimmten Sprint zu erledigen.

Kontinuierliche Verbesserung

Eine weitere Idee aus dem Bereich »Lean Thinking« ist die kontinuierliche Verbesserung. Alle Mitglieder des Scrum Teams sollten stets darauf bedacht sein. Das Ziel ist, Prozesse, Produkte und Arbeitsweisen kontinuierlich zu optimieren, um die Effizienz und Qualität zu steigern. Scrum unterstützt dies durch seine Mechanismen, die immer wieder Transparenz, Inspektion und Adaption in den Mittelpunkt des Handelns stellen. Dabei geht es nicht nur um das Produkt, sondern auch um die Zusammenarbeit des Scrum Teams. Jedes einzelne Scrum Event hat das Ziel, für kontinuierliche Verbesserung zu sorgen. Natürlich jeweils mit einem ganz bestimmten Fokus, wie in Kapitel 5 *Scrum Events im Überblick* beschrieben.

Interdisziplinarität

»Scrum Teams sind interdisziplinär, das heißt, die Mitglieder verfügen über alle Fähigkeiten, die erforderlich sind, um in jedem Sprint Wert zu schaffen (…).« (Scrum Guide 2020)

Ein Scrum Team, bestehend aus Product Owner, Scrum Master und Entwicklern, muss eigenständig in der Lage sein, spätestens am Ende eines Sprints ein wertvolles, nützliches Increment zu erzeugen. Das heißt nicht, dass innerhalb eines Teams jeder alle Fähigkeiten haben muss. Vielmehr geht es darum, dass das Scrum Team als Gruppe mit der Summe der einzelnen Fähigkeiten ausreichend ausgestattet ist. Jeder leistet dementsprechend seinen individuellen Beitrag.

Interdisziplinarität ist die Voraussetzung für Selbstmanagement, da ansonsten Abhängigkeiten des Scrum Teams von anderen Personen oder (Scrum) Teams entstünden, die das Scrum Team daran hinderten, Ownership für die eigenen Aufgaben zu übernehmen. Solche Abhängigkeiten hätten ebenfalls Einfluss auf das Zeitmanagement des Scrum Teams, da es beispielsweise Wartezeiten in Kauf nehmen müsste.

Selbstmanagement

»Sie managen sich außerdem selbst, das heißt, sie entscheiden intern, wer was wann und wie macht.« (Scrum Guide 2020)

Mit dem aktuellen Scrum Guide wurde dem Scrum Team die Verantwortung deutlich gemacht, sich selbst zu managen. Es verfügt also über ausreichend Autonomie, selbst zu entscheiden, wie was wann und von wem erledigt wird. Sich selbst managende Teams agieren entlang klarer Ziele, innerhalb klarer Rahmenbedingungen und mit klaren Verantwortlichkeiten. Scrum gewährleistet diese Aspekte durch die im Scrum Guide beschriebenen Elemente und Regeln. Das führt dazu, dass bei auftretenden Problemen in der Arbeit in und mit Scrum Teams zuallererst immer nach einer Lösung im Team oder mit den beteiligten Personen gesucht wird. Es ist nicht »der Chef«, der Lösungen bringen muss, es ist zunächst das Scrum Team selbst.

Increments sind Durchstiche

Increments sind keine Komponenten oder Schichten eines Produkts, sondern beinhalten immer durch den Anwender nutzbare Funktionalitäten. Vorarbeiten wie Konzepte oder Architekturänderungen können in Scrum niemals als Increment bezeichnet werden. Alles, was niemals funktionsfähig gewesen ist und der Definition of Done entsprochen hat, wird schlimmstenfalls nie benötigt und weggeworfen. Solche Verschwendung wird dadurch vermieden, dass sich das Scrum Team auf die Lieferung eines funktionsfähigen und damit nutzbaren Increments fokussiert, das Wert stiftet.

Scrum Master sind nicht allwissend

Scrum Master neigen manchmal dazu, dass sie sich für Superhelden halten, die glauben, für alles ein Werkzeug haben und für jedes Problem selbst eine Lösung finden zu müssen. Das geht jedoch weit über die im Scrum Guide definierte Ergebnisverantwortung für

- ✔ »die Einführung von Scrum, wie es im Scrum Guide definiert ist« und
- ✔ »die Effektivität des Scrum Teams«

hinaus. Bei einer solchen Einstellung geht außerdem ganz viel von dem verloren, was Scrum ausmacht: Kollaboration und Selbstmanagement. Statt sich allwissend aufzuführen, leitet der Scrum Master das Team an, sich für jede Situation das passende Vorgehen selbst zu erarbeiten und entsprechende Entscheidungen zu treffen. Er initiiert und fördert Zusammenarbeit unter Wahrung des Scrum-Rahmenwerks und unter Berücksichtigung der darin enthaltenen Scrum-Werte. Nur in ganz seltenen Ausnahmefällen trifft der Scrum Master eine Entscheidung für das Team – und hilft dem Team dann dabei, dies in Zukunft selbst zu können.

Manchmal werden Scrum Master auch von anderen Personen, beispielsweise von Vertretern des Managements, in die Superhelden-Rolle gedrückt. Dieser Verantwortung sollten sie sich unbedingt erwehren und sich auf ihre Verantwortlichkeiten berufen.

... aber Product Owner (fast) allmächtig

»Der Product Owner ist ergebnisverantwortlich für die Maximierung des Werts des Produkts (…).« (Scrum Guide 2020)

Der Product Owner hat die Verantwortung dafür, dass am Ende ein gutes Ergebnis steht. Dieser Verantwortung kann er nur gerecht werden, wenn er auf dem Weg dahin auch mit ausreichend Entscheidungsmacht ausgestattet wird. Dies betrifft insbesondere das Product-Backlog-Management. Das Product Backlog »gehört« dem Product Owner. Er hat die Entscheidungshoheit (*final say, final decision*) über die Reihenfolge der Product-Backlog-Einträge, und diese Macht ist entscheidend. Der Scrum Guide sagt dazu: »Damit der Product Owner Erfolg haben kann, muss die gesamte Organisation seine Entscheidungen respektieren.«

Stakeholder sind Interessenvertreter, keine Befehlsgeber

Stakeholder, darunter interne und externe, sind sehr wichtig für den Erfolg eines Produkts. Sie geben nützliches Feedback, damit der Product Owner das Product Backlog gut sortieren kann und die Entwickler eine klare Idee davon bekommen, wie sie mit dem Produkt den Nutzen bei den Anwendern und Käufern steigern können.

Gleichzeitig machen Stakeholder keine Vorgaben. Sie haben nicht das Recht, Entscheidungen beispielsweise im Hinblick auf die Sortierung des Product Backlogs zu treffen oder Vorgaben zu machen, wie etwas umgesetzt wird. Das würde dem Product Owner seine »Ownership« rauben und dem Scrum Team das Selbstmanagement.

Facilitation und Coaching

Es gibt (wenige) Fälle, in denen der Scrum Master als Lehrer agiert. Dies ist eigentlich nur dann der Fall, wenn es darum geht, die Vorgaben des Scrum Guides richtig anzuwenden, beispielsweise das Einhalten von Timeboxen. Sonst ist der Scrum Master als Facilitator und Coach unterwegs, der das Scrum Team und die umgebende Organisation in die Lage versetzt, selbstständig Lösungen zu erarbeiten. Er begleitet einzelne Personen und Gruppen dabei, ein passendes Vorgehen entlang der in diesem Kapitel beschriebenen Haltungsfragen zu finden. Dabei ist natürlich die Steigerung der Effektivität des Scrum Teams immer das Ziel.

> **IN DIESEM KAPITEL**
>
> Hinweise zu Stolperfallen in der Prüfung
>
> Tipps, wie Sie den Stolperfallen entgehen

Kapitel 15
Die zehn gefährlichsten Stolperfallen in der Prüfung

Während der Prüfung sollten Sie grundsätzlich die Ruhe bewahren; es haben schon viele vor Ihnen geschafft! Dennoch sorgen Zeitdruck und Nervosität möglicherweise dafür, dass kleinere Stolperfallen Sie zu Fall bringen. Um das zu vermeiden, stelle ich Ihnen die wichtigsten im Folgenden vor.

My English is not the Yellow from the Egg

Die Prüfung ist in englischer Sprache. Dessen sollten Sie sich bewusst sein und im Zweifel ein wenig üben, bevor Sie sich an die Prüfung wagen. Viele Fragen sind kurz und knapp, manche sind jedoch ein wenig länger, und Sie sollten in der Lage sein, den Text einigermaßen zügig und natürlich korrekt zu erfassen. Das Glossar in der deutschen Version des Scrum Guides kann Ihnen dabei helfen, Schlüsselwörter zu identifizieren und schneller zu verstehen, worum es geht.

So machen wir es in der Praxis

Beantworten Sie die Fragen niemals vor dem Hintergrund, wie Sie es in der Praxis machen. Der Scrum Guide ist das gültige Regelwerk für Scrum, und häufig wird in Unternehmen davon abgewichen, auch wenn vordergründig die Elemente von Scrum wiedererkennbar sind. Deswegen lassen Sie sich nicht von Ihren Erfahrungen aus Ihrem Unternehmensalltag leiten, sondern setzen Sie sich immer wieder aktiv damit auseinander, wie die richtige Antwort gemäß Scrum Guide lauten muss.

Antwort passt nicht zur Frage

Bei einigen Fragen kann es sein, dass die Antwort plausibel klingt, aber nicht zur Frage passt. Insofern möchte ich Sie dazu aufrufen, alle Fragen genau zu lesen. Im Stress der Prüfung ist es wichtig, die Ruhe zu bewahren und Gründlichkeit vor Geschwindigkeit walten zu lassen.

Zu wenige Antworten

Es gibt in der Prüfung der Scrum.org verschiedene Fragentypen. Darunter sind sowohl Multiple-Choice-Fragen mit einer als auch mit mehreren richtigen Antwortmöglichkeiten. Wenn mehrere Antworten von den zur Auswahl stehenden richtig sind, werden Sie in der Regel auf die genaue Anzahl hingewiesen. Achten Sie bei solchen Fragen darauf, dass Sie nicht zu wenige Antworten ankreuzen und Ihnen so wertvolle Punkte verloren gehen.

Zwingend oder nicht?

Eine weitere Stolperfalle aus der Kategorie »ungenau Lesen« sind Schlüsselwörter wie »should« (dt. sollen) oder »must« (dt. müssen). Solche Details machen eine Antwortmöglichkeit zu einem zwingenden Erfordernis oder eben nicht, und es kann genau an dieser Unterscheidung liegen, ob sie richtig oder falsch ist. Auch hier hilft nur, gründlich zu lesen und sich die Bedeutung solcher Wörter bewusst zu machen. Denken Sie daran, dass es im Englischen diverse Begriffe gibt, die jeweils »sollen« oder »müssen« bedeuten. Das gilt auch für »darf nicht«.

Das steht nicht im Scrum Guide

Geraten Sie nicht in Panik, weil in der Frage etwas angesprochen wird, was nicht im Scrum Guide steht. Auf der Basis des Scrum Guides sind Sie trotzdem in der Lage, solche Fragen richtig zu beantworten. Sie sind dazu gedacht, Sie aufs Glatteis zu führen, und ich kann Ihnen nur empfehlen: Geben Sie dem nicht nach. Überlegen Sie immer, wie aus Sicht des Scrum Guides die richtige Lösung lauten müsste.

Da ist von mehreren Teams die Rede

Einige Fragen beschäftigen sich auch in den Grundlagenprüfungen schon mit dem Thema Skalierung. Bewahren Sie die Ruhe, wenn da so etwas steht wie »Sie sind Product Owner für drei Teams ...«. Sie können auch diese Fragen anhand des Scrum Guides beantworten. Zur weiteren Unterstützung habe ich in diesem Buch schon einen Ausblick zum Thema Skalierung gegeben. Denken Sie immer daran: Skaliertes Scrum ist immer noch Scrum.

Änderungen im Scrum Guide

Über die Jahre hat es im Scrum Guide viele Änderungen gegeben. Auf einige habe ich in diesem Buch bereits ganz explizit hingewiesen, und im nächsten Kapitel finden Sie eine Übersicht. Achten Sie in der Prüfung darauf, dass Antwortmöglichkeiten, die in früheren Versionen richtig waren, nun falsch sein können. Dennoch spuken solche vermeintlich richtigen Antworten heutzutage immer noch durch Organisationen und natürlich durch das Internet. Lassen Sie sich hier nicht fehlleiten.

Ohne Vorbereitung die Prüfung absolvieren

Die Prüfungen der Scrum.org sind durchaus anspruchsvoll, und Sie dürfen nur wenige Fragen falsch beantworten, wenn Sie bestehen wollen. Aus diesem Grund ist es empfehlenswert, sich ernsthaft auf die Prüfung vorzubereiten. Ich gehe davon aus, dass Sie das mithilfe dieses Buchs erledigt haben, sodass diese Gefahr eigentlich nur noch hypothetisch bestehen sollte.

Google liegt falsch

Viele versuchen, während der Prüfung mithilfe von Suchmaschinen die richtige Lösung zu finden. Inzwischen sind auch zahlreiche Fragenpools und Forenbeiträge dazu zu finden. Auf den ersten Blick gibt es kaum eine Frage, zu der es keine Lösung im Internet gibt. Bitte beachten Sie dabei jedoch, dass darunter viele falsche Antworten kursieren. Und auch ChatGPT weiß nicht alles. Außerdem lässt der Zeitdruck der Prüfung keine intensive Recherche zu.

IN DIESEM KAPITEL

Änderungen im Scrum Guide im Überblick

Prüfungsrelevante Details

Kapitel 16
Zehn wichtige Änderungen im Scrum Guide 2020

Grundsätzlich wurde der Scrum Guide mit seiner Version aus dem Jahr 2020 weiter vereinfacht: leichtere Sprache, kürzer und damit kompakter. Mehr denn je enthält er nur diejenigen Elemente und Regeln, die Scrum ausmachen. Mehr denn je sind Anwender von Scrum also dazu angehalten, das Rahmenwerk durch die Anwendung von Methoden, Werkzeugen und Praktiken mit Leben zu füllen. Es sind auch die Referenzen zur IT-Welt aus dem Scrum Guide verbannt worden, weil man erkannt hat, dass Scrum überall angewendet werden kann, wo Lösungen für komplexe Probleme gesucht werden. Alle Änderungen können auf der Webseite des Scrum Guides nachvollzogen werden: https://scrumguides.org/revisions.html

Natürlich haben die Änderungen des Scrum Guides auch Auswirkungen auf die Prüfung. Die aus meiner Sicht wichtigsten habe ich Ihnen zusammengestellt.

Ein Scrum Team ist ein Team

In der aktuellen Version des Scrum Guides ist nicht mehr vom »Entwicklungsteam« (*Development Team*) die Rede, sondern nur noch von den Entwicklern (*Developers*). Der Grund dafür ist, dass sich in der Praxis gezeigt hatte, dass diese Abgrenzung insbesondere in der Beziehung zum Product Owner zu Konflikten geführt hat (»wir gegen den« und umgekehrt). Daher wurde dieses »Sub-Team« in der neusten Version aufgelöst. Das Scrum Team ist jetzt das einzige in Scrum relevante Team.

Aus Rollen werden Verantwortlichkeiten

In der Vorgängerversion des aktuellen Scrum Guides war noch von »Rollen« die Rede. Um zu vermeiden, dass Menschen durch die Einführung von Scrum einfach in solche Rollen gesteckt werden und sich sonst nichts ändert, werden nun die damit einhergehenden

Verantwortlichkeiten mehr als bisher hervorgehoben. Die Verantwortlichkeiten heißen Product Owner, Scrum Master und Entwickler. Diese bringen sowohl Ergebnis- als auch Umsetzungsverantwortung mit sich.

Selbstmanagement statt Selbstorganisation

In früheren Versionen des Scrum Guides wurden Scrum Teams noch als selbstorganisierend (*self-organizing*) beschrieben. Das bedeutet, dass sie selbst entscheiden, *wie* sie am besten ihre Aufgaben ausführen. In der neuen Version wird expliziter beschrieben, dass ein Scrum Team darüber hinaus auch dafür verantwortlich ist, *was* es *wann durch wen* erledigt. Dies wird dadurch unterstrichen, dass es nun als selbstmanagend (*self-managing*) beschrieben wird.

Keine Größenvorgabe mehr

Im Scrum Guide 2020 wird keine maximale Anzahl an Teammitgliedern mehr genannt. Zuvor wurde die Frage noch mit konkreten Zahlen beantwortet, die in manchen Unternehmen und auch im Internet häufig noch als richtig angesehen werden. Bei der Beantwortung einer Frage nach der Teamgröße denken Sie einfach daran, dass ein Scrum Team gemäß seiner Ergebnisverantwortung handlungsfähig sein muss.

Jedes Artefakt enthält ein Commitment

Mit dem aktuellen Scrum Guide wurden neben dem Produkt-Ziel als Teil der Artefakte die sogenannten Commitments (freiwillige Selbstverpflichtungen) ergänzt. Ziel der drei Commitments Produkt-Ziel (zum Product Backlog), Sprint-Ziel (zum Sprint Backlog) und Definition of Done (zum Increment) ist eine verbesserte Transparenz im Hinblick auf die Artefakte. Anhand der Commitments können Scrum-Team-Mitglieder und Stakeholder inspizieren, ob innerhalb eines gegebenen Zeitraums Fortschritte in Richtung der Commitments erarbeitet werden konnten. Sprint-Ziel und Definition of Done waren übrigens schon vorher verpflichtende Elemente von Scrum, wurden auf diese Weise aber noch einmal deutlicher zugeordnet.

Produkt-Ziel als Orientierung

Seit der letzten Überarbeitung gibt es im Scrum Guide nun das Produkt-Ziel (*product goal*). Es verleiht dem Product Backlog Kontext, indem es erklärt, *warum* die Arbeit im Product Backlog getan werden sollte. Dadurch verleiht es den Anstrengungen des Scrum Teams in Zusammenarbeit mit den Stakeholdern einen Sinn. Außerdem kann das Produkt-Ziel herangezogen werden, wenn es darum geht, zu überprüfen, ob ein geplantes Ergebnis schon erzielt wurde oder ob zumindest Fortschritt in seine Richtung gemacht wurde.

Wer erstellt die Definition of Done?

Die Erstellung der Definition of Done ist eigentlich Sache der gesamten Entwicklungsorganisation, sodass sich alle dazugehörenden Scrum Teams an die gemeinsamen Vorgaben zur Qualität halten können. Wenn es entweder keine Entwicklungsorganisation oder keine Definition of Done gibt, muss seit dem Scrum Guide 2020 das Scrum Team dafür sorgen, dass eine entsteht. In der Vorgängerversion waren nur die Entwickler dafür zuständig.

Legende von den drei Fragen

In früheren Scrum-Guide-Versionen waren noch drei Fragen enthalten, die die Entwickler im Daily Scrum beantworten sollten:

- ✔ Was habe ich in den letzten 24 Stunden gemacht?
- ✔ Was werde ich den nächsten 24 Stunden tun?
- ✔ Was behindert mich dabei?

Die ausschließliche Beantwortung dieser Fragen hat in der Praxis häufig dazu geführt, dass das Daily Scrum mit der individuellen Beantwortung durch die Entwickler vorbei war, der eigentliche Zweck des Daily Scrums dabei jedoch verloren ging, einen Plan bis zum nächsten Daily Scrum zu erarbeiten. Daher wurden sie gestrichen. Es ist den Entwicklern nun freigestellt, wie sie das Daily Scrum gestalten möchten.

Refinement < 10 % der Kapazität

In einer früheren Version des Scrum Guides wurde noch darauf verwiesen, dass Product-Backlog-Refinement-Aktivitäten höchstens zehn Prozent der Gesamtzeit der Entwickler in Anspruch nehmen dürften. Diese Angabe wurde im aktuellen Scrum Guide gestrichen. Backlog Refinement ist eine kontinuierliche Aktivität, die während des Sprints stattfindet.

Verbesserungsmaßnahmen sind nicht mehr Pflicht

Bis zur Aktualisierung des Scrum Guides im Jahr 2020 war es verpflichtend, dass mindestens eine besonders hoch priorisierte Maßnahme aus der Sprint Retrospective in das Sprint Backlog des nächsten Sprints überführt wird. Diese Vorgabe existiert im aktuellen Scrum Guide nicht mehr. Es muss also aus der Sprint Retrospective keine Maßnahme übernommen werden. Nichtsdestotrotz ist das sicherlich in den allermeisten Fällen sinnvoll.

Wichtige englische Begriffe

Im Buch werden zahlreiche englische Begriffe verwendet, um Sie mit der Sprache der Prüfung vertraut zu machen. Eine Liste der wichtigsten Begriffe, die ich grundsätzlich in der englischen Schreibweise verwende, finden Sie im Folgenden in alphabetischer Reihenfolge:

- *Best Practice* – effiziente, bewährte, sichere, nachhaltige und wiederholbare Methode
- *Burndown-Chart* – Methode zur Überprüfung und Vorhersagbarkeit des Fortschritts
- *Change Agent* – eine Person, die einer Organisation bei ihrer Transformation hilft
- *Coaching* – Unterstützung zur persönlichen und beruflichen Weiterentwicklung
- *Commitment* – freiwillige Selbstverpflichtung zu etwas
- *Definition of Done* – Qualitätsmaßnahmen, deren Erfüllung ein Increment als fertig gelten lässt
- *Facilitation* – Moderation und methodische Unterstützung von Gruppenprozessen zur Erreichung gemeinsamer Ziele
- *Forecasting* – Prognose bezüglich zukünftiger Ereignisse (insbesondere Lieferzeitpunkte) auf Basis von Analysen
- *Good Practice* – Methode, die sich in der Vergangenheit in einem Kontext bewährt hat und von der wir glauben, dass sie auch in der Zukunft oder in einem anderen Kontext funktionieren könnte
- *Impediment* – Hindernisse, die den Fortschritt des Scrum Teams aufhalten und von diesem nicht selbst gelöst werden können
- *Increment* – eine konkrete Lieferung auf dem Weg zur Erreichung des Produkt-Ziels
- *Product Backlog* – Liste aller bekannten Anforderungen an das Produkt; eins der Artefakte, die der Transparenz und Inspektion dienen
- *Product Owner* – Wert-Maximierer für das Produkt; eine der Verantwortlichkeiten, um die es in diesem Buch geht
- *(Product Backlog) Refinement* – die Präzisierung von Product-Backlog-Einträgen
- *Release* – Auslieferung eines fertigen Increments an den Kunden
- *Scrum Events* – zweckgebundene, vom Scrum Guide vorgegebene Zusammenkünfte
- *Scrum Guide* – die gültigen Spielregeln von Scrum, zusammengefasst als Leitfaden

- ✔ *Scrum Master* – Prozessmanager und Change Agent in Scrum; eine der Verantwortlichkeiten, um die es in diesem Buch geht
- ✔ *Scrum Team* – der Zusammenschluss aus Product Owner, Scrum Master und Entwicklern
- ✔ *Sprint* – die Zeitspanne einer Iteration und damit der Zeitraum, in dem ein Increment erstellt wird
- ✔ *Sprint Backlog* – Aufgabenliste der Entwickler für den aktuellen Sprint; eins der Artefakte, die der Transparenz und Inspektion dienen
- ✔ *Sprint Review / Sprint Retrospective* – Events, die der Inspektion und Adaption einerseits des Increments und andererseits der Zusammenarbeit dienen
- ✔ *Stakeholder* – am Produkt interessierte Personen, Gruppen oder Institutionen
- ✔ *Timebox* – maximale Zeitdauer von Events, die nicht überschritten werden darf
- ✔ *Time to Market* – Zeitspanne, die von Entstehung einer Idee bis zur Auslieferung vergeht
- ✔ *Total Cost of Ownership (TCO)* – Produktkosten über dessen gesamte Lebensdauer
- ✔ *User Story* – Beschreibung einer Anforderung aus Sicht des Nutzers in einem speziellen Format

Literaturverzeichnis

Beck, K. (2004). *Extreme Programming Explained* (2. Aufl.). Addison-Wesley Professional.

Blank, N. (2011). *Vertrauenskultur: Voraussetzung für Zukunftsfähigkeit von Unternehmen.* Springer-Verlag.

Cohn, M. (2006). *Agile Estimating and Planning.* Prentice-Hall PTR.

Cohn, M. (2010). *Succeeding with Agile: Software Development Using Scrum.* Pearson Education.

Cunningham, W. (1992). *The WyCash Portfolio Management System.* OOPSLA 1992. https://c2.com/doc/oopsla92.html. Zuletzt aufgerufen am 3.11.2024.

Fowler, M. (2009). *Technical Debt Quadrant.* Link: https://martinfowler.com/bliki/TechnicalDebtQuadrant.html. Zuletzt aufgerufen am 23.10.2024.

Jones, G. R. & Bouncken, R. B. (2008). *Organisation: Theorie, Design und Wandel.* Pearson Deutschland GmbH.

Layton, M. (2023). *Scrum für Dummies* (3. Auflage). Wiley-VCH.

Maximini, D. (2018). *Scrum – Einführung in der Unternehmenspraxis: Von starren Strukturen zu agilen Kulturen* (2. Auflage), Springer-Verlag.

Maximini, D. & Pilster, J. (2023). *Agile Mastery in der Praxis: Leitfaden Für Scrum Master, Product Owner und andere Führungskräfte.* Springer Gabler.

McGreal, D. & Jocham, R. M. (2018). *The professional product owner: Leveraging Scrum As a Competitive Advantage.* Addison-Wesley Professional.

Narusawa, T. & Shook, J. (2008). 英語で*Kaizen!*トヨタ生産方式. 2. Auflage.

Ockerman, S. & Reindl, S. (2020). *Mastering Professional Scrum: A Practitioner's Guide to Overcoming Challenges and Maximizing the Benefits of Agility.* Addison-Wesley Professional.

Overeem, B. (2017). *The 8 Stances of a Scrum Master.* Scrum.org Whitepapers. Link: https://scrumorg-website-prod.s3.amazonaws.com/drupal/2017-05/The%208%20Stances%20of%20a%20Scrum%20Master%20Whitepaper%20v2_0.pdf. Zuletzt aufgerufen am 09.10.2024.

Rios, N. et al. (2014). *Towards an Ontology of Terms on Technical Debt.* Proceedings – 2014 6th IEEE International Workshop on Managing Technical Debt. MTD, 2014, 1–7. https://doi.org/10.1109/MTD.2014.9.

Ripley, R. & Miller, T. (2020). *Fixing your scrum: Practical Solutions to Common Scrum Problems.* Pragmatic Bookshelf.

Schartau, J., Verwijs, C. & Overeem, B. (2020). *Zombie Scrum Survival Guide.* Addison-Wesley Professional.

Schwaber, K. & Sutherland, J. (2020). *Der Scrum Guide. Der gültige Leitfaden für Scrum: Die Spielregeln.* Link: https://scrumguides.org/docs/scrumguide/v2020/2020-Scrum-Guide-German-m%C3%A4nnlich-male-version.pdf. Zuletzt aufgerufen am 3.11.2024.

Sinek, S. (2009). *Start with Why: How Great Leaders Inspire Everyone to Take Action.* Penguin.

Sutherland, J. & Coplien, J. O. (2019). *A Scrum Book: The Spirit of the Game.* Pragmatic Bookshelf.

Tuckman, B. W. (1965). *Developmental sequence in small groups. Psychological Bulletin, 63*(6), 384–399.

Wake, B. (2003). *INVEST in good stories, and SMART tasks.* XP123. Link: https://xp123.com/articles/invest-in-good-stories-and-smart-tasks/. Zuletzt aufgerufen am 24.10.2024.

Wells, D. (1999). *User Stories.* XP Rules. Link: http://www.extremeprogramming.org/rules/userstories.html. Zuletzt aufgerufen am 29.09.2024.

Abbildungsverzeichnis

Abbildung E1.1: Peters agile Reise: Weil Scrum draufsteht, ist noch lange kein Scrum drin.   21

Abbildung 2.1: Scrum-Werte im Überblick   38

Abbildung 3.1: Drei Säulen der Empirie   45

Abbildung 3.2: Empirie und Vertrauen bauen aufeinander auf.   46

Abbildung 3.3: Elemente des Scrum-Prozesses   50

Abbildung 4.1: Im Scrum Team vertretene Verantwortlichkeiten (Accountabilities): Product Owner, Scrum Master und Entwickler (Developers)   55

Abbildung 4.2: Eigenschaften von Scrum Teams   56

Abbildung 4.3: Ergebnisverantwortung vs. Umsetzungsverantwortung   57

Abbildung 5.1: Scrum Events innerhalb des Scrum-Rahmenwerks   68

Abbildung 6.1: Darstellung des Zusammenhangs zwischen Increments   86

Abbildung 6.2: Golden Circle von Simon Sinek (2009) in Bezug auf das Sprint-Ziel   98

Abbildung 6.3: Übersicht über die Stakeholder   100

Abbildung 7.1: Pyramide der Impediments (Maximini & Pilster 2023)   109

Abbildung 7.2: Facilitation-Prinzipien im Überblick   113

Abbildung 8.1: Exemplarische Darstellung einer traditionellen Matrixstruktur zur Projektabwicklung in Unternehmen   119

Abbildung 9.1: Exemplarische Darstellung des Burndown-Charts zur Sprint-Mitte   128

Abbildung 9.2: Exemplarische Darstellung des »Agile Cone of Uncertainty«   129

Abbildung 9.3: Exemplarische Darstellung des »Agile Cone of Uncertainty«, nachdem bereits einige Arbeit erledigt wurde   130

Abbildung 10.1: Screenshot der Internetseite der Scrum.org zur PSM-I-Zertifizierung   135

Abbildung 10.2: Screenshot meiner PSPO-I-Ergebnisse als Beispiel   137

Dummies Junior – die frechen »… für Dummies« für interessierte Kids und Jugendliche

- » Projekte zum Ausprobieren, Programmieren und Experimentieren
- » Mit pädagogischem Konzept
- » Viele Abbildungen in Farbe
- » Verständliche Texte mit einfachen Erklärungen – auch bei schwierigen Themen
- » Inhalte in Workshops erprobt

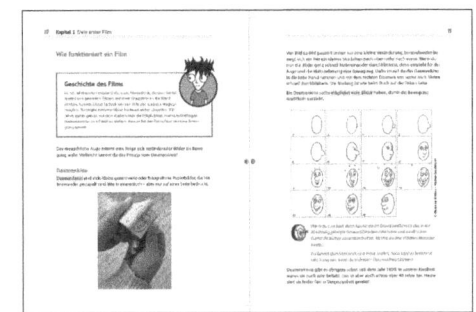

M. Schenk

Mein Weg zu den Sternen für Dummies Junior

1. Auflage 2022   **ISBN:** 978-3-527-71908-2

224 Seiten

Format: 176 mm x 240 mm

Ladenpreis: 18,– €*

Schau in den Himmel und lerne die Planeten, Sterne und Sternbilder kennen. Ob mit bloßem Auge, Fernglas oder Teleskop

M. Weiß und V. Borngässer

Stop-Motion-Trickfilme selber machen für Dummies Junior

2. Auflage 2023   **ISBN:** 978-3-527-72043-9

176 Seiten

Format: 176 mm x 240 mm

Ladenpreis: 16,– €*

Schritt für Schritt zum eigenen Stop-Motion-Video mit der richtigen Beleuchtung, passenden Geräuschen und Spezialeffekten. Hier erfährst du, wie es geht.

* Der €-Preis gilt nur für Deutschland. Preisänderungen und Irrtümer vorbehalten.

C. Ermel und O. Runge

Programmieren und zeichnen mit Python für Dummies Junior

2. Auflage 2022   **ISBN:** 978-3-527-71995-2

224 Seiten

Format: 176 mm x 240 mm

Ladenpreis: 18,- €*

Zaubere tolle Bilder mit dem Computer! Du brauchst dafür nur ein paar einfache Befehle aus der Programmiersprache Python.

W. Eagle et al.

TikTok-Videos selber machen für Dummies Junior

1. Auflage 2023   **ISBN:** 978-3-527-72133-7

160 Seiten

Format: 176 mm x 240 mm

Ladenpreis: 17,-€*

Werde Teil der TikTok Community und begeistere andere mit deinen Ideen. In diesem Buch erfährst du, wie du Videos mit dem Smartphone erstellst, bearbeitest und mit deinen Freunden teilst.

C. Ermel und N. Rosenfeld

Spaß mit Elektronik für Dummies Junior

1. Auflage 2020   **ISBN:** 978-3-527-71705-7

198 Seiten

Format: 176 mm x 240 mm

Ladenpreis: 15,- €*

In diesem Buch lernst du, Schaltungen für coole Gadgets aufzubauen: eine Glückwunschkarte, die leuchtet, eine blinkende Weihnachtsbaumkugel, einen klingenden Draht und anderes mehr.

* Der €-Preis gilt nur für Deutschland. Preisänderungen und Irrtümer vorbehalten.

Stichwortverzeichnis

A

Abarbeitungsgeschwindigkeit *siehe* Velocity
Abhängigkeiten 92, 94
Abwicklungsorganisation 119
Acceptance Criteria *siehe* Akzeptanzkriterien
Accountability *siehe* Ergebnisverantwortung
Adaptation *siehe* Adaption
Adaption 39, 67, 71–72, 75, 85, 87, 97, 110, 112
Agile Cone of Uncertainty 125, 129
Agile Mastery 144
Agile Prinzipien 36
Agiles Manifest 35
Akzeptanzkriterien 89, 94, 126
Ambiguity *siehe* Mehrdeutigkeit
Anwender 92, 100, 102, 126
Arbeitstempo, nachhaltiges 32
Architekturstandards 89
Artefakt 50, 80, 86, 89, 105, 112, 119
Aufbauorganisation 119

B

Backend-Entwickler 59
Best Practices 125
Burndown-Chart 125, 128–129
Business-Analyst 94, 119
Business Strategy *siehe* Geschäftsstrategie

C

Change Agent 112
Coach 111, 113
Coaching 61, 62 105, 109, 112–113
Code-Reviews 89
Commitment 38, 48, 87, 92, 98, 113, 106–107
Complexity *siehe* Komplexität
Courage *siehe* Mut
Credly 136
Current Value 82

D

Daily Scrum 50, 71–72, 83, 97, 99, 110, 128
 Timebox 72
Definition of Done 51, 59, 72, 86–87, 91, 99, 102, 109, 114, 121
Definition of Ready 95
Demo 74
Developer *siehe* Entwickler
DevOps-Ingenieur 59
DoD *siehe* Definition of Done
Done 80, 85, 105
Dokumentation 89

E

Effektivität 31, 56–57, 61, 79, 120, 144
Effektivitätssteigerung 79
Efficiency *siehe* Effizienz
Effizienz 30, 35
Eigenverantwortung 48
Eisenhower-Matrix 39
Empirie 43, 46, 80, 105, 112
Entscheidungshoheit 60, 88–89
Entwickler 31, 48, 50, 55, 59, 71–72, 87, 96, 99, 118–121, 126
Entwicklungsteam 59
Ergebnisverantwortung 57, 61, 79, 90, 106, 108
Event *siehe* Scrum Event
Extreme Programming 126

F

Facilitation 61, 62, 105, 110–111
 Prinzipien 112
Facilitator 112, 122
Fibonacci-Reihe 126
Focus *siehe* Fokus
Fokus 33, 39, 73, 75, 79, 85, 91–92, 98, 109, 111, 106–107
Fokusgebiet 79, 105, 133, 147
Forecasting 80, 102, 105
Framework *siehe* Rahmenwerk
Führung 48, 61, 62, 106
Führungskräfte 48
Full-Stack-Entwickler 59
Funktionalität 86

G

Gesamtorganisation 61
Geschäftsrisiko 84
Geschäftsstrategie 80, 85
Geschäftsziele 98, 102
Geschwindigkeit, nachhaltige 56
Gesundheit 112
Golden Circle 98
Good Practices 43, 125

H

Hierarchie 59

I

Impediment 32, 74, 99, 107, 109, 110, 118–119, 128
 Beseitigung 107
 Pyramide 108
Impediment-Identification-Quadrant 108
Increment 43, 55, 59–60, 64, 69, 71–72, 75, 83, 85–87, 89, 91, 101–102, 109, 111–112, 118–120
Inspection *siehe* Inspektion
Inspektion 39, 44, 67, 71–72, 75, 85, 97, 101, 110, 112, 118
INVEST 95
IT-Führungskräfte 117

K

Kanban Guide 141
Kennzahlen 82

Klarheit 94
Kommunikation 34, 48, 64, 80, 83, 102, 111, 120–121
Kompetenzen 133
Komplexität 28, 50, 79, 96, 102, 113, 119, 121, 129
Konflikte 111, 113, 119
Konfliktmanagement 48
Kreativität 48
Kultur 48
Kunden 67, 80, 86, 92, 100, 105, 126
Kunden-Feedback 84
Kundenzufriedenheit 81

L

Large Scale Scrum 122
LeSS *siehe* Large Scale Scrum
Liefergeschwindigkeit 32

M

Management 48
Marktanteil 82
Matrixstruktur 119
Mehrdeutigkeit 28
Methode 113, 126, 128, 144
Moderation 112
Mut 39, 92, 107

N

Nexus 122, 141
  Guide 141
  Integration Team 122
Nutzungshäufigkeit 82

O

Offenheit 39, 107
Open Assessments 135, 140
Openness *siehe* Offenheit
Organisationsentwicklung 56

P

Partizipation 112
Priorisierung 39
Product Backlog 60, 63, 71, 75, 80–82, 85, 88–89, 97, 101–102, 112–113, 118–121
  Sortierung 92
Product-Backlog-Eintrag 40, 59, 63, 71, 74, 80, 86, 88, 90, 92–93, 95, 97–99, 101, 121, 126–127

Product-Backlog-Management 31, 60, 79–80, 89, 105
Product Backlog Refinement 68, 82, 93, 99, 122
Product Owner 31, 40, 48, 50, 55, 60, 63, 69, 72, 74, 79, 110–111, 113–114, 118–121, 129, 133
  Proxy 81
Produktivität 64, 120
Produkt-Vision 60, 80, 82, 84, 91
Produkt-Wert 79–80, 93, 105
Produkt-Ziel 39, 72, 75, 91–92, 101–102, 108, 111, 119, 121
Projekt 70
Projektmanagement 29, 125
Projektmanager 31, 117
Projektstatusbericht 118

Q

Qualität 30, 72, 75, 99, 114, 144
Qualitätssicherung 59, 88
Quality *siehe* Qualität

R

Rahmenwerk 29, 50, 111, 117, 122
Reaktionsfähigkeit 30
Refinement *siehe* Product Backlog Refinement
Release-Planung 80, 102, 105
Release-Sprint 102
Respect *siehe* Respekt
Respekt 39, 92, 107
Responsibility *siehe* Umsetzungsverantwortung
Responsiveness *siehe* Reaktionsfähigkeit
Retromat 144

S

SAFe *siehe* Scaled Agile Framework
Scaled Agile Framework 122
Schätzen
  absolutes 95
  relatives 95, 126

Scrum
  Begriff 27
  Scrum Guide 27
  Skalierung 120
  Ursprünge 27, 35
  Werte 33, 38, 105–106
Scrum Alliance 141
Scrum Event 50, 67, 70, 80, 105, 109, 113
  Daily Scrum 50
  Sprint 50
  Sprint Planning 50
  Sprint Retrospektive 50
  Sprint Review 50
Scrum Guide 47, 50, 56, 59, 61, 63, 67, 70, 80, 84–85, 92, 94, 96, 106, 108, 112, 117, 128, 139
Scrum Inc. 142
Scrum Master 31, 40, 48, 50, 55, 61, 67, 73, 75, 87, 99, 105, 118–119, 133
Scrum-Polizei 111
Scrum@Scale 122, 142
  Guide 142
Scrum Team 31, 48, 55, 70–71, 74–75, 79–80, 82, 91, 97, 99, 105–106, 108, 111, 113–114, 117, 119–120, 126
  Gründung 63, 122
  Stabilität 64
Selbstmanagement 47, 56, 73, 80, 105, 109, 113–114, 120, 122
Selbstorganisation 35, 47
Self-Management *siehe* Selbstmanagement
Self-Managing *siehe* Selbstmanagement
Self-Organization *siehe* Selbstorganisation
Self Selection 63
Senior-Entwickler 59
Servant Leadership 62, 106
Sicherheit, psychologische 39
Skalierung 120, 141
Sprint 50, 63, 69, 74, 86, 91, 100, 110, 127
  hardening 70
  Sprint 0 63
  technical 69
  Timebox 84

Sprint Backlog 59, 71–72, 97, 110, 112, 120
Sprint-Backlog-Eintrag 70
Sprint-Länge 121
Sprint Planning 50, 59, 63, 70–71, 94–95, 97, 99, 110, 120–121
   Timebox 71
Sprint Retrospective 50, 57, 71, 75, 110, 144
   Timebox 75
Sprint Review 50, 60, 71, 74, 82, 87, 91, 98, 101, 110, 118
   Timebox 75
Sprint-Ziel 39, 59, 68, 70–71, 73, 97–98, 108, 110, 119
Stakeholder 64, 71, 74, 80, 85, 87, 89–90, 93, 98, 100, 102, 105, 108, 110, 112–114, 118, 129
   Interessen 80
Stakeholder-Management 60, 100, 102
Story Points 96, 125–127

T

Tasks 97
Teamentwicklung 56
Teamuhr 64

Technical Debt *siehe* Technische Schulden
Technische Schulden 84
Tester 119
Tests 89, 97
Timebox 67–69, 71, 99, 110
Time-to-Market 82
Total Cost of Ownership 81
Toyota-Produktionssystem 35
Transformation 114
   agile 117
   digitale 117
Transparency *siehe* Transparenz
Transparenz 39, 44, 87, 89, 94, 112–113, 118, 121

U

Umsetzungsverantwortung 57, 61
Uncertainty *siehe* Unsicherheit
Unsicherheit 28
User Stories 97, 125–126
UX 89

V

Velocity 81, 125, 127, 129
Verantwortlichkeiten 50, 55, 87, 111, 121

Verbesserung, kontinuierliche 35, 58, 110
Verschwendung 85
Vertrauen 39, 46
Vokabular 33, 67
Volatilität 28
Volatility *siehe* Volatilität
Vorgehen
   inkrementell 87
   iterativ 87
   empirisch *siehe* Empirie
VUCA 28

W

Werte 38
Wert-Maximierer 80
Wert-Maximierung 31, 60, 79
Wertschöpfung 35

X

XP *siehe* Extreme Programming

Z

Zeitmanagement 48
Zertifizierung 133
Zusammenarbeit
   interdisziplinäre 109